Henning Ratjen

Geschichte der Universität zu Kiel

Henning Ratjen

Geschichte der Universität zu Kiel

ISBN/EAN: 9783743307926

Hergestellt in Europa, USA, Kanada, Australien, Japan

Cover: Foto ©ninafisch / pixelio.de

Manufactured and distributed by brebook publishing software (www.brebook.com)

Henning Ratjen

Geschichte der Universität zu Kiel

GESCHICHTE

DER

UNIVERSITÄT ZU KIEL.

VON

H. RATJEN,

DOCTOR DER RECHTE UND DER PHILOSOPHIE, PROFESSOR UND BIBLIOTHEKAR,
CORRESPONDIRENDEM MITGLIEDE DES VEREINS FÜR HAMBURGISCHE GESCHICHTE,
MITGLIED DER K. K. GEOLOGISCHEN REICHSANSTALT, CONFERENZRATH.
RITTER etc.

KIEL 1870.
VERLAG DER SCHWERS'SCHEN BUCHHANDLUNG.

SCHLESWIG.   HADERSLEBEN.
DR. HEIBERG'S BUCHHANDLUNG.   SCHWERS'SCHE BUCHHANDLUNG.

Dem Förderer meiner Studien,

dem treuen Freunde

August Twesten,

Doctor der Philosophie und der Theologie, ordentlichem Professor der Theologie, Ober-Consistorial-Rath, Mitglied des Ober-Kirchenraths und der Prüfungs-Commission für die Candidaten des evangelischen Pfarramts in Berlin, Ritter des Danebrog- und des Rothen Adler-Ordens etc.

dankbarst gewidmet

von

H. Ratjen.

Vorwort.

Mein ursprünglicher Plan bei der vorliegenden Arbeit war, die von mir in den Chroniken der Kieler Universität von 1856 bis 1860 gegebenen Nachrichten über die Kieler Juristen-Fakultät und deren einzelne Mitglieder mit einer allgemeinen Einleitung verbessert drucken zu lassen. Die letztere ist ausführlicher geworden, als ich anfangs beabsichtigte, und ich sende sie jetzt allein in die Welt, indem ich das Weitere der Zeit vorbehalte. Der Name: „Geschichte der Universität zu Kiel" mag Manchen für diese Arbeit nicht entsprechend scheinen, weil sie sich vorzugsweise mit den einzelnen Einrichtungen beschäftige. Mag sie denn eine Codification oder Repertorium sein. Die Thätigkeit einzelner hervorragender Professoren lässt sich leichter bei der Darstellung der einzelnen Fakultäten geben, als bei einer historischen Darlegung des ganzen in vier Corporationen getheilten Instituts. Die Arbeit wäre bei einer näheren Berücksichtigung der Einzelnen zu umfangreich geworden.

Ich will in diesem Vorwort oder dieser Einleitung, unter Hinweisung auf die folgende Geschichte der Universität, versuchen, eine Uebersicht des Ganzen mit Rücksichtnahme auf die Staatsverhältnisse zu geben und

I.

die Zeit von 1665, der Stiftung der Universität, bis zum Jahre 1773, dem Austausch des grossfürstlichen Theils von Holstein gegen Oldenburg, kurz darlegen.

Christian Albrecht, der Stifter der Universität, regierte bis 1694. Unter ihm war die Lage des herzoglichen Landes nicht erfreulich. Dänemark und Schweden standen sich feindlich gegenüber, der Herzog neigte sich zu Schweden. Am 30. Juni 1675 musste er bei einer Zusammenkunft mit dem Könige einen Vertrag eingehen, in dem er auf die 1658 gewonnene Unabhängigkeit Schleswigs von der Lehnsherrlichkeit Dänemarks und andere Vortheile verzichtete. Der herzogliche Minister J. A. Kielmann und seine Söhne wurden nach Kopenhagen geführt, der Herzog verliess sein Land, war bis 1689 in Hamburg, erklärte den Rendsburger Vertrag für erzwungen und ungültig. Der herzogliche Antheil Schleswigs ward von Dänemark occupirt, der Friede zu Fontainebleau im Jahre 1679 brachte keine vollkommene Ruhe, das herzogliche Schleswig ward 1684 wieder von Dänemark eingenommen und die Beeidigung der Beamten verlangt. Durch den Altonaer Vergleich von 1689 wurden die Uneinigkeiten einstweilen geschlichtet und der Herzog restituirt.[1]

Der Nachfolger Christian Albrechts, Herzog Friedrich IV., Schwager Karls XII., verpachtete sein Land, ging mit dem König von Schweden nach Polen und fiel 1702. Sein Sohn Carl Friedrich war bei des Vaters Tode zwei Jahre alt. Während der Vormundschaft der Mutter, die leider 1708 starb, und des Onkels Christian August, Bischofs zu Lübeck, ward der herzogliche Antheil Schleswig-Holsteins von Dänemark occupirt. Holsteins herzoglicher Antheil ward 1720 dem Herzoge, wie der König erklären liess, aus königlicher Clemence und eigener Bewegung restituirt.[2] Im herzoglichen Schleswig ward 1721 am 4. Septbr. dem Könige als nunmehr alleinigen souverainen Landesherrrn gehuldigt.[3] Die Versuche, den Schleswigschen Antheil wieder zu erhalten, gelangen dem frommen, festen Herzoge nicht. Er weigerte sich, auf sein Recht zu verzichten, starb 1739. Die Regierung unter seinem Minister Görz, der den Präsidenten Wedderkopp beseitigte, war waghalsig und kostbar, nicht viel

---

[1] Eine Uebersicht der Verhältnisse von 1658 bis 1689 geben die Nordalbingischen Studien B. 4 S. 139—200.

[2] Verzeichniss der Handschriften B. 1 S. 250.

[3] Verzeichniss der Handschriften B. 3 Abth. 1 S. 260—262.

anders war sie unter Bassewitz.¹) Auf Carl Friedrich folgte sein 1728 geborner Sohn Carl Peter Ulrich, welcher sich mit der Prinzessin von Anhalt-Zerbst vermählte. Er starb 1762 mit Hinterlassung eines 1754 gebornen Sohnes Paul. Der Plan, den herzoglichen Theil Holsteins hinzugeben gegen die beiden Grafschaften Oldenburg und Delmenhorst, ward 1750 und später von Dänemark in Petersburg eifrig betrieben. Die geheimen Räthe des jungen Herzogs Carl Peter Ulrich schienen, wie die Kaiserin Elisabeth, dem Austausche geneigt, aber der Herzog weigerte sich, dem Vertrage seine Zustimmung zu geben.²) Das hundertjährige Jubiläum der Kieler Universität ward nicht feierlich begangen (vergl. unten S. 25). Phil. Friedrich Hane, Professor der Theologie und Geschichte, hielt am 5. October 1765 seine Rectoratsrede, gedruckt in seinen sermones de tempore, Kiliae 1766, in welcher er die Nichtfeier des Jubiläums durch den Verfall der akademischen Gebäude, den Tod des Prokanzlers Dorn, die Vacanz der Professur der Eloquenz, das hohe Alter mehrerer Lehrer und die geringe Zahl der Studirenden entschuldigte. Die Universität hatte im Winter 17$\frac{65}{66}$ vier ordentliche Professoren der Theologie, zwei der Jurisprudenz, drei der Medicin, drei der Philosophie, einen ausserordentlichen Professor der französischen Sprache und einen der Philosophie, nämlich Milow, der über das alte Testament und orientalische Sprachen las. Der ausserordentliche Professor der Philosophie und Geschichte J. B. Koehler ward erwartet, Professor Christiani übernahm im Sommer 1766 zu seinen andern Aemtern auch das der Eloquenz und Poesie. Die Universität erhielt 1765 zu dem

---

¹) Die gewissenlose Haushaltung des Freiherrn von Görtz ist gedruckt in Falck's Sammlungen zur näheren Kunde des Vaterlandes B. 1 S. 1—180. Aus der Handschrift: Das verwirrte Cimbrien in der Lebensbeschreibung Henning Fr. Grafen von Bassewitz, welches man dem 1724 entlassenen Professor Arpe zuschreibt, ist in Falck l. c. S. 317—325 ein Auszug gedruckt. Die 1774 gedruckte Geschichte des Schl.-Holst.-Gottorf. Hofes ist ein Auszug des verwirrten Cimbriens.

²) R. Fr. Lynar Staatsschriften B. 1 S. 307. L. lässt die Kaiserin sagen: Comment viendrons nous à bout d'arracher du coeur de mon neveu ce miserable Holstein et Kiel, qu'il chérit plus que nous tous ensemble? und p. 452: Eh bien, que ce pays s'en aille à tous les diables, je voudrais, que les Danois l'eussent déjà, afin que je n'en entendisse plus parler.

Jubiläum eine Gratulationsschrift des Stettiner Professors Johann Carl Conrad Oelrichs: de Friderico Wilhelmo Borussiae rege S. R. J. archicamerario et' elect. Brandenburg. cet. doctore juris ex numo. Oelrichs erzählt, dass 1706 bei dem Jubiläum der Universität Frankfurt der Prinz Friedrich Wilhelm, der nachherige König Friedrich Wilhelm I., von der Universität Oxford zum doctor juris creirt wurde.

Am 22. April 1767 ward der provisorische Austauschvertrag und, als der Grossfürst Paul die Volljährigkeit erreicht hatte, $1773 \frac{21. \text{ Mai}}{1. \text{ Juni}}$ der Definitivtractat geschlossen, der die lange Streitzeit endigte. Bei der feierlichen Uebergabe des bisher grossfürstlichen und gemeinschaftlichen Antheils von Holstein an den Grafen Reventlow, den Principal-Commissar Sr. Majestät des Königs von Dänemark, wurde (vergl. S. 26 unten) die Versicherung ertheilt, dass die Kieler Universität bei ihren Privilegien, Gerechtsamen, Immunitäten und Freiheiten kräftigst geschützt werden solle. Die Occupationen und Restitutionen hörten auf. Während der Occupation des herzoglichen Antheils von Schleswig wurden die Beiträge mehrerer Schleswiger Landschaften zu dem herzoglichen Convikt auf der Kieler Universität nicht bezahlt (vergl. S. 117 unten). Dies ward 1768 nach dem provisorischen Tractat gebessert. Der König verpflichtete am 1. Februar 1768 seine Unterthanen in „Unserm Herzogthum Schleswig, im Herzogthum Holstein Unsers Antheils, in Unserer Herrschaft Pinneberg, Grafschaft Rantzau und in Unserer Stadt Altona, welche sich den studiis widmen und zu solchem Ende auf Akademien begeben wollen, zwei volle Jahre auf der Christian-Albrechts Akademie zu Kiel zu studiren schuldig und gehalten sein sollen — oder gewärtigen sollen, dass sie zu keiner Beförderung in Unsern Herzogthümern weder in civilibus noch ecclesiasticis Hoffnung haben sollen." Die Besoldungen der Professoren wurden in den traurigen Jahren des verschuldeten herzoglichen Landes nicht regelmässig gezahlt. Die Kaiserin Catharina liess während ihrer Vormundschaft ein neues akademisches Gebäude aufführen und sorgte mehrfach für Besserung der Kieler Universität.

Dass auf der kleinen Universität zu Kiel lange Zeit mehrere Fächer combinirt waren, darf uns nicht wundern. Die Wissenschaften waren früher nicht so specialisirt, wie später, und die finanzielle Lage gestattete nicht, so viele Lehrer anzustellen, um jeder besonders ausgebildeten Abtheilung einen eignen Lehrer zu geben. Die Profan- und die Kirchengeschichte hatten lange einen Lehrer, anfangs Watson, dann Tribbechovius. Cäso Gramm war Professor der Physik und der griechischen Sprache, was sich wohl etwas durch die Herrschaft der aristotelischen Physik erklärt. Manche Professoren gehörten zwei Fakultäten an: Sam. Reyher war von 1674—1714 Professor der Mathematik und Jurisprudenz. Die Professur der Geschichte war zeitweise mit der Eloquenz verbunden, so bei D. G. Morhof 1673—1691, H. Muhlius war Professor der Theologie, der sacrarum linguarum, der Homiletik und Poesie, 1695—1698, Dassov von 1698—1709 Professor der Theologie und der orientalischen Sprachen, Albert zum Felde Professor der Theologie so wie der Logik und Metaphysik von 1709—1712. Manche Professoren hatten neben der Professur andere Aemter: Muhlius war eine Zeitlang Prediger in Kiel, dann Generalsuperintendent; Albert zum Felde war von 1712 an neben seiner Professur Prediger in Kiel. Die verschiedenen Aemter, welche dem Namen nach Joh. Fr. Mayer bekleidete, hinderten ihn, sich der Kieler Universität zu widmen, sein Name steht von 1699—1703 in den Verzeichnissen der Kieler Vorlesungen, er war aber zugleich Prediger an der Jakobikirche in Hamburg und hatte nominell andere Aemter. Seine Stellung war eine exceptionelle. Die juristischen Professoren Rachel und Wedderkopp gingen 1676 in den Staatsdienst über, sie wurden von dem Herzoge zu mehreren Verhandlungen über des Landes Geschick gesandt. Amthor, der der philosophischen und juristischen Fakultät angehörte, ging 1714 in Königliche Dienste. Die medicinische Fakultät hatte lange Zeit nur zwei Professoren, theils nur einen Professor. Aus dem Reglement und der Verordnung des Administrators Christian August vom 27. Januar 1707 § XI sieht man, dass damals in Kiel wenige Juristen und Mediciner studirten. Es sollen nach diesem Reglement „alle und jede einheimische studiosi theologiae, die Beförderung in hiesigen Landen hoffen, insonderheit die Conviktoristen von der ganzen theologischen Fakultät (unten S. 116) und deren membris mit Zuziehung der philosophischen (und falls einige juris oder medicinae studiosi vorhanden, auch der decanorum übriger Fakultäten) durch ein programma ad consistorium vorgeladen und ratione laborum et morum mit Fleiss daselbst examiniret —."[1]) Dass Kiel im Jahre 1707 wenige Studirende der Medicin hatte, zeigt auch § IV desselben Reglements, in dem es heisst: „und werden übrigens wegen Seltenheit der studiosorum medicinae deren Professores so viel möglich daran sein, umb ihre lectiones ordinarias solcher Gestalt einzurichten, dass auch der andern Fakultäten studiosi Nutzen davon haben können."

Trotz aller Hindernisse wirkte dennoch die Universität Kiel günstig, namentlich, wie Köster in seiner Geschichte des Studiums der praktischen Theologie auf der Universität Kiel 1825 und Lüdemann in der Chronik der Universität nachgewiesen haben, für den homiletischen Unterricht der Studirenden. Wir dürfen unter den theologischen Professoren der ersten Periode Christian Kortholt, Professor von 1665—1694, wegen seiner Verdienste um die Kirchengeschichte hervorheben, ferner Heinrich Muhlius, Professor von 1691—1733, der freilich, wie schon erwähnt ist, durch seine Generalsuperintendur in der Thätigkeit für die Universität gestört wurde. Muhlius hatte viele Streitigkeiten über Chiliasmus und Pietismus mit dem Königlichen Generalsuperintenden Schwarz und mit dessen Nachfolger Dassov, der längere Zeit Professor in Kiel war und 1709 in Königliche Dienste trat. Bei dem Streit mit dem Juristen Franz Ernst Vogt, Professor von 1712—1724, über die symbolischen Bücher war wohl Vogt, ein Schützling des eine Zeitlang allmächtigen Görz, der angreifende Theil. (Thiess, Gel. Geschichte der Universität zu Kiel Th. 1 S. 123 und Chronik der Kieler Universität 1858 S. 48—51.) Durch das auf Wedderkops und Muhlius Antrag am 27. Januar 1707 erlassene Reglement ward das Studium auf der Kieler Universität gefördert. Muhlius hat dasselbe als Anlage zu seiner 1713 gehaltenen Rede de libertate academica in seinen dissertationes wieder drucken lassen. Diese Sammlung ist auch für

---

[1]) Das Examen, um zum Convikt zugelassen zu werden, hatte damals nach § 12 dieses Reglements der Generalsuperintendent abzuhalten. Zur Aufnahme war ein hochfürstliches Rescript erforderlich. Seit 1775 hat die philosophische Fakultät die Prüfung der Bewerber um das Convikt.

die Schleswig-Holsteinische Geschichte nicht unwichtig, es ist darin die Geschichte des Bordesholmer Klosters enthalten. Dass trotz der theologischen Streitigkeiten die Universität Kiel durch seine Lehrer in der Theologie und Philosophie einige Anziehungskraft hatte, dürfte sich darin zeigen, dass Joh. Lor. Mosheim oder Mosheimb, wie er sich anfangs nannte, 1716 seine Studien in Kiel begann und nicht nach Halle ging, wo, wie Lücke in seiner 1837 erschienenen narratio de Joanno Laurentio Moshemio p. 16 sagt, Streitigkeiten störend einwirkten. Ausser Muhlius hatten Albert zum Felde und die Mitglieder der philosophischen Fakultät Nicol. Möller und Sebastian Kortholt besondern Einfluss auf ihn. Ein Freund von Muhlius, G. G. Richter, seit 1735 Professor der Medicin in Göttingen, sagt in einem Gedichte, welches er 1755 bei Mosheim's Tode drucken liess:

„Muhlius excoluit, sed plus Feldenius hospes ingenium —."
Es gelang nicht, Mosheim in Kiel zeitig eine Anstellung zu verschaffen, er war hier von 1718—1723 Privatdocent und Assessor der philosophischen Fakultät und folgte dann einem Rufe nach Helmstädt.

Praemia, quae patriae languens attentio terrae
distulit, haud titubans extera terra dedit.

Einige der juristischen Professoren der ersten Periode habe ich schon S. IX erwähnt. Die Civilisten folgten in ihren Vorträgen der legalen Ordnung, theils den Texten, wie Heinrich Michaelis, von 1666—1668 Professor in Kiel, theils legalen Compendien, wie Sam. Reyher, Professor von 1665—1714, Bernhard Schultz, von 1674—1687, Elias August Stryk, von 1689—1697 Professor in Kiel, die Struves Compendium jurisprudentia Romanogerman. forensis und J. J. Schoepffers synopsis juris privati Romani et forensis bei ihren Vorlesungen zum Grunde legten. Sch. war kurze Zeit, von 1712—1714, Professor in Kiel, er war von Rostock für Kiel durch ein ungewöhnliches Salar gewonnen, ging wieder nach Rostock, soll hier und dort im Sinne der Regierung gewirkt haben. G. Brökel, der hier von 1772—1788 Professor war, las Pandekten nach Böhmer und Hellfeld, seine principia juris Romani vollendete er nicht. Die von dem gebornen Schleswiger G. Calixt oder Callisen, Professor in Helmstädt († 1656), aufgestellte Behauptung [1]), Kaiser Lothar habe nicht das Römische Recht in Deutschland eingeführt, welche H. Conring und Kulpis unter dem Namen Sincerus und Thomasius ausführten und begründeten, konnte nicht ohne Einfluss auf das Rechtsstudium bleiben. Die Frage, wie das Römische Recht, wie das Deutsche Recht auf der Universität gelehrt werden solle, ward von Kieler Professoren mehrfach verhandelt. Professor Harpprecht schrieb in Kiel 1728 eine Schrift über den non usus des Schwabenspiegels, des Alemannischen Land- und Lehnrechts, das jus commune bestehe nicht in den alten verlegenen teutschen Rechten, die Jugend werde verwirrt, wenn man die gemeinen geschriebenen Kaiserlichen und Lehnrechte als altverlegenes ohnnutzes Gezeug beschreibe. Sein Gogner Vogt, der in Kiel von 1712—1724 und wieder von 1730—1736 Professor war, meinte, Harpprechts Mittelstrasse führe zum Holzweg, wo nicht zum düstern Brook der Glossatoren. Amthor, Professor des vaterländischen Rechts, verliess Kiel 1714, er las hier das Recht der manierlichen Sitten, über das Römische Recht nach eigner Ordnung, mit dem er die Abweichungen des Landesrechts verbinden wollte. Auf Amthor und dessen Nachfolger Arpe, der 1724 entlassen wurde, so wie auf Heubel geht wohl zunächst der Tadel Harpprechts. Heubel hatte 1722 in einer Rede de pedantismo juridico gegen den irrationabilem usum des Justinianischen Rechts geeifert.

Das deutsche und vaterländische Recht ward auf der Kieler Universität gefördert durch den Curator Westphalen und dessen Neffen Dreyer, die beide gegen das Römische Recht eingenommen waren (Ratjen, Dreyer und Westphalen, Kiel 1861 S. 160 u. f.). Arpes themis Cimbrica, die 1737 erschien, ist eine Vorarbeit zur Rechtsgeschichte, Dreyer vollendete seine Arbeit über das Schleswig-Holsteinische Recht nicht, eben so wenig sein Nachfolger Winckler, dessen handschriftlich erhaltene historia juris patrii ist dürftig, wie Gadendams historia juris Cimbrici, die 1770 erschien.

Die medicinische Fakultät hatte lange Zeit nur zwei Professoren: Joh. Dan. Major von 1665—1693 und Pechlin, der viel abwesend war, und später W. H. Waldschmied oder Waldschmidt

---

[1]) Moller, Cimbria literata T. 3 p. 142—143.

von 1691—1731 und Schelhammer von 1695—1716 (vergl. S. 24). Die Universität Kiel hatte wenige die Medicin Studirende, wie schon erwähnt wurde.

Unter den Lehrern der philosophischen Fakultät dürfen wir den bekannten D. G. Morhof von 1665—1696 hervorheben (Jahrbücher für Landeskunde B. 1 S. 19—32), so wie den Mathematiker Koes von 1721—1766, den Historiker Lackmann von 1733—1753, den Bibliothekar Hennings von 1738—1763, den Philologen J. B. Köhler von 1766—1769 und den unermüdet in verschiedenen Fächern thätigen W. E. Christiani. In dem Wintersemester 17$\frac{92}{93}$ war er der einzige Professor der philosophischen Fakultät, er hielt in den Jahren 1761—1793 historische, philosophische, mathematische und philologische Vorlesungen. Der Holländer Samuel Schass, Schüler M. Gude's, wollte durch sein 1675 errichtetes Stipendium die studiosi optimarum literarum oder humaniorum literarum in Kiel fördern. Das ausgesetzte Geld musste erst durch einen Prozess erstritten werden, im Jahr 1705 wurde eine bestimmte Anordnung getroffen (unten S. 132).

II.

Die zweite Periode der Geschichte der Kieler Universität geht von 1773—1813. Christian VII., unter dem der Austausch des grossfürstlichen Holsteins erfolgte, war 1766 dem Könige Friedrich V. gefolgt und lebte bis 1808. Der Kronprinz, der nachherige König Friedrich VI., ward 1784 Mitregent. Die Ode, welche Fr. L. Stolberg ihm 1792 sang, ist bekannt, sie steht in Stolberg's Werken B. 2 S. 103 und ist auch in Herder's Briefen zur Beförderung der Humanität 1 S. 175 gedruckt.

Die Universität war seit 1773 Landesuniversität für die ganzen beiden Herzogthümer. Manche Umstände riefen einen gewissen Nationalstolz, einen Spracheifer hervor, gegen welche der Historiker Hegewisch, Professor der Geschichte in Kiel von 1780—1812, sich in seiner 1784 erschienenen Schrift über die gegenseitigen Pflichten verschiedener unter Einem Oberhaupte vereinigter Nationen aussprach, er suchte es den verbundenen Nationen zur Pflicht zu machen, „jede der Sprache der andern

Gerechtigkeit widerfahren zu lassen und sich ihrer Erlernung vorzüglich vor andern neuen Sprachen zu befleissigen." Hogewisch nennt nur Holsteiner, Normänner, Dänen, wie auch die Indigenatsordnung von 1776 nur Dänen, Norweger, Holsteiner nennt. Die politische Richtung trat einige Zeit zurück gegen die Humanitäts-Bestrebungen für allgemeines Glück. Mehrere Professoren, wie Christiani, Schrader, Jensen, Hegewisch, Niemann, Reinhold, Weber, strebten für die Aufhebung der Leibeigenschaft, für Verbesserung der Armenpflege. Die Gesellschaft freiwilliger Armenpflege entstand in Kiel 1792, das Ehrengericht für Studirende 1794, es ward 1806 aufgelöst. K. L. Reinhold's 1797 erschienene Verhandlungen über ein Einverständniss in den Grundsätzen der sittlichen Angelegenheiten zeigen, was damals nicht Wenige bewegte. Dumouriez, der längere Zeit in Holstein lebte, hatte in seinem tableau speculatif de l'Europe, um Dänemark zu einer neuen Coalition gegen Frankreich zu bewegen, einer revolutionären Propaganda in Holstein erwähnt. Eine Abwehr dagegen erliessen am 1. März 1799 mehrere Kieler Professoren und einige Andere in Niemann's Schl.-Holst. Blättern für Polizei und Kultur 1799 B. 1 S. 158 u. f. Nach Aufhebung des deutschen Reichs begann im Juli 1807 die Zeitung für Literatur und Kunst in den dänischen Staaten, um „die durch und miteinander vom Nordcap bis zur Elbe unter einem Scepter wohnenden Brüder mehr und mehr mit einander gegenseitig bekannt zu machen." Sie erreichte ihren Zweck nicht. Die Redaction, welche sich nicht nennt, sagt: „Nach der näheren Vereinigung, in welche Holstein 1806 mit Dänemark trat, wünschten höchste Beikommende die Herausgabe einer periodischen Schrift, worin dänische, norwegische und holsteinische Pfleger der Wissenschaften vereinigt zur noch engern Verknüpfung dieses Bandes wirken könnten —."

Auf der Kieler Universität zeigten sich kleine Störungen (S. 35), namentlich durch F. Høegh-Guldberg's Schriften veranlasst, es war dies jedoch vorübergehend.

Ich will versuchen auch von der zweiten Periode Einzelnes hervorzuheben.

In der theologischen Fakultät treten besonders J. Andr. Cramer und S. G. Geyser hervor, der erstere, seit 1754 deutscher Hofprediger in Kopenhagen, folgte 1771 einem Rufe zur Superintendentur nach Lübeck und ging 1774 als Professor der Theologie nach Kiel, er starb 1788 (vergl. S. 26). Gr. W. Nitzsch sagte 1833 von ihm in der memoria Andr. G. Crameri, des Sohnes von J. Andr. Cramer: Nihil verius dici potest, quam illum suo studio et intelligenti omnis eruditionis amore pariter ac superiorum voluntate et gratia promptissima academiae velut genium divinitus missum praesenti quodam numine adfuisse. Das in Kiel 1781 errichtete Schullehrerseminar, welches später leider längere Zeit unthätig war, dann nach Segeberg verlegt wurde, verdankt Cramer seine Entstehung. Die Ritterschaft gab zur Errichtung dieser Anstalt 10,000 Rthlr. Cour. (Provinzialbericht 1788 S. 115—117 und unten S. 34.). Geyser ward 1777 durch Cramer nach Kiel berufen. Seine ausgezeichneten Lehrgaben hebt auch der Jurist Cramer hervor (vergl. Falck's Magazin B. 5 S. 199—212). G. starb 1808. Jakob Christoph Rudolph Eckermann, von 1782 bis 1837 ordentlicher Professor der Theologie, ward wohl neben Geyser am meisten von den Studenten gehört. J. Fr. Kleuker's Wirksamkeit, er war von 1798—1827 Professor, passte nicht zu der Richtung der Zeit, er wirkte durch seine Vorlesungen wenig. (Vergl. Ratjen, Kleuker und Briefe seiner Freunde S. 24.) Mein Freund Dorner gab mir für diese 1842 erschienene Schrift eine Mittheilung über Kleuker's theologischen Standpunkt, die S. 43 bis 49 abgedruckt ist. Man sieht daraus, wie verkehrt Kleuker von Manchen beurtheilt wurde. In Claus Harms Lebensbeschreibung, Kiel 1857, finden sich S. 57—61 einige Worte über Kleuker als Lehrer. Georg Samuel Francke war von 1810 bis 1840 ordentlicher Professor der Theologie, er wirkte mit zur Errichtung eines theologisch-praktischen Instituts, hielt dogmatische und exegetische Vorlesungen. J. O. Thiess, der leicht recht schwarz zeichnet, schildert in der Geschichte seines Lebens und seiner Schriften, Th. 2 Hamburg 1802 S. 322 u. f., den Zustand der theologischen Fakultät in Kiel im Jahre 1791 trostlos. Von den ausserordentlichen Professoren der Theologie war der eine (H. Meyer) Pastor an der Stadtkirche, er las gar nicht, der zweite (H. Müller), Director des Schullehrerseminars, las publice bloss Katechetik und Pastoraltheologie. Von den ordentlichen Professoren der Theologie (Geyser, Eckermann und C. G. Hensler) hatten in eigentlich theologischen Vorlesungen nur die beiden ersten Zuhörer, zu dem ältesten Professor liefen die künftigen Holsteinischen, zu dem zweiten die Schleswigschen Candidaten, jener examinirte damals in Glückstadt, dieser in Schleswig. Der dritte unterrichtete im Hebräischen und erklärte publice den Brief des Jakobus. Thiess, dem es nicht gelungen war, in Hamburg eine Anstellung zu erlangen, kam 1791, er war in Giessen Doctor der Theologie geworden, hielt in Kiel als Privatdocent und theologischer Adjunct, seit 1795 ausserordentlicher Professor der Philosophie ohne Gehalt, theologische und philosophische Vorlesungen, erregte durch seine „Lipsiae redemtore Jo. Ambrosio Barth 1793" erschienenen theses theologicae, die in Wahrheit in Kiel gedruckt waren, Aufsehen. Im Jahre 1798 erhielt er eine Gratification. Am 7. December 1799 ward er als ausserordentlicher Professor der Philosophie mit einem Wartegeld von 200 Rthlr. und der Aufgabe entlassen, Kiel und die Umgegend zu meiden. Aus J. O. Thiess letzter öffentlicher Rechenschaft, Kiel 1805, in welcher S. 129 das Entlassungsrescript zum Theil gedruckt ist, sieht man, dass die Regierung vorher Gutachten der Oberconsistorien und vorzügliches Vertrauen verdienender Gottesgelehrten eingezogen hatte. Die Kanzelei hatte erwartet, Thiess werde sich aller theologischer Vorlesungen enthalten, er berief sich auf § VIII des Reglements vom 27. Januar 1707: Auf gleiche Weise soll einem jeden Auditori nicht weniger gestattet sein, dem Professori nach gehaltener Lection seine Dubia frey und ohne Scheu zu proponiren, auch sonst keine Facultät an gewisse Principia oder opiniones, soweit solche von menschlicher Autorität dependiren, sich als ein mancipium nothwendig verbindlich achten, sondern einem jeden Docenti eine freye und arbitraire Untersuchung aller und jeder Wahrheiten, sie seyn alt oder neu, ungekränket gelassen werden. Und weil man in einigen Problematicis und andern Quaestionibus, explicationibus scripturae, und was sonsten von unserer gesammten Evangelischen Kirche bisher auf ein und andere Art noch nicht entschieden, einem jeden der Theologen gleichfalls seine gewissenhafte Freyheit gönnen muss, so wird zur Vermeidung aller unnöthigen Zänkereien oder passionirten Misshelligkeiten, so daher inter collegas aus verschiedenen Absichten leicht entstehen könnten, einem jeden bestallten Theologiae professori seine scripta und disputationes ohne censura Decani zum öffentlichen Druck zu befördern und folgendshin vor sich allein zu verthädigen, hiemit überlassen."

J. O. Thiess äusserte sich in seiner Gel. Geschichte der Universität zu Kiel B. 1 Kiel 1800 S. 157 u. f. sehr unzufrieden über die Berichte des akademischen Consistorii bei Besetzungen von Stellen. Am gerathensten würde es nach seiner Ansicht sein, wegen Besetzung einer erledigten Professur und insbesondere wegen weiterer Beförderung der auf Exspektanz stehenden Lehrer, wenn diese durch Schriften bekannt sind, wie billig von einem Doctor oder Magister zu erwarten steht, sich bei einer auswärtigen Universität oder Fakultät oder nur bei einem einzelnen Gelehrten, der als ein competenter und unbefangener Richter anzusehen ist, Raths erhole. Diese scharfe Anmerkung, in der auch gegen den dritten theologischen Professor, C. G. Hensler, polemisirt wird, steht nicht in allen Exemplaren der Schrift von Thiess.

Unter den Juristen der zweiten Periode darf ich Adolph Friedrich Trendelenburg hervorheben, der hier von 1775—1803 wirkte. Dieser auch philologisch und philosophisch gebildete Mann las über Römisches Recht, Deutsches Privatrecht, Criminalrecht, Kirchenrecht und das Recht der Herzogthümer. Allerdings existirt von Trendelenburg kein grösseres Werk, aber man darf zur Beurtheilung der damaligen Zeit nicht unberücksichtigt lassen, dass häufig die Präsides die Dissertation der unter ihrem Präsidio Disputirenden schrieben, und dass nicht bloss zu Promotionen disputirt wurde. Auf Trendelenburg's Empfehlung kam wohl Ad. Diet. Weber 1784 von Rostock nach Kiel. Er ist bekanntlich ein Vermittler zwischen dem Römischen Recht auf der einen und dem Naturrecht und deutschen Recht auf der andern Seite. Am bekanntesten sind seine Reflexionen vom Gebrauch des Römischen Rechts, seine natürliche Verbindlichkeit und die Ausgabe des früher viel gebrauchten Commentars von Höpfner. Weber verliess Kiel 1791, er ward ordentlicher Professor in Rostock. Bethmann-Hollweg sagt in seinen Versuchen gewiss mit Recht: „Weber's Schriften scheinen mir überhaupt ausgezeichnet durch Sinn für die eigentliche Rechtstheorie und das ächt Praktische, die Mängel desselben liegen auf der historischen Seite, worin er seiner Zeit den Tribut zahlte." Unter Trendelenburg disputirte

1778 Friedrich Christoph Jensen de libera bona avita alienandi facultate in Holsatia per speculum Saxonicum non restricta. Professor Harpprecht hatte die Gültigkeit des Sachsenspiegels in Holstein bestritten, weil die Regierung in der Landgerichtsordnung erklärt habe, einen Auszug aus den Sachsen-Rechten machen zu lassen. Für Dreyer war der Sachsenspiegel längere Zeit nicht alt genug (Ratjen, Dreyer und Westphalen S. 68, 75, 76, 90), er suchte einen ältern. Jensen war in Kiel 1780 Privatdocent, 1781 ausserordentlicher, 1785—1802 ordentlicher Profesor, ging dann nach Kopenhagen als Mitglied der deutschen Canzeley, er nahm auch Theil an den philosophischen Bewegungen der Zeit. Auch A. Wilh. Cramer disputirte 1782 unter Trendelenburg, freilich nicht zur Promotion, er ward erst 1785 Doctor der Rechte und wirkte hier bis 1833 auch für die philologischen Studien. In dem Sommersemester 1804 und dem Wintersemester 18$\frac{0}{5}$ und von 1807—1814 waren L. A. G. Schrader, der von 1789 bis 1815 das Schleswig-Holsteinische Recht lehrte, und A. W. Cramer die einzigen ordentlichen Professoren des Rechts. C. W. Pütz las im ersten Semester Lehnrecht, Olivarius offerirte dänisches Recht. In dem zweiten Semester war Pütz nicht mehr hier, der jüngere C. M. G. Schrader, Privatdocent, erbot sich zu Vorlesungen über Deichrecht und Eherecht. J. F. Reitemeier kam 1805, er ward wegen Misshelligkeiten 1811 entlassen, Anzeigen seiner Vorlesungen finden sich nur bis 1807. Schweppe kam zum Winter 18$\frac{0}{3}$, war bis 1814 ausserordentlicher Professor. Thibaut und Feuerbach wirkten hier (vergl. S. 32. 33) kurze Zeit, der erstere von 1796—1802, der andere von 1802—1804. Das Studium des Römischen Rechts ward durch A. W. Cramer allerdings gefördert, aber seine Richtung war eine mehr philologisch antiquarische als eine wahrhaft historische, die erst durch Savigny zur Geltung kam. Cramer's Vorlesung über den tit. Dig. de verborum sign., in welcher er das Verhältniss der Florentinischen Handschrift zu den andern Manuscripten der Pandekten erörterte, ward viel gehört.

Die medicinische Fakultät ward unter der Curatel des Grafen Friedrich Reventlow auf Emkendorf gehoben, was mit Unrecht von Feuerbach und Funk (S. 33. 34) getadelt wurde. Diese Fakultät hatte von 1771—1774 die vier ordentlichen Professoren: Kannegiesser, Struve, Ackermann und Kerstens. In letzterem Jahre trat Christian Joh. Berger ein, er war bis zum 17. Januar 1772 in Kopenhagen Professor der Majeutik und Leibmedicus, ward dann arretirt, 1774 zum Professor der Medicin und Chirurgie für Kiel ernannt, in den indices steht er nur bis 1779, er ward auf seine Bitte von den akademischen Geschäften entbunden, starb 1789. (Vergl. C. F. Levy, Christian Joh. Berger, I Anledning af Reformationsfesten 1856 und Chronik der Kieler Universität 1860 S. 20.) G. H. Weber, dessen Vater Andreas Weber hier von 1770—1781 ordentlicher Professor der Theologie und ausserordentlicher der Philosophie war, las seit 1777 als ausserordentlicher, seit 1780 als ordentlicher Professor der Medicin und Botanik, er ist der Stifter des akademischen Krankenhauses, starb 1828. (Vergl. unten S. 105 und 109 und Neues Kielisches Literaturjournal B. 1 Dessau u. Leipzig 1785 S. 86—93.) Sein Sohn Friedrich Weber übernahm 1810 den botanischen Garten bei dem akademischen oder Weberschen Krankenhause und später auch diese Krankenanstalt, er starb schon vor dem Vater im Jahre 1823. Phil. Gabriel Hensler (vergl. S. 29) trat 1789 als ordentlicher Professor der Medicin ein, er hatte auf die Bildung der Studirenden nicht bloss der Mediciner vielen Einfluss, wie Steffens, Erich von Berger und Niebuhr dankbar anerkannt haben, seine Stiftung für junge Aerzte der Herzogthümer wirkt noch jetzt wohlthätig. Sein Sohn, der Theolog Chr. G. Hensler, der hier von 1784—1809 wirkte, führte die Anordnung der Stiftung nach des Vaters Willen aus, dieser starb 1805. Für die Professur der Anatomie und Chirurgie ward J. L. Fischer 1794 berufen, er starb 1833. Christoph H. Pfaff trat 1798 als ausserordentlicher Professor der Medicin ein, er las über Physiologie, Pathologie, Chemie und Physik. Das ehemalige Küchen- und Waschgebäude des Schlosses war der Universität zur Wohnung für den Chemiker und Physiker und zum Laboratorium überlassen. Es schien für beide Fächer ausreichend, man machte damals nicht so grosse räumliche Ansprüche, wie jetzt (vergl. S. 109). Die Vorlesungen über Physik wurden häufig auch von Theologen und Juristen besucht. Im Sommer 1801 und Winter $18\frac{01}{02}$ steht Pfaff im index unter den Professoren der philosophischen Fakultät, nachher wieder in der medicinischen Fakultät, und zwar vom Sommer 1802 an als ordentlicher Professor. Von seinen Gehülfen nenne ich nur Heiland, der später so lange als Arzt in Lübeck thätig war, und Joh. Georg Forchhammer, den nachherigen berühmten Professor in Kopenhagen. (Vergl. die von mir herausgegebenen Lebenserinnerungen von Christoph H. Pfaff S. 279.) Joachim Dietrich Brandis trat 1803 als ordentlicher Professor der Medicin ein. Die Fakultät bestand aus sechs ordentlichen Professoren, ausserordentlicher Professor war J. G. Reyher und Adjunct C. F. Hargons. J. Fr. Ackermann, der Neffe von G. G. Richter, hatte seit 1760 eine grosse Thätigkeit an der Kieler Universität gezeigt, er war Professor der Medicin und Physik, starb 1804.

In unserer zweiten Periode wurde die philosophische Fakultät sehr gehoben durch mehrere Berufungen.

Der Philosoph M. Ehlers hatte von 1778—1800 durch seine populär gehaltenen philosophischen Vorträge vielen Einfluss. C. L. Reinhold wirkte hier von 1794—1823, er war in Kiel der erste Verbreiter der Kant'schen Philosophie und ward auch später, als er sein System gewechselt hatte, viel gehört. G. F. Schumacher giebt in seinen Genrebildern, Schleswig 1841 S. 190 und 200, ein freilich leicht hingeworfenes Bild über das Ansehen Reinhold's bei den Studirenden. Was Böttiger in Ebert's Ueberlieferungen B. 2 Stück 1 S. 135 u. f. über die Kieler Universität vom Jahre 1797 erzählt, ist mit Vorsicht aufzunehmen, er nennt S. 158 einen Kieler Professor Jünichen, den es hier nicht gab. Hämisch ist die Bemerkung: „Aber im Grunde sind sie (die Kieler Professoren) doch alle stolz auf seinen (Reinhold's) Besitz. Sie möchten gern auch eine berühmte Universität sein, nur selbst Hand dabei anzulegen, ist ihnen unbequem." Dies passt schlecht zu dem Lobe Böttiger's auf Hegewisch, Hensler, Fischer und Trendelenburg.

Das philologische Studium ward sehr gefördert durch den Philologen Heinrich, der hier von 1804—1812 wirkte. In den letzten Jahren war leider seine Wirksamkeit nicht mehr so einflussreich, wie früher. Sein Lieblings-Schriftsteller Juvenal ward 1838 von dem Sohn herausgegeben. Der Alterthumsforscher G. Zoëga ward 1802 als ordentlicher Professor der alten Literatur und Oberbibliothekar nach Kiel berufen, er lehnte den Ruf ab.

Für die Förderung des historischen Studiums wirkte D. H. Hegewisch von 1780—1812. Die Streitigkeiten mit seinem

Collegen V. A. Heinze, dem Schwiegersohn des Professors Christiani, im Jahre 1786 über die Erfindung und den Gebrauch des Pulvers, so wie über historische Ungenauigkeit hatten für Hegewisch keinen Nachtheil.

Aug. Chr. H. Niemann, Professor der Statistik und Nationalökonomie, lehrte von 1784—1832, er hat durch seine Schriften besonders die Landeskunde gefördert. Auch als Lehrer der freilich von der Universität unabhängigen 1785 gestifteten Forstlehranstalt waren Niemann und der Mathematiker Reimer thätig. Der Mathematiker Tetens war hier nur von 1777—1788. Die Provinzialberichte 1834 S. 598 u. f. enthalten einen Nachruf, den die Kopenhagener Akademie der Wissenschaften dem bedeutenden Mann widmete.

Zur Förderung der Kenntniss der deutschen Literatur und der Kunstgeschichte wirkte Professor Joh. Ad. Nasser von 1789 bis 1828. Neben seinen Vorlesungen über lateinische Classiker hielt er Vorlesungen über die genannten Fächer. Seine bedeutende Sammlung von Kupferstichen ward leider nicht für die Kieler Universität gewonnen, wie von Mehreren gewünscht wurde. Den Zuhörern legte er in seinen Vorlesungen bereitwilligst die zu dem Inhalt derselben passenden Kupferstiche vor. (Vergl. Niemann, Chronik der Universität Kiel 1827, S. 13. 14, 18$\frac{27}{28}$ S. 14.

III.

Die dritte Periode der Geschichte unserer Universität beginnt mit dem Jahre 1813. Der Kieler Friede vom 14. Jan. 1814 endete den Krieg, die Herzogthümer hatten durch die Besetzung fremder Truppen sehr gelitten. Zur Verwaltung des Herzogthums Holstein war am 9. December 1813 von dem Kronprinzen von Schweden eine provisorische Commission bestellt, welche ihren Sitz zu Kiel hatte, sie sollte für die Bedürfnisse der Armee sorgen und dahin sehen, dass die Lasten des Krieges gleichmässig getragen würden. Seit dem 10. December 1813, dem Tage des Gefechts bei Sehestedt, waren wenigstens keine grössern Gefechte vorgekommen, es war am 15. Decbr. erst bis zum 29. December, dann verlängert bis zum 6. Januar 1814 ein

Waffenstillstand abgeschlossen, Friedrichsort und Glückstadt waren nicht in denselben eingeschlossen, sie ergaben sich am 19. December 1813 und 5. Januar 1814. (Vergl. neue Provinzialberichte Jahrg. 4 1814 S. 97—138 und Jahrg. 5 1815 S. 1—35.) Der König reiste am 5. Septbr. 1814 zum Congress nach Wien. Am 31. Juli 1815 war in den Herzogthümern die Feier der Krönung und der silbernen Hochzeit des Königspaares. Der Jubel war herzlich und gross, auch auf der Kieler Universität war eine solche Feier, zwei Studirende prangten in Generals-Uniform (Neue Schleswig-Holstein. Provinzialberichte Jahrg. 5 1815 S. 435—459. 477—484. 604—614.) Der König trat für Holstein und Lauenburg dem deutschen Bunde bei. Dem Verlangen nach einer Repräsentativverfassung ward durch das Allgemeine Gesetz vom 28. Mai 1831, welches dem Preussischen Gesetze wegen Anordnung der Provinzialstände vom 5. Juni 1823 nachgebildet ist, zuvörderst entsprochen. Das akademische Consistorium dankte dem Könige, dass die Universität bei dem genannten Gesetze berücksichtigt sei. Die politischen Fragen über das Verhältniss der Herzogthümer zu Dänemark und Schleswigs zu Holstein wurden in und ausser den Ständen unter Friedrich VI., mehr noch unter Christian VIII. erörtert (S. 43—45). Falck hat in seinem Schreiben vom 24. Februar 1837, welches in seinem Archiv B. 5 S. 269—293 Kiel 1847 mit Nachträgen gedruckt ist, seine Ansicht über den dänisch-deutschen Streit einfach ausgesprochen.

In der Rede des Kieler Professors G. W. Nitzsch, bei der Todtenfeier des Königs Christian VIII. am 26. Februar 1848, ward mit Dank anerkannt, dass der verstorbene König der Kieler Universität genügendere Mittel gegeben, dass er Ordnung in die Finanzen des Staates gebracht habe durch Aufstellung und Publicirung eines Normalreglements. Am 28. Januar 1848 liess der König Friedrich VII. seine Absicht verkünden, gemeinschaftliche Stände für Dänemark und für die Herzogthümer Schleswig und Holstein einzuführen. Zur nähern Bestimmung der Verfassung sollten erfahrne Männer zusammen treten. Der Plan kam nicht zur Ausführung. Nach dem Kriege wurden von dem Könige am 28. April 1851 achtbare Männer oder Notabeln aus Dänemark, Schleswig und Holstein nach Flensburg berufen, um einen ihnen vorgelegten Plan zur Organisation der dänischen Monarchie zu berathen. Die sechs holsteinischen Mitglieder vereinigten sich zu einem Minoritätsvotum. Von der Amnestie wurden durch die Patente vom 10. Mai 1851 und 29. März 1852 für Schleswig und 29. März 1852 für Holstein Mehrere ausgeschlossen, was den innern Frieden nicht förderte. Auch die Universität verlor durch ein Rescript vom 12. Juni 1852 (S. 47) mehrere ihrer Lehrer. Niemann, Reimer und Er. v. Berger waren schon 1832 und 1833 gestorben, Falck starb am 5. Mai 1850 (Ratjen, zur Erinnerung an Nic. Falck, Kiel 1851). Der Umfang seiner Studien war gross, er hatte erst Philologie und Theologie, dann die Rechte studirt, er kannte die schleswig-holsteinischen und die dänischen Verhältnisse. Durch seine Vorlesungen und seine Schriften hat er die Kenntniss der Rechte und der Geschichte der Herzogthümer wesentlich gefördert. Leider vollendete er sein Schleswig-Holsteinisches Privatrecht nicht. Im Jahre 1848 fuhr ihm der politische Wagen zu rasch, er war ein conservativer Reformer.

Neben Falck wirkte für das vaterländische Recht seit 1816 sein viel älterer Freund M. Tönsen. Auch er hatte erst Theologie studirt, ward Prediger in Dublin, studirte dann in Kiel die Rechte, ward Advokat, Syndikus der Universität, Hardesvogt und darauf Professor in Kiel, er ward 1850 emeritirt, überlebte aber seinen jüngern Freund Falck. (Vergl. Neue Leipziger Literaturzeitung B. 3 1806, Intelligenzbl. Stück 32.) Von Falck's Richtung war Tönsen's verschieden. Letzterer suchte, wie Dreyer, aber mehr auf rationellem Wege, eine positives auch für Schleswig gültiges Recht herzustellen.

Am 28. Januar 1852 erfolgte die Allerhöchste Bekanntmachung, betreffend die Ordnung der innern Angelegenheiten der dänischen Monarchie, am 26. Juli 1854 die Verordnung, betreffend die Verfassung der dänischen Monarchie für deren gemeinschaftliche Angelegenheiten, und am 2. October 1855 das Verfassungsgesetz für die gemeinschaftlichen Angelegenheiten, welches am 6. November 1858 für Holstein und Lauenburg aufgehoben wurde. Eine Einigung wurde nicht erreicht. Die Gedächtnissrede bei der Todtenfeier des Königs Friedrich VII., welcher am 15. Novbr. 1863 geschieden war, hielt in Kiel Professor Forchhammer am 19. December 1863. Drei Tage nach dem Scheiden des Königs erging das Grundgesetz für die gemeinschaftlichen Angelegenheiten des Königreichs und des Herzogthums Schleswig am 18. Novbr. 1863.

Das zweihundertjährige Jubiläum der Universität ward 1865 nicht gefeiert. (Vergl. Chronik der Universität 1865 S. 6–10.) Der Universität wurden zum Jubiläum mehrere Werke gewidmet von Professor Direktor Joh. Classen in Hamburg, der hier 1831 und 1832 Privatdocent war, von Appellationsgerichtsrath Laspeyres in Lübeck, Heinrich Mahler in Berlin, den Doctoren H. A. Meyer und K. Möbius in Hamburg, der hier jetzt Professor der Zoologie ist, und von mir. Reinhold Philipp Schilling, der schon früher in Kiel war und die hiesige Bibliothek besucht hatte, kam 1865 zur Mitfeier, er schenkte mehrere die Russische Geschichte, namentlich die Universität Dorpat betreffende Werke, eine Abschrift einer Urkunde des Königs Magnus von Liefland, Bruders Johann des jüngern, vom 9. Mai 1572, und eine Obligation der Russischen fünfprocentigen inneren Anleihe mit Prämien-Verloosung vom Jahre 1864 von 100 Rubel (unten S. 97). Die Zinsen dieser Obligation erhält nach der Bestimmung des Gebers die Kieler Universitätsbibliothek, über die etwa gewonnene Prämie und die Amortisationssumme hat das akademische Consistorium zu bestimmen.

Durch das Allerhöchste Patent vom 12. Januar 1867 wurden die Herzogthümer Holstein und Schleswig der Preussischen Monarchie einverleibt. (Verordn. für Schleswig-Holstein 1867 St. 11 und Gesetz-Samml. für die Königl. Preuss. Staaten 1867 Nr. 8.)

Das akademische Consistorium hatte im Mai 1812 auf die Besetzung mehrerer vacanter Lehrstellen angetragen, namentlich auf die Besetzung der Professur der Geschichte. Es erfolgten bald (unten S. 36. 37) mehrere Ernennungen. Twesten, 1814 ausserordentlicher Professor der Theologie und Philosophie, förderte die Theologie, Philosophie und während der Vacanz der Professur der Philologie auch diese. Falck's habe ich schon S. XXIII gedacht.

Wegen der Wechsel im Lehrerpersonal beziehe ich mich auf S. 36–42 und auf die angehängten Tabellen. Ueber die Lehrer der philosophischen Fakultät darf ich ein Wort anschliessen.

Dahlmann am schon zum Wintersemester 18$\frac{1}{1}\frac{2}{3}$. Treitschke hat in seinen historischen und politischen Aufsätzen Dahlmann's

Thätigkeit dargestellt, und hoffentlich wird die Schrift von Springer über unsern Historiker bald erscheinen. Auf Dahlmann folgten als Historiker in Kiel Michelsen. Seit 1842 hatte Kiel regelmässig zwei Professoren der Geschichte. G. W. Nitzsch, nach D. G. Morhof, J. B. May, Seb. Kortholt, J. M. Schwanitz, W. E. Christiani, T. Baden, K. F. Heinrich und E. W. G. Wachsmuth, der neunte Professor der Eloquenz förderte das Studium der klassischen Sprachen und Literatur, er war seit 1834 auch ausserordentliches Mitglied der Schleswig-Holsteinischen Regierung und hatte die Aufsicht über die Gelehrten Schulen beider Herzogthümer. Zwei seiner Schüler, Läbker und Rieck, haben Andenken seiner Thätigkeit gegeben. Auf Nitzsch folgten Curtius und Ribbeck. Neben den Professoren der Eloquenz wirkte seit 1836 für die Kenntniss des Alterthums Professor Forchhammer, er leitete während der Vacanzzeit das philologische Seminar, dessen Mitdirektor er wurde. Im Jahre 1857 wurden für diese Anstalt zwei neue Stipendien errichtet (unten S. 151 und Chronik der Universität 1857 S. 34). Für die Kenntniss der orientalischen Sprachen wirkte nach Olshausen Dillmann. Für das philosophische Studium wirkten Berger, der schon 1814 berufen wurde, Ritter, Harms, Thaulow.

Unter dem Könige Friedrich VII. geschah viel für die Baulichkeiten der Universität. Im Jahre 1854 ward (S. 108) das frühere Jahn-Apelsche Haus für das mineralogische Museum und das physikalische Institut gekauft und umgebaut. Im Jahre 1862 wurden (S. 106) die neuen Heilanstalten errichtet, denen die Professoren Litzmann, Esmarch und Bartels vorstehen. Der König bewilligte im Schlossgarten einen Platz für das beabsichtigte neue Universitätsgebäude.

Im August 1857 war die Allerhöchste Bestätigung der Privilegien und Statuten der Kieler Universität erfolgt, welche 1848 nach alter Sitte beim Thronwechsel erbeten worden war. Die betreffende Urkunde stimmt in ihren wesentlichen Theilen wörtlich überein mit den Bestätigungsurkunden Friedrichs VI. und Christians VIII. (Chronik der Universität 1857 S. 23.)

Die Frau Professorin Fabricius, geb. Ambrosius (S. 97), die Freundin Klopstocks, hatte in ihrem Testament bestimmt, dass nach dem Tode ihres jüngsten Sohnes — er starb 1851 — ihr Vermögen an die Kieler Universität falle und die hiesige

Universitäts-Bibliothek von den Zinsen des Vermögens bis zur Volljährigkeit der Urenkel des ältesten Sohnes 200 Rthlr. Cour. jährlich geniesse. Durch Vergleich ward das Vermögen zu 16,000 Rbthlr. oder 10,000 Rthlr. Cour. bestimmt. Diese Summe wurde Umschlag 1855 an die akademische Quästur gezahlt. (Chronik der Universität 1856 S. 24 und 1857 S. 27, Kieler Blätter B. 1 S. 136 B. 2 S. 53 und Jahrbücher für Landeskunde B. 5 S. 120—122.)

Ehe ich am Schluss dieser Einleitung die Quellen meiner Arbeit anführe, will ich über das oft berührte Thema, betreffend die Zahl der früher und jetzt in Kiel Studirenden, Nachricht geben.

Frequenz der Kieler Universität.

Nach dem Bericht von den Processionen bei Inauguration der Holsteinischen academia, Schleswig 1665, nahmen 162 Studirende an der Procession Theil. Nach dem album civium academieorum wurden vom 5. October 1665 bis 4. Mai 1666 140 Studirende inscribirt. (Vergl. meinen Beitrag zur Geschichte der Kieler Universität Kiel 1859 S. 43.)

Nach den Schleswig-Holsteinischen Provinzialberichten Jahrg. 3 1789 B. 2 S. 198—200 waren im August 1789 78 Studirende aus dem Herzogthum Schleswig, 96 aus Holstein und 15 Ausländer, also zusammen 189, 2 Norweger, 6 aus Dänemark und 5 den Eingebornen gleich zu achtende, es studirten 114 Theologie, 72 die Rechte, 6 Medicin. Michaelis 1789 erhielten 20 Studirende Abgangszeugnisse. In den Provinzialberichten vom Jahre 1791 H. 4 S. 31—44 ist eine Uebersicht der seit der Stiftung der Universität bis 1791 unter jedem Prorektorat neu angekommenen Studirenden mit Angabe der Prorektoren, 1765 Ostern kamen nur fünf, 1765 Michaelis nur acht. Die Uebersicht ist nach Kordes von Professor W. E. Christiani.

Nach den Kieler Beiträgen B. 1, Schleswig 1820, S. 324 bis 326 hat die Zahl der Mediciner seit 1800 auffallend zugenommen, 1802 im Sommer studirten 2, 1803 12, 1811 18, 1812 21, 1817 39, 1818 44 die Arzneiwissenschaft.

Im Winter 18$\frac{1}{2}$ betrug die Gesammtzahl der Studirenden 111, 18$\frac{18}{19}$ 222, unter denen 61 Theologen, 109 Juristen, 51 Mediciner und 1 Philosoph waren, im Sommer 1819 betrug die

Gesammtzahl 230, nemlich 68 Theologen, 103 Juristen, 52 Mediciner, 7 Philosophen, im darauf folgenden Wintersemester betrug die Gesammtzahl 234.

Nach Falck's staatsb. Magazin B. 6 S. 213 studirten 1822 in Kiel 296: 141 Theologie, 96 die Rechte, 56 Medicin, 3 Philosophie. (Vergl. Niemann's Chronik der Universität 1826 S. 11.)

Nach derselben Chronik S. 13 und 1827 S. 11 studirten im Winter 1826 310, 139 aus Schleswig, 142 aus Holstein, im Sommer 1827 300 Studirende (S. 12), aus Schleswig 66, aus Holstein 47 Theologie, 5 aus Schleswig, 7 aus Holstein studirten Theologie und Philologie, 42 aus Schleswig die Rechte, 53 aus Holstein. Im Winter 1827 (S. 13) war die Gesammtzahl der Studirenden 323, unter denen 73 Theologen aus Schleswig, 54 aus Holstein, Theologen und Philologen aus Schleswig 5, aus Holstein 8, Juristen aus Schleswig 44, aus Holstein 52. Im Sommer 1828 (S. 17) hatte Kiel 370, im Winter 1828 (auf dem Titelblatt) 330, im Sommer 1829 (S. 15) 358, im Winter 1829 328 Studirende, 1830 (S. 18, 1831 S. 14) 311, im Sommer 1831 (S. 19) 339, im Winter 1831 234.

In Falck's neuem Magazin B. 10 S. 324 ist eine Uebersicht der in Kiel Studirenden von 1830—1840 gegeben. Dass die Zahl im Wintersemester 1831 etwas geringer war, wird zum grössten Theil der Cholera beigemessen. Im Sommer 1832 studirten hiernach in Kiel 321, in den folgenden Semestern bis Ostern 1840: 253, 300, 294, 320, 293, 268, 232, 234, 263, 275, 258, 273, 247, im Sommer 1839 222, im Winter 1839 231.

Die Zahl der Philologen war von 1836 an grösser als früher gewöhnlich, nemlich 11, 16, 13, 18, 16, 10. Dies dürfte zum Theil darauf beruhen, dass für die Philologen auf der Kieler Universität durch Stipendien am meisten gesorgt ist.

In Falck's Archiv Jahrgang 5 Kiel 1847 S. 179 ist die Frequenz der Kieler Universität von Ostern 1840—1847 angegeben, die Gesammtzahl der Studirenden war darnach: 237, 219, 207, 216, 208, 203, 210, 227, 206, 197, 200, 208, 209, 196, 187. Im Sommer 1840 studirten 75 Theologie, 8 Philologie, 106 die Rechte, 35 Medicin, 11 Pharmacie, 2 philosophische Wissenschaften. Im Sommer 1847 studirten 49 Theologie, 7 Philologie, 80 die Rechte, 36 Medicin, 5 Pharmacie, 10 philos. Wissenschaften.

Das alphabetische Verzeichniss sämmtlicher in Kiel Studirender im Winter 18$\frac{4\,9}{5\,0}$ giebt als Gesammtzahl nicht 219, sondern 212 an, weicht also von der eben angeführten Angabe in Falck's Archiv etwas ab.

Im Winter 18$\frac{4\,7}{4\,8}$ studirten nach dem Verzeichniss 192, im Winter 18$\frac{4\,8}{4\,9}$ 199, im Sommer 1850 132, im Sommer 1851 119, im Winter 18$\frac{5\,1}{5\,2}$ 141, 18$\frac{5\,2}{5\,3}$ 121, im Sommer 1853 133, im

	Theologen	Theologen u. Philolog.	Jurist.	Juristen und Cameralisten	Medicin
Sommer 1864 Gesammtzahl 162	40	1	46	4	43
Winter 18$\frac{6\,4}{6\,5}$ 197	50	2	54	3	55
Sommer 1865 225	53	Theolog. u. Philosoph. 1 Theolog. u. Philologen 3	73	6	55
Winter 18$\frac{6\,5}{6\,6}$ 229	49	Theolog. u. Philosoph. 1 Theolog. u. Philologen 4	72	9	60
Sommer 1866 218	49	Theolog. u. Philosoph. 2 Theolog. u. Philologen 4	70	5 Juristen und Historiker 1	57
Winter 18$\frac{6\,6}{6\,7}$ 242	52	Theolog. u. Philosoph. 2 Theolog. u. Philologen 4	68	13 Juristen und Historiker 1	70
Sommer 1867 223	53	Theolog. u. Philosoph. 1 Theol. u. Philol. 2.	48	10 Jur. u. Hist. 1	76

Winter $18\frac{53}{54}$ 142, im Sommer 1854 144, $18\frac{54}{55}$ 153, Sommer 1855 160, Winter $18\frac{55}{56}$ 134, Sommer 1856 141, Winter $18\frac{56}{57}$ 150, Sommer 1857 142, Winter $18\frac{57}{58}$ 122, Sommer 1858 132, Winter $18\frac{58}{59}$ 143, $18\frac{60}{61}$ 169, Sommer 1863 201, und zwar Theologen 44, Theologen und Philologen 2, Juristen 57, Juristen und Cameralisten 2, Mediciner 50, Zahnarzneikunde 1, Philosophen 1, Philologen 11, Mathematik 9, Chemie 12.

Zahnarzn.	Philosophen	Philologen	Mathem. u. Naturw.	Mathem.	Physik, Chemie u. Mathem.	Pharmac.
1	2	11	7	3	1	3
1	2	16	4	3	Mathem., Physik u. Astron. 3 Astron. 1	3
2	3	17	Naturw. 1 Naturw. u. Mathem. 4	3	Mathem. u. Astron. 1	3
5	3	14	Naturw. 1 Mathem. u. Naturw. 5	3	0	3
3	3	13	Mathem. u. Naturw. 4 Naturw. 1	2	0	4
2	1 Histor. 1	13 Historik. 1	Naturw. u. Philosoph. 1	Mathem. u. Naturw. 6 Mathem. 4	0	2
1	1	Histor. 15 Philol. u. Histor. 1 Histor. 1	Naturw. 5 Naturw. u. Philosoph. 1	4 Mathem. u. Naturw. 3	0	0

Winter 18⁵⁷⁄₅₈ Gesammtzahl 200.	Theologen 55	Theolog. u. Philosoph. 2. Theolog. u. Philologen 2.	Jurist. 34	Juristen und Cameral. 7 Juristen und Historiker 1	Medicin 67
Sommer 1868 181.	55	0	30	0	62
Winter 18⁶⁸⁄₆₉ 165.	51	0	22	0	62
Sommer 1869 156.	52	0	20	0	60
Winter 18⁶⁹⁄₇₀ 163.	61	0	15	0	53

In den Jahrbüchern für Landeskunde B. 1 S. 428—438 und B. 3 S. 332—344 hat Doctor Volbehr Nachricht über die Frequenz der Kieler Universität gegeben. Vergl. auch Chronik der Universität 1859 S. 75.

In der Chronik der Universität 1857 S. 24 sagt Professor Planck, indem er die geringe Frequenz vom Sommer 1856 bis zum Sommer 1858 141, 150, 142, 122 erwähnt, eine Vergleichung der früheren Jahre zeige, „dass seit Sommer 1832, wo die Frequenz bis auf 321 stieg, die Zahl stetig abgenommen habe und Sommer 1847 bereits bis auf 187 gesunken war." Diese Annahme von dem steten Sinken seit 1832 scheint mir nicht begründet. Die geringe Frequenz beginnt 18⁴⁸⁄₄₉, sie ist seitdem unter 200, was ausnahmsweise auch 18⁴⁴⁄₄₅ war. Die Gründe der verringerten Frequenz haben, nach Planck, gar keinen Zusammenhang mit der Lebenskraft und Lehrkraft der Universität. „Zuvörderst ist es," sagt Planck, „die geringere Neigung, sich dem Dienst der Kirche und des Staates zu widmen, welche die jungen Leute abhält, Theologie und Rechte zu studiren, mag sie nun ihre Ursache in einer Zeitströmung oder wahrscheinlicher in politischen Verhältnissen haben. Dies zeigt klar die Vergleichung der Zahlen der Angehörigen der einzelnen Fakultäten kurz vor

XXXI

Zahn-arzn.	Philosophen	Philol. 19 Philol. u. Histor. 2 Histor. 1	Naturw. u. Philosoph.	Mathem. 2 Mathem. u. Naturw. 2	Mathem. u. Astron.	Pharmac.
2	2		2		0	0
0	Philos. Fak. 34	0	0	0	0	0
0	30	0	0	0	0	0
0	24	0	0	0	0	0
3	30	0	0	0	0	1

und nach 1848. Während die Zahl der Mediciner und Philosophen sich ungefähr gleich geblieben, erstere eher gestiegen ist, ist die der Theologen und Juristen fast gleichmässig gesunken. Ferner sind es die Verhältnisse, welche den Ausfall erklären. — Der Umstand mag eine Erklärung abgeben, dass die älteren gesetzlichen Vorschriften über die Beobachtung des biennium academicum zu Kiel für Schleswig im Jahre 1850 durch eine Verordnung des damaligen ausserordentlichen Regierungscommissars unter den damaligen Verhältnissen ausser Kraft gesetzt ist. — Nicht minder hat dazu mitgewirkt die Veränderung des Schuljahres an den Schleswigschen Gel. Schulen, vermöge deren der Schulcursus zu einer Zeit nach der Mitte des Juli schliesst, die es den Abiturienten bedeutend erschwert, die Kieler Universität bei dem abweichenden Beginn ihres Studienjahrs zu beziehen." Seit 1868 sind die Angaben nach den speciellen Fächern nicht so detaillirt, wie früher.

Quellen und Hülfsmittel für die Geschichte der Kieler Universität.

Die Quellen und Hülfsmittel zur Geschichte der Kieler Universität sind theils **handschriftliche**, theils **gedruckte**. Ich habe in früheren Jahren das Archiv der Universität durchgesehen, auch jetzt Einzelnes wieder nachgesehen. Wichtig ist das handschriftliche Werk des ehemaligen Kieler Professors und Bibliothekars Hennings: Athenae Cimbricae. Der Verfasser, Professor der Physik und Metaphysik, ward in der streitenden Zeit 1763 entlassen. H. hat seine Arbeit nicht vollendet, er giebt zuerst einige allgemeine Notizen über die Kieler Universität und dann die Biographien der Professoren der vier Fakultäten mit Angabe der Schriften derselben. (Verzeichniss der Handschriften der Kieler Universitätsbibliothek, die Herzogthümer betreffend, B. 1 S. 282.)

Ueber die Stiftung der Kieler Universität hat die hiesige Bibliothek mehrere Handschriften. S. Rachel curriculum vitae (Verzeichniss der Handschriften I S. 283). Ein Auszug ist gedruckt im Archiv der hiesigen historischen Gesellschaft B. 1 und B. 3.

Nachrichten von der Stiftung giebt auch die Verz. I S. 279 genannte Handschrift. In derselben sind mehrere Originale von Briefen des herzogl. Präsidenten Kielmann an den Kieler Syndicus Hennings (vergl. unten S. 5) mit der äussern Addresse: „Dem Wohl Edlen Vest und Hochgelahrten H. Johanni Hennings J. U. D. und der Schlesw. Holst. Prälaten Rittorschaft und Stände Imgleichen dess vier Städtegerichts und der Stadt Kiehl Syndico meinem sonders vielgeehrten Herrn und verehrten Freunde Kiel."

Dieses Manuscript betrifft ausserdem theils Einrichtungen der Universität, Convikt u. a., theils Berufungen, z. B. des Professors Mauritius, eines Schwagers von Hennings.

Die Statuten der Fakultäten, mehrere Rescripte der Herzöge für die Kieler Universität, Streitschriften unter den Professoren von Harpprecht u. a. sind handschriftlich auf der Kieler Bibliothek (Verz. B. 1 S. 281. 282--284, B. 2. S. 70. 73, S. 228. 229. 253. 254, B. 3 S. 106. 536.). Die alphabetischen Register am Schluss von B. 2 S. 401 und 402 und B. 3 S. 569 der Handschriften geben Nachweisungen über die auf der hiesigen Bibliothek vorhandenen Nachrichten über die Kieler Universität.

Von den gedruckten Quellen ist unten S. 3 und 6 Torquati inauguratio erwähnt worden. Die Relation der Solennien bei Inauguration der hochfürstlich Holsteinischen Universität, und der Bericht von den Processionen bei Inauguration der neuen Holsteinischen academia, gedruckt 1665, enthalten wenig. Die

XXXIII

Anzeigen der Vorlesnngen geben Auskunft über die Zahl und Thätigkeit der Lehrer, von 1668 bis 1771 über die lectiones absolutae und habendae, früher und später nur über die letztern.

Sorgfältige biographische und literarische Nachrichten über mehrere Lehrer der Universität giebt der Flensburger Rector Joh. Moller in der Cimbria literata, die nach des Verfassers Tode durch Unterstützung von Joh. L. v. Holstein mit Joh. Gramm's Vorrede zu Kopenhagen 1744 gedruckt wurde. Einen prodomus des Werkes hatte M. 1687 an M. Gude dedicirt. In J. Moller's isagoge ad historiam ducatuum, die 1691 und wieder 1699 erschien, ist Th. 3 p. 366—375 eine kurze Nachricht von der Kieler Universität. Ad. H. Lackmann giebt in Th. 6 seiner Einleitung zur Schleswig-Holsteinischen Historie, Hamburg 1750, S. 481 nur eine kurze Notiz über den 1641 an die Stände gerichteten Antrag der Errichtung einer Akademie. Von Phil. Fr. Hane sermones de tempore Kil. 1766 giebt die erste oben S. VII erwähnte Auskunft über die Zeit von 1765, seine zehnjährige Glückseligkeit der Cimbrischen Musen bei der Vormundschaft Catharina II., Kiel 1772, schildert die durch die Kaiserin eingetretenen Verbesserungen der Universität. N. H. Schwarze, Nachrichten von Kiel, herausgegeben von J. H. Fehse, Flensburg 1775, geben S. 227—390 Auskunft über die Stiftung der Universität nach Rachel und nennen die Lehrer der Universität bis zum Jahre 1774. Dass hierbei einige Ungenauigkeiten vorkommen, ist in der Kieler gel. Zeitung 1775 S. 185—189 hervorgehoben.

Die Programme oder Memorien, welche in früherer Zeit gewöhnlich regelmässig von dem Professor der Eloquenz bei dem Todesfall eines Kieler Professors geschrieben wurden, geben Beiträge zur Geschichte der Kieler Universität. Prof. B. Kordes hat im Intelligenzblatt für Literatur und Kunst der neuen Leipz. Literaturzeitung B. 3 St. 31 S. 483—87 über die Kieler Festprogramme und Memorien Nachricht gegeben. Morhof, J. B. May, Seb. Kortholt, Christiani u. A. schrieben Denkschriften auf verstorbene Collegen. Weniger Material liefern die Festprogramme, deren früher vier im Jahre, zu Ostern, Pfingsten, Michaelis und Weihnachten, erschienen. Albert zum Felde charakterisirt in einer 1715 gehaltenen Rectoratsrede die ersten sieben Kieler theol. Professoren. Die Rede ist gedruckt in Alb. z. Felde analecta p. 207-245.

XXXIV

Der Kieler Privatdocent G. H. Elend, 1749 geadelt von Ellendsheim, schrieb 1734 zur Ankündigung seiner juristischen Vorlesungen, da damals die Anzeigen der Privatdocenten noch nicht in den gedruckten index aufgenommen wurden, vitas jurisconsultorum, qui in hac Christiana Albertina floruerunt brevissime delineando civibus-scholas suas consensu amplissimae facultatis indicat. 16 Seiten in 4.

Der Theolog G. Joachim Mark gab in einem 1768, nach dem Bau des neuen Universitätsgebäudes, erschienenen Programm eine series der 15 ersten Kieler ordentlichen Professoren der Theologie von Musäus bis Hosmann. M. sagt: J. Fr. Mayer und Th. Dassov seien nimiaevehementiae, P. Musaeus und H. Muhlius nimiae lenitatis beschuldigt.

In B. Kordes Lexikon der jetztlebenden Schlesw.-Holst. und Eutinischen Schriftsteller, Schleswig 1797, sind genaue Nachrichten über die damals lebenden Lehrer der Universität, welche als Schriftsteller thätig waren, gegeben. Im dritten Anhang nennt er die in den Herzogthümern erschienenen gelehrten Zeitschriften. Fortsetzung von Kordes Lexikon ist Lübker's und Schröder's Lexikon der Schleswig-Holstein-Lauenb., und Eutinischen Schriftsteller von 1796—1828 B. 1. 2 und Nachträge, Schlesw. 1829—1831. Ich finde es angemessen, dass dieses Lexikon sich so wenig, wie Alberti's Lexikon Abth. 1. 2, welches die Schriftsteller von 1829 - 66 befasst und Kiel 1867 erschien, auf die lebenden Schriftsteller beschränkt hat. Kordes war dem Vorgang von Meusel gefolgt.

V. A. Heinze kündigte 1784 in seinem Kielischen Magazin eine Gel. Geschichte der Universität Kiel an, die nicht erschienen ist. Joh. Otto Thiess gab eine Gelehrtengeschichte der Universität zu Kiel, Th. 1. 2, Kiel und Altona 1800—1803, heraus, welche biographische und bibliographische Nachrichten von allen bisherigen Lehrern der Theologie zu Kiel enthält. In D. H. Hegewisch's, Kiel 1801—1803, erschienenen Geschichte Schleswigs und Holsteins ist Th. 1 S. 332 und Th. 2 S. 161—174 die Geschichte der Stiftung der Universität erzählt, eben so in A. Forchhammer's Geschichte der Herzogthümer seit der Reformation H. 2 S. 136 Kiel 1834. Peter von Kobbe erwähnt in seiner Schleswig-Holsteinischen Geschichte von 1694—1808, die Altona 1834 erschien S. 238 kurz die Kieler Universität.

XXXV

In meinem Beitrag zur Geschichte der Kieler Universität oder Rede zur Feier des Geburtstages des Königs mit Anmerkungen Kiel 1859 habe ich die Geschichte der Universität bis 1773 dargestellt und für die Anmerkungen die Archive der Universität benutzt.

Das Leben des Professor Dreyer und des Curators Westphalen gab ich Kiel 1861 heraus.

Professor G. Ferd. Thaulow gab 1861 Nachricht von dem bevorstehenden Jubiläum der Kieler Universität, so wie 1862 von den Feierlichkeiten bei der Einweihung im Jahre 1665.

Einige Schriften zur Geschichte der Universitätsbibliothek habe ich S. 28 und S. 91 angegeben. Ich darf mich beziehen auf die 1862 und 1863 erschienenen Programme zur Geschichte der Kieler Universitätsbibliothek.

Einzelnes zur Geschichte der hiesigen Universität geben einige Zeitschriften, so die Nova literaria maris Baltici Lubecae 1698—1707 (in 1707 steht p. 149 u. f. das herzogl. Reglement für die Universität vom 27. Januar 1707), der Hamb. Auszug aus neuen Büchern 1728--29 und die in Hamburg auf 1729-30 erschienenen Niedersächsischen neuen Zeitungen von gelehrten Sachen, welche von 1731—1736 Niedersächsische Nachrichten von gel. neuen Sachen hiessen. Von 1732-1734 erschienen Hamburgische Berichte von neuen gel. Sachen, 1735—1757 von den neuesten gel. Sachen, von 1758—1771 Hamburgische Nachrichten aus dem Reiche der Gelehrsamkeit, von 1740—43 Hamb. Beiträge zur Autn. und von 1771-1778 freiwillige Beiträge zu den Hamburgischen Nachrichten. In Altona erschienen 1745-48 die Altonaer gel. Zeit., 1757-58 gel. Anz. oder Beyträge zur neuesten Geschichte der Literatur, 1761 und 62 de rebus polit. ac litterariis commentarii und 1763—88 neuester gel. Mercurius.

W. E. Christiani gab 1768 commentariorum Kiloniensium de rebus memorabilibus libelli heraus, es erschienen nur 160 Seiten, der Herausgeber gab die Arbeit wegen anderer Geschäfte auf. Die Professoren Fricke, Faber und Hirschfeld begannen 1771 eine Zeitschrift mit dem Titel: Gelehrte Zeitung, herausgegeben zu Kiel. Im ersten Jahrgang ist S. 102 Nachricht gegeben von der in Kiel durch Professor Faber errichteten orientalischen Gesellschaft. Die Zeitung erschien bis 1777 und 1778 ein Nachtrag.

XXXVI

V. A. Heinze's Kielisches Litteraturjournal erschien 1779 bis 1783 Dessau und Leipzig, 1785 Neues Kielisches Litteraturjournal B. 1 Dessau und Leipzig 1785 (S. 1—6 Anzeige von Christiani's Rede bei Einweihung der vermehrten Universitäts-Bibliothek durch die für 14,000 Rthlr. angekaufte Wolf'sche Bibliothek). V. A. Heinze's Kielische Gel. Zeitung von 1787—91. J. O. Thiess gab 1797—1800 Neue Kielische Gel. Zeitung oder Annalen der neuesten Schleswig-Holsteinischen Literatur und der neuern Literargeschichte der Universität zu Kiel heraus.

A. Niemann's Schlesw.-Holst. Provinzialberichte, Jahrg. 1—12, erschienen Kiel und Altona 1787—98, die Literatur der Herzogthümer ist besonders berücksichtigt. Auch Niemann's Schlesw.-Holstein. Blätter für Polizei und Cultur geben einige Auskunft.

Die Zeitung für Literatur und Kunst in den dänischen Staaten, Jahrg. 1—3, Kiel 1807—1810, ist schon oben S. XIV erwähnt worden.

Petersen gab 1811—1816 neue Schlesw.-Holst: Provinzialberichte, Jahrg. 1—6, heraus, von 1817—30 hiessen sie Schlesw.-Holst.-Lauenb. Provinzialberichte, denen neue Schlesw.-Holst.-Lauenb. Provinzialberichte von 1831—34 folgten. Im Jahrg. 1830 S. 454—483 ist aus dem Nachlass des Bibliothekars Kordes — er starb 1823 — eine Nachricht über die hiesige Universitäts-Bibliothek. Der für die hiesige Bibliothek so thätige Mann war verstimmt über sein Verhältniss zur Bibliotheks-Commission.

Die Kieler Blätter B. 1—5 und die Kieler Blätter für 1819 B. 1.2, welche 1815—19 in Kiel erschienen, haben die Universitätsverhältnisse unmittelbar wenig berührt, wohl aber die in Schleswig 1820 u. 1821 gedruckten Kieler Beiträge, und N. Falck's Staatsb. Magazin B. 1—10, welches von 1821—31 erschien, und das neue Magazin von 1832—41, so wie das Archiv für Geschichte und Statistik 1842—47.

Das Archiv der hiesigen historischen Gesellschaft, welches von 1833—43 erschien, hat einige Nachrichten, die Kieler Universität betreffend, eben so die Jahrbücher für Landeskunde, welche diese Gesellschaft herausgiebt.

Vom Jahr 1826—31 gab Professor Niemann eine Chronik der Universität Kiel heraus, und seit 1854 erscheinen die Kieler

Universitätsschriften im weitern Sinn, mit Einschluss der Dissertationen, in einem Band. Jeder Jahrgang enthält eine Universitäts-Chronik, welche über die Universität im Ganzen und von den Vorstehern der Institute über die meisten derselben regelmässig Nachrichten giebt. In den Jahrgängen 1856 - 60 habe ich Biographien der Kieler juristischen Professoren, mit Ausschluss der spätern Zeit, gegeben, und 1862 und 1863 in zwei in die Universitätsschriften aufgenommenen Programmen, zu deren Druck eine Allerhöchste Bewilligung verliehen wurde, Beiträge zur Geschichte der Kieler Universitäts-Bibliothek, namentlich ein Verzeichniss der von Bordesholm nach Kiel gekommenen Druck- und Handschriften mitgetheilt. Besonders thätig für die Herausgabe der Universitätsschriften ist Professor Karsten.

Im Auftrag der hiesigen historischen Gesellschaft arbeitet Doctor Alberti an einem Nominal- und Realregister über die in hiesigen Zeitschriften enthaltenen Abhandlungen, wie zu den zehn ersten Bänden des Falck'schen Magazins im Jahr 1834 gedruckt worden ist. Durch dieses Register werden die früheren Arbeiten zugänglicher gemacht werden und auch die zur Geschichte der Universität dienenden einzelnen Nachrichten leicht aufzufinden sein.

Ich schliesse meine Arbeit und darf um billige, milde Beurtheilung bitten. Der Stoff ist sehr gross, ich bin enthaltsam gewesen und habe von vielen Einzelnheiten, die in der Geschichte einer einzelnen Fakultät hätten Platz finden müssen, abgesehen.

Die angehängten Tabellen über die hiesigen Lehrer werden hoffentlich einige Uebersicht gewähren; ich habe die Hinweisungen auf die Schriften der Professoren, die in den 1860 erschienenen Tabellen bei einzelnen genannt sind, aus Raumersparniss weggelassen. Auch war dies nicht wohl bei Allen durchzuführen. Das alphabetische Register am Schluss dürfte das Büchelchen brauchbarer machen. Mit Dank erkenne ich, dass Professor Bechmann aus Gefälligkeit einen Theil der Handschrift durchgesehen hat.

Kiel, 24. Februar 1870.

H. Ratjen.

Inhalts-Angabe.

		Seite.
I.	Vorverhandlungen zur Stiftung der Kieler Universität............	1— 5
II.	Die Einweihung der Universität und die sich daran schliessenden Promotionen.......................................	6 — 9
III.	Die Statuten der Universität und ihre Aenderungen.	
	1) Die Gerichtsbarkeit..............................	10—13
	2) Die Immunitäten	13—17
	3) Beschränkungen	17—20
	4) Das Biennium und dessen Aufhebung.................	20—21
IV.	Oberbehörden der Kieler Universität mit einigen allgemeinen Bemerkungen.	
	1) Visitatoren und Curatoren	21—54
	2) Kanzler und Prokanzler	54—56
V.	Rector und Prorector. Deposition. Inscription. Maturitätszeugniss	56—64
VI.	Die Fakultäten und die Dekane........................	64—70
VII.	Promotionen	70—74
	Neue Anordnungen in Bezug auf die Promotionen...........	74—78
VIII.	Nostrification...................................	79—80
IX.	Adjuncten der Fakultäten und Privatdocenten. Habilitation	80—83
X.	Lehrer neuerer Sprachen.............................	83—84
XI.	Vorlesungen.....................................	84—87
XII.	Disputationen	88—89
XIII.	Seminare.......................................	89—90
XIV.	Spruchcollegium	90—91
XV.	Universitäts-Bibliothek.............................	91—92
	1) Einnahmen	92—98
	2) Bibliothekare und Gehülfen	98—100
	3) Räumlichkeiten der Bibliothek.....................	100—102
	4) Bibliotheks-Commission und Zuwachs der Bibliothek.....	102—105

XVI. Institute der Universität.
    Heilanstalten .... 105—106
    Physiologisches Laboratorium 107
    Anatomie 107
    Pharmacognostische Sammlung 107
    Mineralien .... 107—108
    Physikalisches Institut .... 108—109
    Zoologisches Museum 109
    Chemisches Laboratorium 109
    Botanischer Garten 109
    Münz- und Kunstsammlung 110
    Museum vaterländischer Alterthümer 111
    Die pecuniären Verhältnisse der Institute .... 111—112
XVII. Stipendien für Studirende.
    1) Im Allgemeinen .... 112—114
    2) Stipendien für Studirende, soweit sie vom akademischen Consistorio oder einer der Fakultäten verliehen werden.
        a) Convikt .... 115—128
        b) Das philologische Stipendium und die Prüfung der Candidaten des höheren Lehramts .... 128—132
        c) Das Schassianum stipendium oder praemium .... 132—135
        d) Das Richardi'sche Stipendium .... 135—136
        e) Das Herzoglich Oldenburgische Stipendium .... 136—137
        f) Das Kamla'sche Stipendium .... 138—140
        g) Das Knickbein'sche Legat .... 141—143
        h) Die Callisen'sche Prämie 143
        i) Das Tilemann-Müller'sche Stipendium 143
        k) Die Ansgarius-Prämie 144
Tabellarische Uebersichten der wissenschaftl. Lehrer der Kieler Universität .. 145—176
Alphabetisches Register ....\.................. 177—183
Verbesserungen 184

I.
Vorverhandlungen zur Stiftung der Kieler Universität.

Unter den deutschen Universitäten ist Kiel eine der jüngern, Halle (1694), Breslau (1702), Göttingen (1737), Erlangen (1743), Berlin (1810) und Bonn (1818) sind jedoch späteren Ursprungs. Unsere Kieler Universität ward am 5. October 1665 in Kiels Hauptkirche, der Nicolaikirche, eingeweiht.

Schon im Jahr 1632 hatte König Christian IV. sich der Bitte, in Flensburg eine Universität zu errichten, geneigt gezeigt. Der Flensburger Bürger Hans Marquartsen, welcher sich „oeconimus uff' der neu angefangenen Universitett" nennt, hatte „mehrere christliche Lude" bewogen, nicht unbedeutende Summen zum Besten der in Flensburg zu errichtenden Universität zu subscribiren. Jürgen von Ahlefeldt hatte 12,000, Kay von Ahlefeldt 10,000, Christian Rantzau 12,000 Rthlr. versprochen, Jacob Moritzen, Königl. Maj. zu Dennemarck Printz Durchl. fürstl. Gn. zu Holstein Jubilerern Bürger zu Hamburgh, hatte gelobt, zu der neu angefangenen Academie zu Flensburg 20,000 Rthlr. zu geben. H. Marquardsen hoffte, dass die Kirchen Dänemarks und der Herzogthümer gern Beiträge zu diesem christlichen Werk geben würden.[1]) Der sanguinische Plan kam nicht zur Ausführung.

---

[1]) Danske Samlinger for Historie B. 3 Kjobenhavn 1867, 1868 S. 193--198.

Der Herzog Friedrich III., Enkel des Herzogs Adolph, des Stammvaters der Gottorfer Herzöge, bat 1640 durch seinen Regensburger Gesandten Joh. Ad. Kielmann den Kaiser um die Ermächtigung, in Holstein eine Universität zu errichten.[1]) Beide Landesherren, der König Christian IV. und der Herzog Friedrich III. (regierte von 1616—1659), liessen den Landständen der Herzogthümer, die in Kiel versammelt waren, am 2. December 1641 vorstellen, dass es „den Ständen und gesammten Einwohnern dieser Fürstenthümer sehr gedeihsam und erspriesslich sein werde, in den Herzogthümern eine Universität zu erigiren, da die Länder aller Orten sehr verwüstet, und eine gelegene Academie, wohin die Jugend zur Vollführung ihrer Studien zu verschicken, in ganz Teutschland fast nicht zu finden sei". Es ward deshalb zur Deliberation der Stände gestellt, wie „dieses höchstgedeihliche Werk" auszuführen sei. Die Stände waren hauptsächlich wegen Steuern berufen, namentlich wurden von den Ständen holsteinischen Fürstenthums die Zahlung von 120 Römermonaten oder 64,000 Rthlr. verlangt. Wegen dieser und anderer Steuern baten die Stände, im nächsten Umschlag ohne weitere Convokation eine Zusammenkunft zu gestatten, wozu die Patente nur in Kiel von der Kanzel verlesen würden. Auf den Antrag wegen der zu errichtenden Universität antworteten die Stände jedoch gleich am 8. Decbr. 1641, sie wünschten, dass sie dem Proposito desendiren könnten, „weil aber die Waffen auch diesen Fürstenthümern annoch täglich hintergehen und keine Spesen ruhen lassen, so bitten Stände, solches zwar gedeihliche aber kostbare Werk zu besserer Zeit und der Stände weiterer Deliberation zu dilatiren."[2])

Die weitere Deliberation mit den Ständen über diesen Punkt, der Plan beider Landesherrn, eine gemeinschaftliche Universität für das Ganze der beiden Herzogthümer zu errichten,

---

[1]) Veranlassungsentwurf, warumb Hertzog Christian Albrecht aus der Bordesholmer Schule eine Academie gestiftet und selbe nach der Stadt Kiel gelegt. Gottorf, 3. April 1667. Gedruckt in der Chronik der Kieler Universität 1854, S. 12. Vergl. Lackmann, Einleitung zur Schleswig-Holsteinischen Historie, Th. 6 S. 236 und 245, und Ratjen, Verzeichniss der Handschriften, B. 1 S. 193.

[2]) Ratjen, Verzeichniss der Handschriften der Kieler Universitätsbibliothek B. 2 S. XVI., B. 3 Abth. 1 S. 106 und 107, und Ratjen, Beitrag zur Geschichte der Kieler Universität, Kiel 1859 S. 23. 24.

kam nicht zur Ausführung. Der Herzog Friedrich III. indessen, Beschützer und Freund der Wissenschaften,[1]) behielt seinen Wunsch fest im Auge, und erlangte vom Kaiser Ferdinand III. am 26. April 1652 das Diplom, in einem passenden Orte des Herzogthums Holstein eine Universität mit denselben Vorzügen zu errichten, wie sie den bisherigen Universitäten zuständen, und Baccalaurei, Magistri, Licentiaten und Doctores mit Aufsetzung eines Hutes, mit Hingeben eines Ringes, mit einem Kusse und den sonst üblichen Solennitäten zu ernennen. Dem Rector oder Prorector verleiht der Kaiser das Recht, Notare zu creiren, Poeten zu krönen, uneheliche Kinder — nur nicht Söhne von Fürsten, Grafen und Baronen — zu legitimiren.[2])

Was die Ungunst der Zeit, die störenden Kriege dem Herzoge Friedrich nicht gestatteten, zur Ausführung zu bringen, übertrug dieser seinem vom Glück wenig begünstigtem Sohne Christian Albrecht (1659—1694). Der Vater hatte den Plan gehabt, die Intraden und Gefälle aus dem 1634 inundirten, zum Theil wieder bedeichten, zwischen Eiderstedt und Husum belegenen, Koegen, als Lundenberg, Simonsberg, Padelek u. s. w., der zu errichtenden Universität anzuweisen.[3]) Der Sohn und Nachfolger gab diesen Plan auf, weil jene Intraden unsicher und nicht ausreichend seien, es auch nicht wohl ausführbar sei, neben der neuen Universität das Bordesholmer Gymnasium aufrecht zu halten, er beschloss deshalb, dass letztere aufzuheben und die dazu bestimmt gewesenen Einnahmen nebst mehreren Ersparnissen der neuen Universität zuzuwenden, zu welcher Meta Rantzau ein Capital von 1250 Rthlr. hergegeben hatte. Das ehemalige Kloster

---

[1]) W. E. Christiani, Entwurf einer Gelehrten-Geschichte Friedrichs III. Kiel 1772 und dessen Rettung der Kenntnisse und Gelehrsamkeit Friedrichs III. Kiel 1786. Friedrich III. hatte die 1627 verfallene Bordesholmer Schule 1635 wieder hergestellt.

[2]) Das kaiserliche Diplom ist gedruckt in Alex. Jul. Torquatus Christiano-Albertinae inauguratio, 1666 fol. pag. 89—104, auch in der Systemat. Sammlung der für Schleswig und Holstein erlassenen Verordnungen B. 4 S. 337—348.

[3]) Fundation der Kielischen Universität 1665, gedruckt in der Systemat. Sammlung der Verordnungen, B. 4 S. 348, vergl. Torquati inauguratio p. 55 und Sam. Rachels Leben im Auszug in Archiv für Staats- und Kirchengeschichte der Herzogthümer, B. 1 S. 366. 368.

Bordesholm, oder Stift der regulirten Chorherrn Augustiner Ordens, hatte Herzog Hans 1566 in ein Gymnasium mit mehreren Freiplätzen verwandelt. Nach vollendeten Schulstudien wurden die Schüler mit Stipendien unterstützt. Auf der Rostocker Universität führten zwei dortige vom Herzog gewählte Professoren die Aufsicht über die herzoglichen Stipendiaten.¹) Ausser den erwähnten Einkünften hatte der Herzog Christian Albrecht die Landschaft Norderdithmarschen verpflichtet, 500 Rthlr., Eiderstedt 600 Rthlr., Tondern 500 Rthlr. und Nordstrand 60 Rthlr. jährlich zu dem Herzoglichen Convict zu zahlen.²)

Die Frage, ob die Universität in Holstein oder in Schleswig errichtet werden sollte, schien durch das Kaiserliche Diplom von 1652 entschieden, da es in demselben heisst: ut id gymnasium sive academia ac studiorum Universitas per dictum serenissimum ducem aliquo ducatus sui Holsatiae sed tali loco, ne per hanc erectionem vicinis Universitatibus praejudicetur, erigi ac fundari possit. Aus S. Rachels Leben (Archiv B. 1. S. 367) und Torquati inauguratio S. 51 sehen wir jedoch, dass noch nach 1652 Ungewissheit darüber herrschte, ob die neue Universität in Kiel oder in Schleswig zu errichten sei. Der Historiker Ludwig Petersen († 1735) war nicht zufrieden mit dem übertriebenen Lobe, mit welchem Torquatus Kiel im Verhältniss zu Schleswig hervorgehoben hatte. Aus Petersens handschriftlicher Beschreibung von Schleswig hat Schröder in Falck's Magazin B. 10 S. 629—639 das Capitel, welches diese Frage betrifft, abdrucken lassen. Zu Gunsten Kiels entschieden wohl hauptsächlich die von dieser Stadt für die Universität angebotenen Vortheile, namentlich hinsichtlich des Baues und der Unterhaltung der Universitätsgebäude.

---

¹) Die Reformatio des Closters Bordesholm und Verordnung, wie es hinführo damit soll gehalten werden, von Johann dem A. Hamburg 1566 Sonnabend nach Reminiscere, ist gedruckt in H. Muhlii dissert. Kiel 1715 p. 627. Vergl. die schon citirte Fundation der Universität Kiel, den erwähnten Veranlassungsentwurf, und Archiv für Staats- und Kirchengeschichte B. 1 S. 339. 340.

²) Veranlassungsentwurf in der Chronik der Universität zu Kiel 1854 S. 17. In diesem Entwurf, der in zwei Handschriften der Kieler Universitätsbibliothek steht, S. H. 175 und 175 A, wird Nordstrand mit 60 Rthlr. aufgeführt. Nach Rescript vom 1. März 1768 (Vol. 1 Statut. S. 554) zahlt nicht Nordstrand, sondern Pelworm zum Convict.

Der Präsident J. Ad. Kielmann unterhandelte vor der Errichtung der Universität mehrfach mit dem Kieler Magistrat, besonders mit dem Syndicus Joh. Hennings, über die wegen der in Kiel zu errichtenden Universität von der Stadt zu übernehmenden Lasten. Aus einer Handschrift der Kieler Universitätsbibliothek (S. H. 175) habe ich den Hauptinhalt dieser Verhandlungen in meinem Beitrag zur Geschichte der Kieler Universität, Kiel 1859 S. 25—32, angegeben. Kiel berechnete, dass es für die Universität 12,000 Rthlr. aufgewandt habe. Durch die den Häusern und Wohnungen der ordentlichen Professoren und einigen Universitätsbeamten bewilligte Hausfreiheit verliere die Stadt jährlich 300 Rthlr., capitalisirt 6000 Rthlr. (S. H. 175. S. 657.) Die Stadt Kiel bat bei diesen Verhandlungen vergebens, dass ihr wenigstens auf gewisse Zeit ein Theil der 160 Pflüge, für welche die Stadt contribuire, erlassen werde, sie bat im März 1666 eben so vergeblich um Erlass von 1600 Rthlr. restirender Contribution. Als Kiel sich im Mai 1666 und wieder im April 1667 an den Landtag um Minderung der Pflugzahl wandte und von dem Landesherrn hierin etwas unterstützt wurde, erklärten die Stände, dass ihnen durch etwa erfolgende Remission kein incrementum erwachsen dürfe. Eine Verringerung der Steuersumme wollten die Landesherrn nicht, es blieb also bei 160 Pflügen. Auch später suchte Kiel eine Minderung der Pflugzahl zu erreichen und führte unter andern Gründen auch die der Universität zugestandenen Exemtionen an. Durch ein während der Vormundschaft des unmündigen Herzogs Carl Friedrich, Gottorf 27. Juni 1705, erlassenes Rescript wurden endlich der Stadt Kiel bis zu bessern Zeiten zwanzig Pflüge erlassen.

Zum Lobe Kiels und zur Rechtfertigung der Regierung, die diese Stadt zum Sitz der Universität gewählt, erschien Schleswigae 1665 von Caeso Gramm, der für Kiel zum Professor der Physiologie und der griechischen Literatur designirt war: Chilonium novus Holsatiae parnassus. Die Vorrede ist 18 Calend. Maji 1665 unterschrieben.

II.
Die Einweihung der Universität und die sich daran schliessenden Promotionen.

Bei der Kirche zum heiligen Geist, der jetzigen Klosterkirche, war von Adolph IV. ein Franziskaner-Kloster eingerichtet. Die Baulichkeiten waren später zu Armenhäusern benutzt. Die Stadt Kiel verlegte nun die Armenhäuser des heiligen Geistes und des neuen Gasthauses, und richtete die ehemaligen Klostergebäude für die Universität ein. Hinter dem Pastoratshause wurden Gebäude für Auditorien und für die Universitätsbibliothek hergestellt. An dem Kirchhof der Klosterkirche lag das Conviktgebäude. Die Einweihung der Universität beschreibt Torquatus in schwülstigem Ton; Professor Samuel Rachel, der von Kielmann für die Universitätseinrichtung zu Rathe gezogen war, tadelt die Schrift des Torquatus sehr, und ist unwillig, dass eine von ihm eingereichte Inaugurationsschrift nicht auf öffentliche Kosten gedruckt wurde. Rachel hat in seinem lateinisch geschriebenen Leben, von dem, wie erwähnt wurde, ein Auszug in B. 1 des Archivs für Staats- und Kirchengeschichte gedruckt wurde, eine kürzere Beschreibung gegeben, welche in N. H. Schwarze's Nachrichten von Kiel, Flensburg 1775, S. 259—286 in deutscher Sprache gedruckt ist.[1])

Der Herzog kam mit seinem Bruder August Friedrich am dritten October 1665 nach Kiel, mit ihnen kamen viele Mitglieder der Ritterschaft, Beamte u. s. w. Vor der Stadt, nach dem Schleswig 1665 gedruckten Bericht von den Processionen bei Inauguration der neuen Holsteinischen Academie, fast eine halbe Meile vor der Stadt, nach einer Relation bei dem Kopperpahler Redder, kamen der Königliche Vicekanzler Detlev Graf zu Rantzau, der Kieler Magistrat, mehrere Landräthe und Andere dem Herzog entgegen. Der Kieler Magistrat wollte in einer

---

[1]) In Biernatakis Volksbuch auf 1847 habe ich die Stiftung der Universität Kiel erzählt und Andeutungen zur Geschichte derselben gegeben S. 167—175.

Rede danken für die Errichtung der Universität in Kiel, der Herzog nahm, nach Rachel's Erzählung, den guten Willen für die That an.¹) Bei der Holsten-Brücke wurde der Herzog von Professoren und Studenten empfangen: er stieg vom Pferde, hörte die kurze Dankrede des Professor Musäus an, und liess durch den Sohn des Präsidenten, Friedrich Christian Kielmann, antworten. Der Zug ging fort zum Schlosse. Am vierten October war Ruhetag, es kam der Prinz Rudolph Friedrich, Enkel Johann des J., aus der Norburger Linie, um an den Festlichkeiten Theil zu nehmen. Am fünften fand die Einweihung der Universität in der Nicolaikirche Statt. Um sieben Uhr Morgens gingen Professoren und Studenten von dem Universitätsgebäude zum Schloss; von hier begab sich der Zug nach der Kirche, der Herzog und die beiden Prinzen zu Pferde, der Präsident Kielmann als Kaiserlicher Commissar in einem sechsspännigen Wagen. Vorangetragen wurden das Kaiserliche Diplom von 1652, die Schreiben des Herzogs für die Universität, die Insignien und die fünf Siegel derselben. Das allgemeine Universitätssiegel zeigt das Bild des Friedens, einen Palmzweig und ein Füllhorn und das Holsteinische Nesselblatt mit den Buchstaben C. A. Die Inschrift lautet: Pax optima rerum. Das Siegel der theologischen Facultät zeigt die heilige Schrift mit Kreuz und Dornenkrone und der Inschrift: Scrutamini scripturas. Das Siegel der juristischen Facultät ist eine im Gleichgewicht schwebende Wage, über deren Balken Scepter und Schwert stehen, zwischen diesen ein Stab mit einer Krone, die Inschrift ist: Discite juristiam moniti. Auf dem Siegel der medicinischen Facultät winden sich zwei Schlangen um einen Stab, aus dem sich Blumen erheben, die Inschrift ist das Hippokratische Wort: Ars longa vita brevis. Die philosophische Facultät hat im Siegel eine runde von einer aus den Wolken hervorragenden Hand gehaltene Kette, sowie das Bild der Pallas und die Worte: Commune artium vinculum·

---

¹) Torquatus hat p. 70—72 eine latein'sche schwulstige Rede des Syndicus Henning drucken lassen, in der Handschrift S. H. 175 findet sich S. 249—259 eine deutsche Anrede des Syndicus Hennings mit lateinischer Version und eine kürzere lateinische Rede. Letztere hatte Ad. Olearius, der den Druck der Schrift des Torquatus übernahm, remittirt.

Zur rechten Seite des Altars in der Kirche war für den Kaiserlichen Legaten, zur Linken für den Herzog ein erhöhter Sitz. In der Mitte standen zwei Catheder. Der fürstliche Generalsuperindent Joh. Reinboth hielt, nach einem Gesang, von der Kanzel die Einweihungspredigt, welche im Druck in Torquati inauguratio fünfzig Seiten in folio einnimmt. Darauf hielt J. Ad. Kielmann zwei Reden und liess das Kaiserliche Diplom verlesen. In der zweiten Rede des Präsidenten K. ward der Professor der Theologie Peter Musäus zum Prorector ernannt, und ihm wurden die akademischen Scepter sowie die Gründungsurkunden übergeben. Das Rectorat hatte sich der Herzog vorbehalten. Dann folgte eine Rede des Prorectors. Zwischen den einzelnen Reden ward gesungen und musicirt. Die Feierlichkeit dauerte sechs Stunden. Darauf fand auf dem Schloss ein Festessen an sieben Tafeln statt, bei dem der Kaiserliche Legat den obersten Platz einnahm. Am sechsten October wurden die Professoren auf dem Schlosse beeidigt, und dann in dem akademischen Gebäude fünf Reden von dem Theologen Christian Kortholt, dem Juristen Erich Mauritius, dem Mediciner Caspar March, dem Historiker M. Watson und dem Professor der Beredsamkeit D. G. Morhof gehalten. Nach dieser Feierlichkeit ward der Prorector zur Herzoglichen Tafel gezogen, und erhielt, nach dem Bericht von den Processionen, von Sr. Durchlaucht eine doppelte goldene Kette mit des Herzogs Brustbild. Die feierlichen Promotionen, welche nach dem ersten Plan gleich bei der Einweihung der Universität hatten stattfinden sollen, wurden verschoben. Der Prorector und akademische Senat erliessen am 20. December 1665 eine Aufforderung, dass sich diejenigen melden mögten, welche am 22. Januar 1666 Doctores, Licentiaten oder Magistri zu werden wünschten, sowie auch diejenigen, welche zu Notaren ernannt werden wollten. Zum Prokanzler hatte der Herzog den Theologen Christian Kortholt ernannt. Im dem Kaiserlichen Diplom war dem Herzog gestattet, sich das Rectorat und die Kanzlerwürde zu reserviren oder der Universität zur Wahl zu überlassen. In dem Herzoglichen Rescript an die Universität, Kiel vom 17. Febr. 1701 und dem Reglement vom 24. Januar 1707 wird dem Prokanzler die Aufsicht auf die Universität eingeschärft. Vor dem zwei und zwanzigsten Januar 1666 disputirten, vom vierten bis zwanzigsten Januar, die Candidaten, unter denen 4 Kieler Professoren, M. Wasmuth, S. Rachel, P. Sperling und Nicol. Martini, waren. An dem bestimmten Tage ward in der Kirche die feierliche Promotion, zu welcher die in der Stadt anwesenden Honoratioren durch acht Paranymphen oder Platzmeister eingeladen waren, vorgenommen. Auf dem Zuge zur Kirche trugen sechszehn Knaben angezündete Fackeln. Erst redete der theologische Dekan Peter Musäus, und erbat sich von dem Prokanzler die Erlaubniss, die drei theologischen Candidaten, Sperling, Wasmuth und den Probsten Kenkel, zu promoviren. Diese wurden beeidigt, dann als Doctoren der Theologie proklamirt, und auf dem obern Catheder mit dem Doctorhut, dem Zeichen der Freiheit, dem Ring, dem Zeichen der Festigkeit und Reinheit, wie der theologische Dekan sagte, oder der Verlobungsact der Wissenschaft, wie der juristische Dekan bei der Promotion der Juristen deutete, versehen. Der Dekan wies die Doctoren darauf hin, dass sie wie die vor ihnen brennenden Fackeln leuchten sollten. Die ihnen vorgelegte offene Bibel sollte sie zum Forschen, das zugeschlagene Buch zum Nachdenken ermuntern. Der Kuss und die Umarmung des Dekans sollten Zeichen des Friedens und der Einigkeit sein. In ähnlicher Weise wurden die beiden Professoren Rachel und Martini zu Doctoren, Pellicer, Secretär des Domkapitels in Lübeck, zum Licentiaten der Rechte ernannt. Der medicinische Dekan C. March creirte eben so drei Doctoren der Medicin, der philosophische Prodekan D. G. Morhof, welcher für Wasmuth fungirte, sieben magistri liberalium artium oder, wie wir jetzt sagen, Doctoren der Philosophie. Unter den promovirten Medicinern befand sich ein Abwesender, der als Anwesender angesehen wurde, er hatte schon unter Marchs Dekanat in Rostock das private und öffentliche Examen bestanden, am 10. April 1665 disputirt, und die Licentia assumendi summos honores in arte medica erhalten. Die Descriptio actorum promotionis findet sich in Torquati inauguratio und in J. G. Morhof Dissertationes Hamburgi 1699 p. 161—234.

III.
Die Statuten der Universität und ihre Aenderungen.
1. Die Gerichtsbarkeit.

Die Generalstatuten der Universität Kiel sind vom 2. April 1666.[1]) Der Universität wird die Civil- u. Criminaljurisdiction über die Professoren, deren Frauen, Kinder und Hausgenossen eingeräumt, sowie über die Studirenden nebst deren Dienern und Jungen, und über alle der Universität mit Eid und Pflicht Verwandte wie Pedelle, Buchdrucker, Buchbinder, Barbier, Oekonom des Convikts u. s. w. Die Criminalgerichtsbarkeit wird wenig beschränkt, Todesurtheile sind an den Landesherrn einzusenden, bei Relegationen über zehn Jahre findet die Appellation statt; in Civilsachen kann, wenn das Streitobject über 200 ₰ beträgt, die Sache an das höhere Gericht gebracht werden.

Die Gerichtsbarkeit übt die Gesammtheit der ordentlichen Professoren, das academische Concilium oder Consistorium, oder Senat, aus unter Leitung des Prorectors. Allerdings ist in dem ersten Statut nicht gesagt, dass nur die ordentlichen Professoren an den Consistorialverhandlungen Theil nehmen, aber es wird dies nach den Verhandlungen entschieden anzunehmen sein. Die Jurisdiction der Universität veranlasste manche Streitigkeiten mit den städtischen Behörden. Durch die Verordnung vom 7. Novbr. 1781, bekannt gemacht den 22. Novbr. 1781, ward bestimmt, dass die bisher in Civilsachen zulässige Appellation von den Sprüchen des akademischen Gerichts an die Regierung in Glückstadt ferner

---

[1]) Gedruckt in B. 4 der Systemat. Sammlung der Verordnungen S. 351—369. Bei der Vereinigung des Grossfürstlichen Holsteins mit dem Königlichen und der Huldigung und Vereidigung auf dem Kieler Schlosse wurden die Gerechtsame, Freiheiten und Immunitäten der Kieler Universität anerkannt. Ratjen, Beitrag zur Geschichte der Kieler Universität S. 65—71. Im Jahr 1774 wurden die Generalstatuten und die der einzelnen Facultäten zur Bestätigung an den König nach Kopenhagen eingesandt. Dass die Oberbehörde an eine Reform der Statuten dachte, geht aus manchen Acten hervor, namentlich auch aus dem Schreiben an den Curator vom 2. Januar 1779, Chronolog. Sammlung der Verordnungen 1779 S. 3.

nicht stattfinden solle, sondern die Parthei, welche sich beschwert
erachte, sich unmittelbar an den König wende, welcher entweder
die Sache durch die Canzlei entscheiden oder der Regierung in
Glückstadt ein Commissarium ertheilen wolle. Eine wesentliche
Umänderung brachte die Anordnung wegen Einrichtung eines
Privat- oder engeren Consistorii bei der Universität zu Kiel vom
19. December 1781. Das engere Consistorium besteht aus dem
Prorector, den Dekanen der vier Fakultäten und dem Nachfolger
im Prorectorat. Die Dekane derjenigen Facultäten, zu denen
der Prorector und dessen Nachfolger gehören, können, wenn diese
letztern nicht etwa Dekane sind, sich von der Theilnahme ent-
schuldigen. In dem engeren Consistorio sollen immer zwei Mitglieder der Juristenfacultät sein, und erforderlichen Falls, wenn
der Prorector und dessen Nachfolger nicht dieser Fakultät angehören, ausser dem Dekan ein zweites juristisches Mitglied in das
engere Consistorium eintreten. Dieses hat die Justiz und Verwaltung zu besorgen, dem vollen Consistorio bleibt jedoch die
Competenz für Exclusionsstrafen, Erkenntnisse in Criminalsachen
und alle Verhandlungen über die Gerechtsame und Privilegien
der Universität. In Civilsachen, die nicht über zehn Rthlr. betragen, hat der Prorector die Entscheidung, jedoch, wenn er kein
Rechtsgelehrter ist, unter Zuziehung eines juristischen Mitgliedes
des engeren Consistorii. Beträgt die streitige Summe über fünf
Rthlr., so kann an das engere Consistorium provocirt, und in den
Entscheidungen des Letzteren, wenn das Object 200 ß oder mehr
beträgt, Remedur bei dem Landesherrn gesucht werden, der durch
die Deutsche — später Schleswig - Holstein - Lauenburgische —
Canzlei die Entscheidung erlassen will. Schon in der erwähnten
Verordnung vom 7. Novbr. 1781 (Systemat. Samml. IV S. 432)
heisst es: finden wir uns bewogen, nicht nur Unsere Universität
zu Kiel hiermit ausdrücklich für ein von Uns allein abhängendes
und unter Unserer Glückstädtischen Regierung nicht stehendes
Corpus zu erklären, sondern auch festzusetzen, dass in Fällen,
da die Appellation im akademischen Gericht bisher zulässig
gewesen ist, hinführo der Weg der an Uns unmittelbar zu richtenden Supplication frei stehn solle. Nach der Instruction des
Syndicus der Universität vom 29. August 1788 sind ordentliche
und ausserordentliche Professoren, deren Wittwen und unversorgte

Kinder in ihren eigenen Angelegenheiten von Erlegung der Sporteln und Gerichtsgebühren frei. Nach Rescript vom 25. Februar 1778 sind alle zum Corpus der Universität gehörige Personen, sowohl Lehrer und Officialen als Studirende, von dem Stempelpapier [1]) bei allen und jeden Vorfällen in und ausserhalb der Gerichte befreit, auch die Wittwen dieser privilegiatorum, wenn ihre Ehemänner mit landesherrlichen Bestallungen versehene Bediente gewesen. Die mündigen Kinder verstorbener academicorum dagegen haben nach Rescript vom 26. August 1796 keine Stempelfreiheit. Nach der Verordnung vom 7. August 1867 § 4, in der Gesetzsamml. S. 1279 und auch in dem Verordnungsblatt 1867 Stück 97, sind öffentliche Schulen und Universitäten von der Stempelsteuer befreit, aber die Einzelnen werden auf diese Freiheit keine Ansprüche haben.

Durch § 8 der Verordnung vom 26. Juni 1867 (Gesetz-Sammlung S. 1073) ist die akademische Gerichtsbarkeit der Universität Kiel aufgehoben worden, in Betreff der Studirenden bleibt die Disciplinargewalt der Universitätsbehörden erhalten. Nach dem Allerhöchsten Erlass vom 22. November 1867 (Stichl, Centralblatt für die Unterrichts-Verwaltung, Jahrg. 1868 S. 75) findet die Disciplinarstrafgewalt statt: 1) bei den eigentlichen akademischen Vergehen, die sich auf den Stand und Beruf der Studirenden und deren Verhältniss gegen die Obern und Lehrer der Universität beziehen, 2) bei allen unter Studirenden vorfallenden Ehrenkränkungen und leichten Misshandlungen, 3) bei Duellen unter Studirenden mit Hiebwaffen, sofern kein Theil eine schwere oder erhebliche Körperverletzung erlitten hat, 4) bei allen Handlungen der Studirenden, welche im Sinne der gemeinen Strafgesetze als Uebertretungen anzusehen sind, jedoch mit Ausschluss der einfachen Beleidigung ausser den Fällen der Nr. 2

---

[1]) Das Stempelpapier wurde zuerst 1660 in den Herzogthümern ohne Befragung der Stände vorgeschrieben. Auf Beschweren der Stände ward erwidert, es sei auch in andern Reichen und Republiken. Verzeichniss der Handschriften III. 1. S. 397 und Ambrosius Verzeichniss Heft 1 S. 14. Nach Niemann's Blättern für Polizei und Cultur 1800 B. 2 S. 4 soll der Herzog vor dem Könige schon 1657 das Stempelpapier eingeführt haben, was zu den Bemerkungen der Stände nicht passt.

und der Zuwiderhandlungen gegen die Vorschriften über die Erhebung öffentlicher Abgaben und Gefälle. Auch bei anderen als den vorstehend bezeichneten strafbaren Handlungen der Studirenden sollen die Universitätsbehörden noch ferner, und ohne Rücksicht darauf, ob ein gerichtliches Strafverfahren eingeleitet worden ist oder nicht, und in welcher Weise das eingeleitete gerichtliche Strafverfahren geendigt hat, befugt sein, gegen den Angeschuldigten auf Ausschliessung von der Universität (Exclusion, Consilium abeundi, Relegation) zu erkennen. In dem Schreiben des Ministers der geistlichen Angelegenheiten (Stiehl, Centralblatt 1868 S. 81) vom 5. Novbr. 1867 heisst es: „Ich kann es nicht ferner für zulässig erachten, dass das akademische Rectorat die Erfüllung der von Studirenden eingegangenen Verbindlichkeiten durch Verhängung des weiteren oder engeren Stadtarrestes und Vorenthaltung des Abgangszeugnisses zu erzwingen versucht. Dagegen unterliegt es keinem Zweifel, dass auch in Zukunft leichtsinniges oder ehrloses Schuldenmachen der Studirenden disciplinarisch und zwar nach Befinden der Umstände durch Warnung, Verweis, Unterschrift des Consilii abeundi, Exclusion, Consilium abeundi und Relegation zu ahnden ist. Eine strenge Handhabung des Creditedicts [1]) und in Folge dessen ein verminderter Credit der Studirenden kann ich dem Interesse der Universität nur für förderlich erachten."

2. Die Immunitäten.

Der Herzog erklärte in den Statuten vom 2. April 1666, § 2, dass „alle und jede Universitätsverwandte von allen oneribus, sowohl realibus als personalibus, contributionibus ordinariis oder extraordinariis, sie mögen Namen haben, wie sie wollen, sie seyen jetzo in Gebrauch oder möchten künftig eingeführt werden, es sey

---

[1]) Das Creditedict vom 22. Februar 1776 ist gedruckt in der Systemat. Sammlung der Verordnungen B. 4 S. 515—526. Eine Aenderung dieses Edicts ward von mehreren Kieler Bürgern wiederholt beantragt, und vom akademischen Consistorio wurden in den Jahren 1834, 1857, 1860, 1862 und 1868 Vorstellungen in Betreff dieser Angelegenheit gemacht. Manche der Ansätze des Edicts passen nicht mehr. Rücksichtlich der Honorare für Vorlesungen ward durch das Kanzlei-Patent vom 10. August 1817 das Creditedict ausser Kraft gesetzt.

zu Fried- oder Kriegeszeit, befreit seyn, jedoch dass sie sich auch bürgerliche Nahrung zu treiben enthalten sollen". [1])

§ 4. Se. Hochf. Durchlaucht verordnen, dass, da nach Gottes Willen jemand von den Professoribus oder Academiebedienten versterben sollte, dessen Wittibe oder Kinder ein ganzes Jahr von den Contributionibus soll freisitzen, auch die Sporteln, so bei des Verstorbenen Facultät in selbiger Zeit fallen möchten, zu geniessen haben.

§ 7. Anreichend der professorum und Universitätsverwandten in specie des bibliothearii, secretarii, pedelli, depositoris, oeconomi, Buchdruckers, Buchbinders und Barbierers Häuser, so sind dieselben, wie aus dem § 2 abzunehmen, von allen oneribus, Schoss und contributionibus jederzeit frei, sie haben sie selbst erbauet oder von Anderen gekauft.

§ 9. Sollte es seyn, dass ein Professor oder Universitäts-Verwandter in Kiel mehr denn ein Haus an sich brächte, so wird demselben zwar die Wahl [2]) gelassen, eines aus denselben frei zu nennen, die übrigen aber seyn oder werden stadtpflichtig.

§ 11. Sollte auch ein Professor ausserhalb der Stadt Kiel in ihrer Hochf. Durchl. Herzogthümern und Landen einige Häuser oder andere liegende Güter durch Kauf, Erbschaft, oder anderen rechtmässigen Titul an sich bringen, so bleiben dieselben in desselben Landes- oder Ortsrechten der Condition, darin sie belegen, so dass gleich andern in gleicher Condition lebenden Possessoren [3]) er sich verhalte, es wäre denn, dass er diese Güter durch special Ihrer Hochf. Durchl. indult und der Landstände consens, wie es Herkommens ist, befreien würde.

---

[1]) Nach Fikenscher Geschichte der Universität Erlangen, Coburg 1795 S. 418 lauten die dortigen Statuten: Professores et caeteri doctores — intuitu aedium suarum, quas ipsi habitant, ab omnibus oneribus civilibus immunes esse debent, nisi forte quaestum civilem exerceant.

[2]) In dem Abdruck in B. 4 der Systemat. Sammlung der Verordnungen S. 366 steht irrig statt „Wahl" wohl.

[3]) In der Systemat. Sammlung B. 4 S. 366 steht „Professoren" auch in einigen Abschriften.

§ 13. Wenn auch bekannt, dass die Studiosi [1]) gern bei ihren Präceptoren und Professoren speyen, bei denselben wohnen und spoisen, so soll jederzeit denen professoribus, ihren Wittwen und Kindern, wie nicht weniger denen übrigen Universitätsverwandten, welche beliebeu, Tisch zu halten, allemal frei stehen, vor [2]) ihr Haus und Tisch oder auch ein Professor und Universitätsverwandter dem andern zum Besten Bier zu brauen nach Gefallen, und sie (ihnen) hierinnen weder senatus civitatis noch sonst jemand behinderlich sein.

§ 15. Soll alstets denen professoribus und ihren Wittwen frei stehen, fremdes Bier für sich und ihre Familie einzulegen und zu verspeisen, keineswegs aber selbiges ausserhalb Hauses verschenken und so viel solches Biers und Weins [3]) in ihren Häusern verbrauchen in Ihro Hochf. Durchl. Herzogthümer und Landen aller Accisen und Beschwerungen frei sein, jedoch, dass hierunter kein Unterschleif gebraucht werde, auf welchen unverhofften Fall solcher Professor diese Freyheit soll verwirkt haben.

Ueber die Hausfreiheit der Professoren und Universitätsverwandten erlaube ich mir, ein erklärendes Wort hinzuzufügen. Die Steuern werden nach Pflügen, für die Städte Steinpflüge genannt, entrichtet. Die Stadt Kiel, welche früher zu 160, seit 1706 zu 140 Pflügen angesetzt war, hatte, abgesehen von den neuesten Anordnungen, für jeden Pflug 24 Rthlr. Courant oder 72 ₰, also im Ganzen 10,080 ₰ zu zahlen, ohne Rücksicht auf die Zahl der Häuser in der Stadt. Die Hausfreiheit der Privilegirten erstreckt sich sowohl auf die eigenen Häuser, als auf die gemietheten Wohnungen. Ein Vollhaus hatte für vier Keller zu entrichten, die wenigsten Häuser Kiels haben vier Keller, [4]) sehr wenige mehr, die meisten contribuiren nur für ¾, 1, 1¼, 1½,

---

[1]) Auch auf andern Universitäten hatten manche Studirende ihren Tisch bei Professoren. In einem ohne Ort und Jahr erschienenen Pasquil: curieuse Inauguraldisputation von dem Recht, Privilegiis und Prärogative der Atheniensischen Professoren-Burschen werden letztere sehr stark mitgenommen.

[2]) In der Systemat. Sammlung B. 4 S. 366 steht irrig statt „vor" wo.

[3]) „und Weins" fehlt in dem Abdruck in der Systemat. Samml. B. 4 S. 367.

[4]) Nach Bericht über die Entwerfung eines Catasters für Kiel, Kiel 1839 S. 92, standen 1838 nur 57 Häuser in Kiel zu Vollhäusern.

2 Keller. Die Abgabenfreiheit der Professoren und ihnen gleich Stehenden kann nur so weit benutzt werden, als das ihnen eigne oder von ihnen gemiethete Haus im Cataster der Stadt angesetzt ist, also für vier Keller, wenn dieses Haus zu vier Kellern steht. Der Betrag der vollen Hausfreiheit ist seit längerer Zeit 144 ℔ Cour. Den ausserordentlichen Professoren ward nur ganz ausnahmsweise die Hausfreiheit bewilligt, so den ausserordentlichen Professoren Gentzke und Brinkmann. Schon bei den Vorverhandlungen zur Errichtung der Universität stellte die Stadt die dringende Bitte, dass den ausserordentlichen Professoren die Hausfreiheit nicht gestattet werde.[1]

In dem bestätigten Commissionalschluss, Hamburg 16. Mai 1683, ward bestimmt,[2] „sollen der Professoren Wittiben nicht mehr als ein halbes Haus eximiren, es wäre denn, dass einer oder anderen Wittiben von ihrem seligen Ehemann ein volles Haus nachgelassen, auf welchen Fall sie auch die Freiheit eines ganzen Hauses ad dies vitae zu geniessen —." „Der Bereiter, Fecht-, Tanz- und Sprachmeister wie auch der Buchdrucker jeder ein halbes Haus und nicht mehr, die Pedellen aber 1½ Keller, dafern die restrictiones wegen der zur Universität gehörigen Personen, denen privilegiis academicis nicht entgegen, befreien." „Auf das von Detlef Fischer Ballmeister producirte Privilegium 1665 23. Juni — — modificirten Exemtion resolviren wir, dass Impetrant derselben wörtlichen Inhalts sich zu erfreuen, jedoch aber das privilegium de a. 1665 nicht weiter zu extendiren, als auf die Häuser, welche er tempore impetratae immunitatis gehabt.[3]

Durch die Rescripte vom 9. März 1775 und 5. Mai 1784, welches letztere die Hausfreiheit pars salarii nennt, ward ausgesprochen, dass, wenn ein Professor ein Haus bewohnt, welches schon ein anderer Bewohner freimacht, derselbe die Hausfreiheit in Geld erhalte, aber nur für so viele Keller, als das Haus im Cataster steht. Ein Professor, der mit landesherrlicher Erlaubniss abwesend ist, geniesst die Hausfreiheit, als wäre er gegenwärtig.

---

[1] Handschrift der Universitätsbibliothek S. H. 175 S. 222.
[2] S. II. 426 n. 152.
[3] Die Freiheit des Ballhauses, welches für die studirende Jugend errichtet war, ward auch 1713 von Dänischer Seite anerkannt. Mein Beitrag zur Geschichte der Kieler Universität S. 60 und S. II. 175, S. 623—627, 641—645.

Es ist bekannt, dass der König von Dänemark, nach manchen vergeblichen Versuchen des Vormundes des unmündigen Herzogs Carl Friedrich, sich von dem Verdacht der Partheiergreifung für die Schweden frei zu machen, durch das Patent vom 13. März 1713 die Gottorpischen Herzoglichen Lande in Schleswig und in Holstein in Besitz nahm.[1]) Auf die Stadt Kiel wurde eine Brandschatzung und Kriegssteuern gelegt, indess wurden, auf geschehene Vorstellung, die Professoren von diesen Lasten befreit durch die Erklärungen des Königs vom 3. Mai 1713, 14. Mai und 10. November 1714.[2])

3. Beschränkungen.

Im Laufe der Zeit, schon vor der Vereinigung der Herzogthümer mit Preussen, wurden manche Immunitäten der Universität beschränkt und diese Beschränkungen rücksichtlich der künftig anzustellenden Professoren oder einer Erhöhung des Gehalts der schon angestellten vorgeschrieben. So ward durch Rescript vom 28. März 1781 ausgesprochen (Systemat. Samml. B. 4 S. 454), dass bei Wittwen und Kindern künftig anzustellender Professoren der Genuss des Gnadenjahrs sich nicht über 800 Rthlr. Courant erstrecke, wenn auch der verstorbene Professor mehr Gehalt gehabt habe. In Beziehung auf die schon Angestellten komme die Beschränkung zur Anwendung, wenn sie später eine Zulage erhalten. Den Wittwen und Kindern der auf Pension gestandenen Lehrer ward am 17. September 1796 das Gnadenjahr versagt.

Durch die Verordnung vom 12. Septbr. 1792 ward vorgeschrieben, dass von allem Erbe, welches andern Personen als des Erblassers Ehegatten, Descendenten, Ascendenten, Geschwistern und Geschwisterkindern, wenn sie mit einem oder beiden Eltern erben, zufalle, vier Procent an den Staat zu zahlen. Auf eine Vorstellung der Universität, um Befreiung von dieser Steuer,

---

[1]) Nordalbingische Studien B. 2 Kiel 1845 S. 11.
[2]) In der Rede, mit welcher Professor Muhlius das Prorectorat an Professor Schöpfler am 5. April 1714 übertrug, sprach er den Dank für die geschehene Befreiung und Hoffnung für die Zukunft aus. Muhlii dissertat. Kil 1715 p. 324 Auch 1675 ward von Königlicher Seite die Hausfreiheit anerkannt. Vergl. Beitrag zur Geschichte der Kieler Universität, Kiel 1859 S. 50. 51.

erklärte das Königliche Rescript vom 4. Januar 1799: „Wir haben nach untersuchter Sache und vernommenem Bedenken Unserer Landescollegien befunden, dass die Privilegien der Kielischen Universität der Anwendbarkeit gedachter Verordnung auf das ihren Mitgliedern erblich zufallende oder von ihnen vererbte Vermögen nicht entgegen stehen. Wir wollen indessen die den jetzigen Professoren der Universität aus dem vorhin Grossfürstlichen zufallenden oder von ihnen vererbten Mitteln in vorkommenden Fällen von der Collateral-Erbschaftsabgabe zwar befreien, jedoch sollen die künftig anzusetzenden Professoren und Universitätsverwandten sammt deren Verlassenschaften nicht nur besagter Abgabe, sondern auch der hiermit von Uns festgesetzten allgemeinen Regel unterworfen sein: dass die Steuerfreiheit der Universität sich auf die jetzt schon eingeführten ordentlichen Steuern und Abgaben beschränke, folglich in allen künftigen Fällen, wo die Unterthanen, aus einer ihnen in dieser Eigenschaft obliegenden allgemeinen Pflicht, sich gefallen lassen müssen, zu den Staatsbedürfnissen Beiträge zu leisten, nicht weiter zur Folge gezogen werden solle."

Durch Verordnung vom 15. Decbr. 1802 ward eine Grund- und Benutzungs-Steuer angeordnet. Die Universität wandte sich um Befreiung von derselben an den König, es ward 1804 bestimmt, dass die seit 1799 angestellten Professoren von dieser Steuer nicht zu befreien, dass aber die früher angestellten, so lange sie bei ihrem gegenwärtigen Gehalt stehen bleiben, die Steuer zwar einzuzahlen haben, aber der Betrag aus dem akademischen Fiskus vergütet werden solle. Nach Erhöhung des Gehalts falle die Vergütung weg.

Durch Verordnung vom 8. Februar 1810 ward eine Steuer eines halben Procents angeordnet von allen Immobilien, wenn sie auf neue Eigenthümer übergehen, so wie von allem übrigen Vermögen, wenn es durch gesetzliche Erbfolge oder testamentarische Disposition vererbt wird. Nach manchen Verhandlungen ward am 20. August 1823 von dem Könige bestimmt, dass die vor dem Jahr 1799 bei der Universität Kiel angestellten Professoren, welche nach Rescript vom 4. Januar 1799 von der Collateral-Erbschaftsabgabe befreit sind, auch von der am 8. Februar 1810 angeordneten Halbprocentsteuer befreit sein sollen.

Wegen der im December 1813 und zu Anfang des Jahres 1814 entstandenen Kriegslasten ward für Kiel eine Steuer von 50 Rthlr. Cour. für ein Vollhaus ausgeschrieben. Nach längern Verhandlungen wurden die ordentlichen Professoren, welche Häuser besassen, wegen der ihnen zustehenden Hausfreiheit von der Steuer befreit. Von einer etwas später ausgeschriebenen Steuer zur Ausgleichung der Kriegsschäden wurden die Professoren, welche Grundstücke in Kiel hatten, nicht befreit, vielmehr die Professoren, wegen ihres Grundbesitzes in Kiel 1822 für schuldig erklärt. — Im Jahre 1828 wurden die damaligen Professoren, welche Häuser besassen und die Hausfreiheit genossen, von der Real-Schulsteuer entbunden. — Die Versuche der Stadt im Jahr 1835, einige der Universität angehörende Gebäude, wie das 1811 errichtete, jetzt aufgehobene, Friedrichs-Hospital in der Flämischen Strasse zu Stadtlasten herbeizuziehen, kamen nicht zur Ausführung.

Nach Einführung der Zollverordnung vom 1. Mai 1838 ward durch Circular vom 11. Juli 1840 den Professoren und Universitätsverwandten, welche vor dem 1. Jan. 1839 die Zollfreiheit genossen, so lange sie in ihrer gegenwärtigen Stellung bleiben, in der Weise eine Entschädigung für den Verlust der Zollfreiheit ertheilt, dass ihnen der erlegte Zoll, mit Ausschluss der gesetzlichen Sporteln, zu refundiren sei. (Chronol. Samml. der Verordn. 1840 S. 258—259.)

Am 7. Juli 1849 ward von der damaligen Regierung, der Statthalterschaft, eine Einkommensteuer von 4 Procent angeordnet. Auf eine Vorstellung des akademischen Consistorii um Befreiung von derselben erfolgte am 16. März 1852 ein abschlägiger Bescheid, in welchem auf das oben erwähnte Königliche Rescript vom 4. Jan. 1799 Bezug genommen wurde. Auch zu der am 4. October 1850 angeordneten gezwungenen Anleihe leisteten die Universität, so wie die ihr Angehörenden, Beiträge.

Die Versuche der Stadt Kiel in den Jahren 1850—1853, die Professoren durch Ertheilung von Bürgerbriefen zur Theilnahme an den Stadtlasten zu nöthigen, waren ohne Erfolg.

Zu den Armenlasten der Stadt Kiel haben von jeher die Mitglieder der Universität beigetragen und durch Verfügung vom 23. Decbr. 1773 ward der Stadt die Befugniss eingeräumt, das Armengeld auch von Denjenigen direct einzufordern, die nicht unter der Stadtjurisdiction stehen.

Durch die Allerhöchste Verordnung vom 28. April 1867 (Gesetzsamml. S. 543—548) wurden die Preussischen direkten Steuern, namentlich die Klassen- und Einkommen-Steuer, nach dem Gesetz vom 1. Mai 1851, in die Herzogthümer Schleswig und Holstein eingeführt. (Verordnungsblatt für Schleswig-Holstein 1867, Stück 58 S. 342, Stück 114 S. 1059—1067.) Die Vorstellungen der Universität auf Befreiung von dieser Steuer event. Gewährung einer Entschädigung, sind ohne Erfolg gewesen. Durch die Verordnung vom 5. Juli 1867 sind die Vorschriften vom 12. September 1792 über die Collateralsteuer und die Vorschrift über die Halbprocentsteuer aufgehoben worden. Von der Preussischen Erbschaftsabgabe sind Universitäten und Schulen frei, aber ein Privilegium der Einzelnen auf Steuerfreiheit der Erbschaftsabgabe besteht nicht mehr. (Gesetzs. 1867 S. 1127.) Die Verordnung vom 23. Septbr. 1867 (Gesetzsamml. 1867 S. 1648, Verordnungsbl. S. 1526) bestimmt für die neu erworbenen Landestheile die Heranziehung der Staatsdiener zu den Communal-Auflagen. Das Diensteinkommen wird nur halb so hoch als anderes gleich hohes persönliches Einkommen der Steuerpflichtigen veranlagt. Nach § 12 sollen weitergehende Immunitäten, die für Beamte u. s. w. nach statutarischem Recht oder besonderen Privilegien bestehen, nicht durch diese Veränderung geändert werden. Das Gesetz, betreffend die Verfassung und Verwaltung der Städte und Flecken in der Provinz Schleswig-Holstein vom 14. April 1869 (Gesetzsamml. n. 35 S. 589), bezieht sich auf die Verordnung vom 23. Septbr. 1867 und sagt im § 24: Alle übrigen persönlichen Befreiungen, mit Einschluss der in § 12 der Verordnung vom 23. Septbr. 1867 noch aufrecht erhaltenen, bestehen nur noch für die Dauer der Genussberechtigung der gegenwärtigen im wohlerworbenen Besitze der Immunität befindlichen Personen, und erlöschen alsdann ohne Entschädigung.

4. Das Biennium und dessen Aufhebung.

Die Vorschrift vom 3. Mai 1667, dass Eingeborne der Herzogthümer, um im Lande befördert zu werden, einige Zeit in Kiel studirt haben müssten, ward am 23. Juni 1669 für die Theologen dahin näher bestimmt, dass zweijähriges Studium in

Kiel erforderlich sei, um ad ministerium zu adspiriren.[1] Durch die Verordnungen vom 1. Februar und 1. März 1768 ward, schon vor dem Austausch des Grossfürtlichen Antheils, von Herzoglicher und Königlicher Seite, bestimmt, dass alle sich den Studiis widmende Unterthanen sich zwei volle Jahre auf der Universität Kiel aufhalten müssen, oder gewärtigen sollen, dass sie zu keiner Beförderung in Unsern Herzogthümern, weder in civilibus noch in ecclesiasticis Hoffnung haben sollen. Von dieser Verpflichtung des zweijährigen Studiums in Kiel konnten nach Patent vom 18. September 1821[2] durch Allerhöchste Bewilligung Diejenigen befreit werden, welche eine nach ihren Vermögensverhältnissen und der am biennio fehlenden Zeit eine im einzelnen Fall zu bestimmende Recognition an die Kieler Universitätsbibliothek erlegen. Diese Verpflichtung zum biennio in Kiel, welche am 21. Novbr. 1850 für die Anstellung im Herzogthum Schleswig durch den Regierungscommissar von Tillisch[3] aufgehoben wurde, ist durch den Allerhöchsten Erlass vom 17. Septbr. 1867 (Verordnungsblatt für Schleswig-Holstein 1867 S. 1287 und Gesetz-Samml. 1867 S. 1743) für beide Herzogthümer Schleswig und Holstein wegfällig geworden. Die Studirenden haben ein und ein halbes Jahr auf einer Preussischen Universität zu studiren. Die Studienzeit der Mediciner ist vier Jahre, die der andern Facultäten drei Jahre. Vergl. Rönne, das Unterrichtswesen B. 2 S. 601. 602.

IV.

Oberbehörden der Kieler Universität mit einigen allgemeinen Bemerkungen.

1. Visitatoren und Curatoren.

In der ersten Zeit hatte die Universität keinen Curator. Im Jahr 1668 ernannte der Herzog den Präsidenten Kielmann, Fr. Chr. Kielmann und Andreas Cramer, um die Universität zu

---

[1] Handschrift S. H. 175 A. S. 108—110. 116. 117.
[2] Systemat. Sammlung der Verordnungen B. 4 S. 513. 514.
[3] Wöldike Chronologisk Samling af de 1849-1850 udkomne Lovn S. 166. 167

visitiren, und demnächst über den Zustand derselben, über die Mängel und Beschwerden zu referiren. Am 22. Mai 1668 erfolgte darauf eine Herzogliche Resolution [1]), die Gehalte einiger Professoren wurden zu 250 Rthlr. erhöht [2]), drei Professoren wurden entlassen. Die Art der Anstellungen war von der nachherigen sehr verschieden, wenn auch später jedesmal beim Regierungswechsel die Bestallungen zur Allerhöchsten Bestätigung eingesandt wurden. Die Bestallung für den Professor Michaelis vom 15. Februar 1666 lautet auf halbjährige Kündigung von beiden Seiten. [3]) Durch ein Herzogliches Rescript vom 22. August 1672 wurden die beiden ältesten Herzoglichen Hofräthe [4]), Johann von Hatten und Friedrich Hans Gloxin, committirt, ein Jahr die Curatel zu verwalten und die gewöhnliche Visitation bei der Academie zu verrichten. Nach Ablauf eines Jahres sollten zwei andere Räthe als Curatores oder Visitatores eintreten.

Von 1675 bis 1689 war der Herzog wegen der Streitigkeiten mit Dänemark ausser Landes, er lebte in Hamburg. [5]) Der König liess sich 1684 im Herzogthum Schleswig huldigen. Der Herzog hatte in der Fundation der Universität von 1665 bestimmt, „dass diese jährlich 6000 Rthlr. aus Bordesholm erhalte, und der dortige Amtschreiber die Gehalte ohne Aufenthalt und Versäumniss zahle." Diese Bestimmungen und Befehle wurden in den Unglücksjahren häufig wiederholt und bestimmt, dass keine andern Assignationen auf die Bordesholmer Casse gelten sollten, [6]) so 9. August 1675, 14. August 1677 u. s. w.; aber dennoch erfolgten die Besoldungen nicht regelmässig. Auch 1691 und 1692 fand eine Visitation der Universität statt.

---

[1]) Handschrift S. H. 179 A. Bl. 43—45. Statut. Vol. I. S. 59—75.

[2]) In dem Veranlassungsentwurf von 1667 ist das höchste Gehalt 500 Rthlr., das geringste 120 Rthlr. Chronik 1854, S. 15.

[3]) Ratjen, Beitrag zur Geschichte der Kieler Universität, Kiel 1858 S. 40. Vergl. Verzeichniss der Handschriften II. 77 unten.

[4]) S. H. 179 A. S. 49—65, wo auch einige Briefe von dem Prokanzler Musäus an Gloxin und die Ernennung Heldbergs zum ordentlichen Professor der Moral befindlich sind.

[5]) Geschichte der Streitigkeiten der Herzöge von Holstein-Gottorf mit der Krone Dänemark. Frankfurt 1762.

[6]) S. H. 175 A. S. 161—171. Statut I. 224—248.

Wir finden erst im Jahr 1707 wieder Visitatores der Kieler Universität. Der Herzog Friedrich IV., der Schwager und Genosse Carls XII., war 1702 bei Clissow gefallen. Während der Minderjährigkeit des Sohnes Carl Friedrich trat eine vormundschaftliche Regierung ein, nemlich die der Mutter des jungen Herzogs, welche in Stockholm lebte, und des Onkels Christian August, Bischofs zu Lübeck. Der frühere Professor, dann Geh. Raths-Präsident M. von Wedderkop, und der Generalsuperintendent und Professor H. Muhlius wurden 1707 zu perpetui visitatores und inspectores ernannt. Nach ihrer Visitation ward das von Christian August 1707 bestätigte Reglement für die Universität publicirt. Wedderkop ward 1709 nach der Tafel des Herzoglichen Vormundes auf die Festung Tönningen[1]) gebracht und sass daselbst, bis 1714 dieser Ort an Dänemark übergeben wurde. Sein Gegner Görtz ward 1719 in Schweden enthauptet. Muhlius kam von Gottorp wieder nach Kiel. Von 1713 bis 1720 waren die Herzoglichen Antheile beider Herzogthümer im Besitze Dänemarks, der Holsteinische Antheil ward 1721 restituirt.

Der Herzog ernannte durch ein, Hamburg 2. Septbr. 1719 erlassenes, Rescript den Geh. Raths-Präsidenten H. Friedrich von Bassewitz, der oft auf Reisen war, zum Curator der Universität, der General-Superintendent Muhlius ward ihm adjungirt.[2]) Eine Instruction für den Curator ward am 8./19. September 1724 von Petersburg aus erlassen und den 9. Januar 1725 von der Visitationscommission dem Consistorio mitgetheilt.[3]) Während der Minderjährigkeit des Herzogs Carl Friedrich war dessen Land durch schlechte Verwaltung sehr in Schulden gerathen. Auch als er selbst 1716 für Schleswig und zwei Jahre später für Holstein die Regierung seines occupirten Landes antreten zu wollen erklärte, ward der Zustand nicht besser. Der Landesherr reiste 1719 von Schweden, wo ihm der Königsthron entgangen war,

---

[1]) Görtz's gewissenlose Haushaltung in Falck's Samml. zur näheren Kunde B. 1 S. 80. Geschichte des Herzogl. Schleswig-Holstein-Gottorf'schen Hofes, Frankfurt 1774 S. 15. K. v. Warnstedt in den Jahrbüchern für Landeskunde B. 7 S. 304—326.
[2]) Statut. Vd. I. 369.
[3]) Statut. Vd. I. 457 und S. II. 175 A. S. 529 und 569.

nach Rostock, Hannover, Berlin, Dresden, Wien und Petersburg, er suchte Hülfe. Zum Sommersemester 1725 erschien statt des üblichen Verzeichnisses der Vorlesungen ein Programm. Nach einer Bekanntmachung der Visitationscommission, bestehend aus Joachim Otto Bassewitz, dem Bruder des Präsidenten, Pechlin und Clasen, vom 9. Januar 1725, sollte die Kieler Universität dreizehn Professoren haben, es werden aber in dem Schema mehrere Plätze [1]) als vacant angegeben.

In dem erwähnten Programm wird das Gerücht, die Kieler Universität werde in ein Lyceum verwandelt werden, muthig widerlegt, es werden die vom Herzog bestimmten dreizehn Professuren genannt und es heisst dann: Quae cum ita sint, et tredecim numero professores ex mandato clementissimi nutritoris academiam hanc constituere debeant semper, minime omnium prae se fert imaginem Gymnasii sed nomen titulumque academiae semper tuebitur. — Neque nortras tantummodo agimus partes fideliter sed duplicatis laboribus sustinemus vices absentium doctorum, qui Kilonium propediem properabunt. In dem Verzeichniss der Vorlesungen für 17$\frac{25}{26}$ finden wir drei Theologen: Muhlius, Frise und P. Fr. Opitz, zwei Juristen: Harpprecht und Hartmann, letzterer war erst zum Winter 1725 nach Kiel gekommen (Vogt und Arpe waren im August 1724 entlassen worden), einen Mediciner: Waldtschmiedt, in der philosophischen Fakultät: Seb. Kortholt, Fr. Gentzke, Friedr. Koes und Phil. Fr. Hane. Opitz und Waldschmiedt kündigten auch Vorlesungen in der philosophischen Fakultät an. Carl Friedrich Luther, welcher in Kiel von 1702 bis 1705 ausserordentlicher Professor der Medicin gewesen war, kam zu Ende des Jahres 1725 als ordentlicher Professor wieder nach Kiel.

Das Jahr 1725 war für die Universität kein erfreuliches. Das Consistorium hatte wegen Streitigkeiten mehrerer Studenten mit einem in Kiel anwesenden Königlichen Beamten sich an den König von Dänemark gewandt, was die Visitationscommission übel vermerkte. Im Consistorio war keine Einigkeit, der eine beschuldigte den andern. Die Visitationscommission ward im September 1725 aufgehoben, eine Landescommission trat an die Stelle. Reisen nach Petersburg ohne specielle Erlaubniss wurden verboten.

---

[1]) Handschrift S H. 175 A. S. 545. 549.

Carl Friedrich kam von seiner langen Reise 1727 mit seiner Gemahlin, der Russischen Grossfürstin Anna Petrowna, nach Kiel, er ward mit Jubel [1]) von seinem hoffnungsreichen, verschuldeten Holstein — Schleswig war verloren — empfangen. Am 24. August 1734 ward die „eine zeithero vacante academische Curatelschaft dem Oberconsistorial-Vicepräsidenten Cabinetsrath Westphalen übertragen." [2]) Er suchte das Studium des allgemeinen deutschen und des Partikularrechts, so wie der Schleswig-Holsteinischen Geschichte, die letztere namentlich durch Lackmann's treue Arbeiten zu fördern. Dem 1737 berufenen Professor juris germanici et Romani A. Chr. Dorn ward in der Bestallung aufgegeben, die antiquitates juris patrii, chartas, diplomata, scriptores et scripta rerum germanicarum und übrige nöthige adjumenta jurisprudentiae germanicae fleissig und wohl anzuwenden, dabei aber auch das jus civile Romanorum, in so fern und so lange Wir solches in Unsern Landen als ein jus subsidarium in Gebrauch wissen wollen, nicht aus der Acht zu lassen." [3])

Das Studium des deutschen Rechts förderte in Kiel auch der unter Westphalens Curatel 1745 angestellte Professor Dreyer, Neffe des Curators. Der Curator ward 1750 gestürzt, 1756 frei gesprochen und trat wieder als Curator der Universität ein, er starb 1759. Im Jahr 1765 konnte das hundertjährige Jubiläum der Universität nicht gefeiert werden, weil das Universitätsgebäude verfallen und mehrere Professuren vacant waren. [3]) W. A. Ernesti hatte die Professur der Eloquenz übernommen und ward im index angekündigt, er kam aber nicht. Der schlechte Zustand der Universität besserte sich unter der Vormundschaft der Kaiserin Catharina. Am 7. Juli 1769 ward von der Kaiserin Catharina, der Vormünderin des unmündigen Herzogs, ein Curatelcollegium [4]) ernannt, bestehend aus den Geh. Räthen von Wolff und von Elendsheim, so wie den Etatsräthen von Prangen und Niemann. Chr. C. Lor. Hirschfeld ward zum Secretär dieses Collegii bestellt.

---

[1]) Freuden-Dankmahl bey Ankunft S. K. H. des Hertzogs Carl Friedrich. Kiel 1727.
[2]) S. H. 175 A. S. 539 und 577 und Ratjen, Dreyer und Westphalen S. 32.
[3]) Ratjen, Beitrag S. 58.
[4]) Statut. I. 612.

Vor dieser Ernennung war, statt des verfallenen Universitätsgebäudes, 1768 ein neues erbaut. Am 12. Januar 1770 ward die dos academica um 2000 Rthlr. jährlich erhöht.[1]) Der Universität ward ein Reithaus und eine Reitbahn übergeben, und der Thurm auf der Westseite des Schlosses zu astronomischen Beobachtungen eingeräumt. Es wurden aus Göttingen der Jurist J. H. Fricke, der Philosoph Andr. Weber, der Professor der orientalischen Sprachen J. Ern. Faber und der Mathematiker J. M. Liungberg berufen. Das Degentragen der Studirenden ward am 10. Juli 1770 vom Curatelcollegio in sehr schonender Weise abgestellt, und die Lillaweisse Cocarde[2]) eingeführt, welche lange Zeit von den Kieler Studirenden allgemein getragen wurde.

Als im Jahr 1773 der Grossfürstliche Theil Holsteins mit dem Königlichen vereinigt wurde, versprach der Königliche Prinzipalcommissarius Graf Reventlow, dass die Kieler Universität bei ihren Privilegien, Gerechtsamen und Freiheiten kräftigst geschützt werden solle.[3]) Der König übernahm am 17. Febr. 1774 das Rectorat der Universität und bestätigte am 12. Januar 1775 die Privilegien derselben.[4])

Der Curator Graf Detlev Reventlow[5]) und der Prokanzler J. Andr. Cramer wirkten günstig zur Förderung der Kieler Universität. Der Fond derselben wurde am 25. Februar 1775 mit einer jährlichen Summe von 9240 Rthlr. Cour. vergrössert.[6]) Das Convictexamen übernahm 1775 die philosophische Fakultät, der Abendtisch ward eingestellt. Zu einer Reform der alten Statuten, die wohl nach dem Vorbild anderer Universitäten eilig

---

[1]) Statut. I. 650.

[2]) Ratjen, Beitrag zur Geschichte der Kieler Universität S. 63.

[3]) Ratjen, Beitrag zur Geschichte der Kieler Universität S. 65—71. Mit Recht feierte die Universität 1823 nach fünfzig Jahren die Wiedervereinigung Holsteins. Prof. A. Niemann hielt die Rede. Das „verwirrte Cimbrien" und „die gewissenlose Haushaltung" von Görtz und Bassewitz waren freilich vor 1773 beseitigt, aber es fehlte der volle Friede. Kiel ward nach dem Austausch Universität des ganzen Holstein und Schleswig.

[4]) Statut. I. S. 752—757.

[5]) Die Instruction desselben ist vom 26. October 1775, Statut II. S. 1—17, aber er war früher ernannt worden.

[6]) Chronol. Samml. der Verordnungen 1775, S. 24 u. 9.

gemacht waren, kam es nicht, aber es ergingen mehrere einzelne angemessene Verfügungen. Es ward 1775 ein homiletisches Seminar errichtet.¹) Ueber die Prüfungen der Candidaten des Predigtamts erschien am 6. August 1777 eine Verordnung. zur Förderung der classischen Studien wurden in demselben Jahre vier Stipendien gestiftet, die Ferien eingeschränkt, ein Creditedict erlassen, die Abgangszeugnisse der Studirenden vorgeschrieben. Die akademische Jurisdiction ward am 7. Novbr. 1781 geregelt, das engere Consistorium am 19. Decbr. desselben Jahres angeordnet, für den Quästor am 7. September 1783 eine genaue Instruction erlassen. Im Jahr 1775 wurden der Jurist Trendelenburg, der Mediciner Christ. Jo. Berger, dessen Büste in unserer Universitätsbibliothek zum Dank für seine Schenkung bewahrt wird, berufen, 1776 der Naturforscher J. C. Fabricius und der Philosoph J. N. Tetens, 1777 der Theolog S. G. Geyser, 1778 der Theolog D. G. Moldenhauer, 1780 der Historiker D. H. Hegewisch, 1782 der Theolog J. C. R. Eckermann, 1798 der Theolog J. F. Kleuker. Auch nach dem Tode des Curators v. Reventlow wirkte J. A. Cramer, der am 11. Februar 1784 zum Canzler der Universität ernannt und dem die Curatelgeschäfte aufgetragen wurden, wohlthätig für unsere Hochschule. Die reichhaltige Bibliothek des Geh. Raths Georg Christian von Wolff, welcher der erste des erwähnten Curatelcollegii war, ward auf den Rath von G. H. Weber, W. E. Christiani und J. N. Tetens 1784 durch J. A. Cramer und J. Fr. Ackermann, damaligen Quästor, zum Besten der Kieler Universitätsbibliothek für 14,000 Rthlr., die zum Theil einstweilen vorgeschossen, nachher erlassen wurden, gekauft. Der König hatte 1778 eine von Höchstdero Grossmutter Schwester, der weiland verwittweten Fürstin Sophie Caroline von Ostfriesland, auf ihn gekommene Forderung von 12,500 Rthlr. an die Universität cedirt. Von der fürstlichen Ostfriesischen Schuldencommission zu Aurich waren 26 % der Schuldsumme angeboten, und die Universität hatte einen Herrn von Varendorff zur Verhandlung beauftragt (Protokoll des Consistorii vom 29. April 1778). Die

---

¹) Chronik der Universität 1854 S. 18 und Köster, Geschichte der practischen Theologie auf der Kieler Universität, Altona 1825. Ueber das katechetische Seminar vergl. Chronik 1855 S. 15.

Gemahlin Christian's VI., die Grossmutter Christian's VII., Sophie Magdalene von Brandenburg-Culmbach, hatte eine Schwester, Sophie Caroline, welche mit Georg Albert, Fürsten von Ostfriesland, vermählt war. Weil bei der Cessionsacte der Ostfriesischen Gelder bestimmt worden, dass diese besonders zur Vermehrung der Universitätsbibliothek dienen sollten, glaubten der Prokanzler Cramer und der Quästor Professor Ackermann[1], den Kauf der Bibliothek abschliessen zu können. Es war Eile nöthig, da Wolff dem Tode nahe war. Die deutsche Canzlei, in welche A. P. von Bernstorff[2] eben wieder eingetreten war, beantragte die Allerhöchste Genehmigung, welche am 9. Juli 1784 erfolgte.

Am 11. Novbr. 1785 ward eine Professoren-Wittwenkasse errichtet.[3]

Cramer starb 1788. Die Universität hatte bis zum 7. März 1800 weder Curator noch Canzler. Die deutsche Canzelei verhandelte direct mit dem academischen Consistorium. Es war die Zeit der Humanität, der Reformen, der Aufklärung, der Conservation und Reaction, der Orden und Verbrüderungen. In dieser Zeit wurde der Professor Carl Friedrich Cramer, der von 1775 bis 1780 ausserordentlicher, von da bis 1794 ordentlicher Professor der philosophischen Fakultät war, entlassen. Er las hauptsächlich über Bücher des alten Testaments und griechische Classiker. Bei dem etwas excentrischen, gutmüthigen, wohlwollenden, reformirenden Manne hatte die französische Revolution Hoffnungen erregt, denen die Praxis des Lebens nicht entsprechen konnte. Seine eigenthümlichen Ansichten zeigten sich schon in seiner 1791 erschienenen Schrift über die Kieler Universitätsbibliothek.

---

[1] Handschrift S. H. 179. 6 Archiv für Staats- und Kirchengeschichte der Herzogthümer B. 5. Altona 1843 S. 559—562, und Ratjen, Beitrag zur Geschichte der Kieler Universität S. 71—73. Das Verhältniss der Ostfriesischen Gelder konnte ich damals noch nicht aufklären.

[2] A. P. Bernstorff ward am 13. Septbr. 1770 entlassen, 1773 zurückgerufen, 1780 wieder entlassen, 1784 wieder zurückgerufen; er starb am 21. Juni 1797. Die Kieler Universität feierte sein Andenken; Professor D. Hegewisch hielt die Rede, vergl. Jenssen-Tusch zur Regierungsgeschichte Friedrich VI. nach Giessing B. 1 S. 31. 198—199.

[3] Systemat. Sammlung B. IV S. 435 und 461, wo die Verpflichtung zum Eintritt gedruckt ist.

„Ich traure," schrieb er, „allemal, wenn ich z. B. das Fach der Antike, der Kupferstiche, der Gallerien, Floren, Quadrupeden-, Vögel-, Fisch- und Würmerabbildung reichlich besetzt sehe, Musäa, bibliothecas patrum maximas, Conciliensammlungen und dergl. darin antreffe, hingegen Werke wie Voltaireus, Rousseaus Schriften, Pastoret über die Criminalgesetze und tausend Andere eben so nothwendige vermissen darin muss." Cramer hatte in dieser Schrift sein im academischen Consistorio gegebenes Votum über die Universitätsbibliothek vor Abschluss der Verhandlungen drucken lassen, was der Bibliothekar Christiani nicht angemessen fand. Die Acten über Carl Friedr. Cramers Entlassung sind von ihm selbst herausgegeben;[1]) ihm wurden 350 Rthlr., die Hälfte seines Gehaltes, als Pension für so lange bewilligt, als er sich aller Verbreitung seiner der Staatsverfassung des Landes zuwiderlaufenden Grundsätze enthalte. Vor der Entlassung war Cramer von der deutschen Canzelei aufgefordert, seine Erklärung einzusenden, sie ist sehr ausführlich und der Sache wenig angemessen. Die Oberdicasterien beider Herzogthümer zu Glückstadt und Schleswig hatten der Regierung ihre Bedenken eingereicht. Nach der Entlassung richtete das akademische Consistorium eine Vorstellung an den König, die ohne Erfolg war. Nach Eggers Denkwürdigkeiten aus dem Leben A. P. Bernstorfs, Kopenhagen 1800 S. 178, schmerzte diesen der Fall um so mehr, weil er den Sohn seines Freundes traf.

Von grossem Einfluss war in der Zwischenzeit der Professor der Medicin Philip Gabriel Hensler, der 1789 nach Kiel berufen wurde. Der Professor der Philologie Heinrich schrieb 1806 eine Memoria Hensleri, welcher die philologische Bildung auch für Mediciner wichtig hielt.[2]) Henslers Einfluss und den Zustand der Kieler Universität von 1796 bis 1798 lernt man etwas kennen aus dem Auszuge von Steffens Leben, den ich mit Anmerkungen in den Jahrbüchern für Landeskunde B. 5 S. 124 u. f. Kiel 1862 mittheilte. Damit die Universitätsbibliothek aus Henslers reich-

---

[1]) C. Fr. Cramer, über mein Schicksal, Kiel 1794. Vergl. Jenssen-Tusch zur Regierungsgeschichte Friedrich VI. nach Giessing Th. 1 S. 207—209.

[2]) Nachricht über Hensler habe ich in der Beilage 252 und 258 des Altonaer Merkur 1863 auf Veranlassung der Hensler'schen Stiftung Kiel 1863 gegeben.

haltiger Sammlung die nöthigen Ankäufe machen könne, ward Allerhöchst eine erhebliche Geldsumme bewilligt.

Im Jahre 1799 ward Joh. Otto Thiess, der 1793 als Adjunct der theologischen Facultät in Kiel eintrat, und 1795 ausserordentlicher Professor der Philosophie wurde, entlassen mit einem jährlichen Wartegeld von 200 Rthlr. und der Verpflichtung, sich ausser Kiel aufzuhalten; im Jahr 1800 erfolgte seine Entlassung in Gnaden. Seine theologischen Ansichten waren wohl der Hauptgrund der Entlassung, man lernt dieselben kennen aus seinen Nachrichten von den Lehrern der Theologie zu Kiel, Th. 1. 2. Kiel und Altona 1800—1803.[1])

Zu den Unzufriedenen gehörte auch der geborne Tonderaner Joh. Christ. Fabricius, er kam 1775 von Kopenhagen nach Kiel als Professor der Oekonomie, Naturgeschichte und Cameralwissenschaften, er hat seine äussern Lebensumstände in Lahde Portraeter H. 4 Kiøbenh. 1805 erzählt, in deutscher Sprache erschien die Schrift in den Kieler Blättern 1819 B. 1 S. 88 u. f., näher lernt man ihn aus seinen Schriften, z. B. der Vorrede zu seiner Schrift „Ueber Academien" Kopenhagen 1769 und zu seinen Policey-Schriften, die Th. 1, 2. 1786—1790 erschienen, so wie aus seinen Resultaten naturhistorischer Forschungen, Kiel 1804, kennen. Seine Verdienste um die Entomologie sind allgemein bekannt. Er war während seiner Kieler Professur mehr auf Reisen als in Kiel, er selbst sagt: „ich lebte in Kiel beinahe, wie auf der Reise, ohne mich eigentlich einzurichten;" er tadelt die Anstellung von „Fremden", wie die Oeders, die Begünstigung des Dichters Klopstock, Bernstorf passirt nur so eben. Fabricius wollte die medicinische Facultät von Kiel nach Kopenhagen verlegt wissen,[2]) behauptete dann wieder, die Universität in der Residenzstadt habe zu viele Störungen, indem die Professoren leicht Regierungsgeschäfte übernähmen.

Fabricius war unzufrieden, dass für das Fach der Naturgeschichte in Kiel gar zu wenig geschehe, dass die Düsternbrooker Baumschule, nach Hirschfelds Tode, nicht in einen ökonomischen

---

[1]) Vergl. Ratjen, Kleuker. Briefe seiner Freunde, Göttingen 1842 S. 21.
[2]) Policey-Schriften Th. 1 S. 89 Th. 2 S. 56 „Ueber Academien" Kopenhagen 1796 S. 17, 43, 65, 83, 197—201.

Garten¹) verwandelt und nicht ihm übergeben sei, sondern dem 1793 berufenen J. J. P. Moldenhauer. Durch die Baumschule sollte die Obstbaumzucht im Lande gefördert werden. Fabricius wünschte die Aufhebung des Creditedicts für Studirende, dass die medicinischen Prüfungen nicht von den Lehrern der Universität abgehalten würden. Die in Kiel Promovirten sind „vielleicht eben so gut, vielleicht noch etwas besser, als die, welche die mehrsten teutschen Academien geliefert haben, indessen ich muss doch gestehen, mich schaudert krank zu werden und ihrer Hülfe zu bedürfen". Durch Ansetzung zu vieler Lehrer würden die Zuhörer zu sehr vertheilt, die Lehrer ohne Namen und ohne Verdienst schreien, sagt er, wie die jungen Raben nach Futter, und bedürfen es. Er wünscht für Kiel die Beschränkung der Gerichtsbarkeit der Universität auf Disciplinarsachen. Die Vertheilung der Universität in Facultäten habe gar keinen eigentlichen Nutzen,²) verursache nur Spaltung, wolle man sie behalten, so müsse man eine fünfte, die ökonomische, hinzufügen. Das Lernen der alten Sprachen sieht Fabricius für Studirende nicht als nothwendig an. Selbst das Latein werde seine Wichtigkeit verlieren, „wenn wir nicht noch die verschiedenen Reden und Disputationen beibehalten hätten. Ehe wir zu einer Disputation hingehen, wissen wir schon lange zum Voraus, wie sie ausfallen werde, auch wohl gar wer die Disputation eigentlich geschrieben habe."³) Gegen Fabricius Lob auf die Indigenatsverordnung und den Tadel der Fremden bemerkt der Verfasser von Cahier aus meinem Portefeuille Lit. G. Hamburg 1782 S. 137: „Sollte aber wohl nicht überhaupt der H. F. ein wenig von der modernen patriotischen Krankheit attaquirt sein, die, obgleich Gott sagt, liebe deinen Nächsten (und nicht deinen Landsmann) als dich selbst, doch in dem sonst christlichen Dänemark seit einigen Jahren epidemisch um sich greift?"

---

¹) Der Plan, einen ökonomischen Garten einzurichten, um Studirenden und Schullehrerseminaristen zur Beförderung des Acker- und Gartenbaues Anweisung zu geben, ward 1820 ganz aufgegeben. Die Baumschule, welcher Professor Moldenhauer vorstand, ward nach seinem 1827 erfolgten Tode verkauft. Vergl. Kieler Beiträge B. 1 Schleswig 1820 S. 345.
²) Ueber Academien S. 91, 92, 115, 116, 142.
³) l. c. S. 52.

Mit dieser patriotischen Krankheit verband sich schon damals und mehr noch später die Frage über den Gebrauch der Dänischen Sprache, über das Verhältniss des Herzogthums Schleswig zu Holstein und zu Dänemark.

Im Jahr 1793 war für die Studirenden in Kiel ein Ehrengericht errichtet, es bestand bis 1806.[1]) Der König ernannte am 7. März 1800 den Grafen Friedrich Reventlow auf Emkendorf zum Curator. Die theologische Facultät bestand damals aus den ordentlichen Professoren Geyser, Eckermann, C. G. Hensler und Kleuker, die juristische aus Trendelenburg, Mellmann, F. C. Jensen, L. A. W. Schrader und A. W. Cramer, die medicinische aus Ackermann, Kerstens, G. H. Weber, Ph. G. Hensler und J. L. Fischer, die philosophische aus Joh. Christ. Fabricius, D. H. Hegewisch, Heinze, Reinhold, Niemann und Valentiner. Ausserordentliche Professoren waren H. Müller für Theologie, Olivarius und Thibaut für Jurisprudenz, für die Medicin Pfaff und Reyher, in der philosophischen Facultät Nasser, Kordes, J. J. P. Moldenhauer und T. Baden. Adjuncten waren Hargens und Steffens, der letztere machte aber eine Reise, Privatdocenten J. W. Christiani, Bielfeld und C. F. Callisen.

Am 31. Juli 1801 ward ein ausführliches Reglement über die Verhandlungen des academischen Consistorii erlassen. Mitglieder sind alle ordentliche Professoren, sie haben ihre Plätze und stimmen nach Ordnung der Facultäten und der Zeitfolge des Eintritts in dieselbe. Bei Feierlichkeiten ausser dem Consistorio rangiren die Professoren nicht nach den Facultäten, sondern nach ihrer Anciennität.

Im Jahr 1802 schied Thibaut von Kiel, Pfaff trat in die medicinische Fakultät. Baden findet sich seit 1802 nicht mehr in den indices, er ward freilich erst 1804 entlassen. Der Mathematiker Reimer ward 1802 als ausserordentlicher Professor angestellt, der Philolog und Historiker J. M. Schultz gleichfalls. Anselm Feuerbach ward 1802 von Jena berufen. In einem Briefe aus Kiel vom 30. Juni 1802 äussert er sich sehr zufrieden mit seiner Stellung in Kiel: „Ich komme aus Sachsen, aus dem

---

[1]) Niemann, Schlesw.-Holst. Provinzialberichte 1793 B. 2 S. 97 u. folg. Statut. II. 199.

polirten feinen Sachsen, wo Honig auf der Zunge und Galle im Herzen ist. — Und hier, wie so ganz anders — Graf von Reventlow, der Curator hiesiger Universität, ein ungemein liebenswürdiger und kenntnissreicher Mann, beehrt mich mit seiner vorzüglichen Gunst —." Als F. einen Ruf nach Landshut erhalten hatte, lauteten seine Aeusserungen anders; er schrieb, Kiel 2. October 1803: „Auch sind wir alle hier mit unserer Regierung unzufrieden, da sie unsere Privilegien nicht mehr respectirt." Als er den Ruf angenommen, schrieb er in einem Briefe von Kiel 12. März 1804: „Völlig zerrütteter Zustand der juristischen Facultät, um die kein Mitglied sich bekümmern mag. Ungeheure Saumseligkeit. — Zerrütteter Zustand in den akademischen Geschäften. Keiner im Consistorium kennt die akademischen Gesetze und Statuten.[1]) — An der Spitze der Universität steht als Curator der Graf von Reventlow, der sich mit der Akademie nur als Amusement beschäftigt und sich erst dann recht für sie interessirt, wenn er despotisch etwas durchsetzen will. — Sein geheimer Rath ist das alte Kind —. Die medicinische Facultät ist des Curators Steckenpferd. Für 6 oder 8 Mediciner, die hier studiren, werden botanische Gärten, chemische Laboratorien angelegt und neue Professoren um starke Besoldungen berufen."

Von Landshut aus schrieb F. 1804 über Landshut: „Die Verhältnisse von Professoren sind Verhältnisse von Teufeln, beinahe möchte ich sagen, im eigentlichen Verstande."[2]) Feuerbach wünschte 1804 sehr, dass Niemann und Hegewisch einem Ruf nach Landshut folgen möchten, sie lehnten ab, fanden also die Verhältnisse der Kieler Universität nicht so trostlos, wie der rasch urtheilende unzufriedene Feuerbach. (Falck neues Magazin B. 3 S. 20.)

Im Jahr 1803 ward Joachim Died. Brandis[3]) ordentlicher Professor der Medicin, 1804 C. Fr. Heinrich Professor der Elo-

---

[1]) Feuerbach war auch Syndicus der Universität, und es mogte ihm in dieser Beziehung die Unkunde der Kieler Verhältnisse fühlbar und unangenehm sein. Sich in diese hinein zu versetzen, mogte ihm Lust und Zeit fehlen.

[2]) Anselm von Feuerbachs Leben und Wirken B. 1 S. 62. 67. 72—75. 86. 90—92. 95.

[3]) Lebenserinnerungen von Chr. H. Pfaff S. 270 und Trendelenburg in Abhandlungen der Academie der Wissensch. Berlin 1868. S. 4.

quenz und der Philologie, 1804 verliess, wie erwähnt, Feuerbach Kiel, auch der ausserordentliche Professor Pätz. Die Hebammenanstalt ward 1805 von Altona und Flensburg nach Kiel verlegt. Professor H. Müller, seit 1782 Lehrer des durch J. A. Cramers Wirksamkeit 1781 in Kiel errichteten Seminars für Volksschullehrer, war seit 1789 auch ausserordentlicher Professor der Theologie an der Kieler Universität. Das Schullehrer-Seminar und die in Kiel gebildeten Seminaristen wurden im Jahr 1797 und 1800 mehrfach getadelt, letztere würden in Kiel verbildet und strebten frei zu werden von der Aufsicht der Prediger.[1] Professor Müller ward 1805 vom Seminar entlassen und ordentlicher Professor der Philosophie an der Universität. Müller hatte vor der Entlassung bei der Regierung auf Verlangen seine Rechtfertigung eingereicht. An seine Stelle bei dem Seminar zur Bildung der Volksschullehrer ward, wie man annahm, auf des Grafen F. Reventlow's Vorschlag, der fromme aber zur Leitung eines solchen Instituts nicht geeignete F. D. Hermes berufen. In einem Sendschreiben an den Grafen Reventlow, s. l. Februar 1805, welches man dem freisinnigen Prediger Funk in Altona, wohl nicht mit Unrecht, zuschrieb, war der Curator Fr. Reventlow heftig getadelt, er habe die medicinische Facultät zu sehr begünstigt, den verdienten Weber nicht ins Sanitätscollegium gesetzt, den Hebammenanstalten in Flensburg und Altona einen Theil ihres Vermögens entzogen,[2] einen botanischen Garten einrichten lassen. Im Durchschnitt sei die Zahl der in Kiel Medicin Studirenden nicht viel grösser als Zwölf. „Wozu doch für eine so kleine Anzahl junger Aerzte so bedeutende kostspielige Anstalten? Sollte es nicht weit angemessener sein, diese jungen Männer — ihre Studien in Kopenhagen vollenden zu lassen, wo — ?" Der Curator vernachlässige die juristische Facultät, die nur zwei, wenn gleich treffliche Lehrer (Schrader und Cramer) habe.[3]

---

[1] Ehrenrettung der Kieler Seminaristen, Hamburg 1801.
[2] Der König schenkte 1804 12,000 Rthlr. zur Errichtung einer Lehranstalt der Geburtshülle in Kiel. Kieler Beiträge B. 1 S. 353.
[3] Zum Sommer 1805 trat Reitemeier als erster juristischer Professor ein und der ausserordentliche Professor Schweppe. Olivarius kündigte seit 1782 Vorlesungen über dänisches Recht an, war aber viel auf Reisen.

Der mathematische Lehrstuhl von Tetens stehe noch immer leer, meint der Sendschreiber, und doch lehrte seit 1802 in Kiel der treffliche Mathematiker Reimer. Es fehle ferner, heisst es in dem Sendschreiben, ein praktischer Philosoph. Müller's Entlassung vom Seminar, Hermes Berufung wird scharf getadelt. Kleukers Berufung — die vor Reventlow's Curatel erfolgte — sei auffallend. Müller zeigte im Correspondenten 27. Mai 1805 an, er werde das bisher über seine Versetzung mit Bedacht beobachtete Stillschweigen nicht anders, als durch diese Anzeige brechen, er werde wenigstens jetzt noch nichts drucken lassen, was auf sein aufgehobenes Verhältniss zum Seminar Bezug habe.

Die anonyme Schrift des Predigers Funk in Altona fand vielen Beifall; in Zeitschriften, der allgemeinen deutschen Bibliothek, dem deutschen Merkur, dem Freimüthigen und der Jenaer Literatur-Zeitung, Zeitungen, dem Hamburger Correspondenten u. s. w. und Brochuren ward Hermes, auch Kleuker, scharf getadelt, es ward gewarnt vor dem Geist der mystischen Frömmigkeit, der sich vor dem edlen Kronprinzen zu verbergen wisse. Es ward auf Frauen-Herrschaft hingewiesen. Es regnete Epigramme:

Wahrlich er traf der funkelnde Blitz, der Euch blendet Frömmler —.

An Hermes den Ketzerjäger.

Leblos starrtest du lange, du Faust, vor Wöllner dem Schlaukopf,
Balle dich, Faust, dich belebt künftig ein schlauerer Kopf.

Die Vertheidigungen des Curators, von denen eine dem Wandsbecker Claudius zugeschrieben wurde, fanden wohl wenige Freunde. Verständiger sah man später die von dem Curator Reventlow bewirkten Anordnungen an. Vergl. Twesten Chronik der Universität zu Kiel in den Kieler Beiträgen B. 1 S. 311 - 398.

Als der Professor der Beredsamkeit C. Fr. Heinrich in dem Programm zum Geburtstage des Königs 29. Januar 1807 ein Motto aus Ciceros Briefen IX 8 utinam quietis temporibus etc. gewählt hatte, musste der Curator dem Verfasser einen Verweis ertheilen. Der Kronprinzliche Hof war in Kiel, der Lehrer der Kronprinzessin, Professor Frederik Høegh-Guldberg, hielt 1806 und 1807 am Geburtstag des Kronprinzen im Universitätsgebäude Reden in dänischer Sprache.

Die in deutscher Sprache 1807 in Kiel erschienene Schrift: „Ist es England gelungen, seinen Raubzug gegen Dänemark zu rechtfertigen?" tadelte scharf Diejenigen, welche Englands Kriegszug gegen Dänemark rechtfertigen wollten, und es entspann sich ein heftiger Federkrieg, an dem Professor Heinrich Theil nahm.

Diese Stimmungen und Streitigkeiten mögen den Grafen Fr. Reventlow [1]) bewogen haben, im Jahre 1808 seine Entlassung als Curator der Universität zu suchen. Der nach Struensee's Sturz eingetretene Kampf gegen das Deutschthum, welcher nachher ruhte, trat nach Auflösung des deutschen Reichs stärker hervor. Høegh-Guldberg hielt am Geburtstage des Königs Friedrichs VI. 29. Januar 1809 vor einer Gesellschaft in Kiel eine Rede in dänischer Sprache: „Der Patriot". In der Vorrede zu seinem dänischen Lesebuch für Schleswig-Holsteiner, Kiel 1809, fordert H. Guldberg die Schleswig-Holsteiner auf, die dänische Sprache zu lernen. „Die Provinz gestehe denn, was man sonst niemals läugnet, dass veränderte Verhältnisse veränderte Pflichten erfordern!"

Graf Christian zu Rantzau, der bis dahin Deputirter der Schl.-Holsteinischen Canzelei in Kopenhagen war, ward 17. April 1809 zum Curator ernannt. Die Studirenden brachten „dem erlauchten Freund der freien Musensöhne" am 21. Decbr. 1811 ein freudiges Hoch mit einem Gedicht. Rantzau starb schon am 23. Februar 1812. Von den Studirenden erschien eine Elegie in deutscher Sprache. Das akademische Consistorium sprach seine Trauer in einem lateinisch gedruckten Anschlag aus. Rantzau war zugleich Oberpräsident der Stadt Kiel. Die Universität war darauf mehrere Jahre ohne Curator. Für dieselbe wurden in den nächsten Jahren mehrere Professoren berufen. Der auch um die Geschichte der Herzogthümer verdiente Dietrich Hermann Hegewisch war 1812 gestorben. F. C. Dahlmann trat $18\frac{2}{13}$ als Historiker ein, er las zwei Semester, ohne Ernennung zum Professor, $18\frac{3}{14}$ als ausserordentlicher Professor, und blieb in dieser Stellung bis zu seinem Weggang nach Göttingen im Jahr 1829. Erich von Berger ward 1814 ordentlicher Professor

---

[1]) Vergl. Lebenserinnerungen von Chr. H. Pfaff S. 145—149.

der Astronomie und Philosophie, er hielt neben K. L. Reinhold philosophische Vorlesungen. Nic. Falck trat im Wintersemester 18½ als ausserordentlicher Professor des Rechts ein, ward 1815 zugleich mit C. Th. Welcker ordentlicher Professor des Rechts. L. A. G. Schrader, der seit 1790 in Kiel als ordentlicher Professor für das vaterländische Recht thätig war, starb 1815. Aug. Twesten ward 18½ ausserordentlicher Professor der Theologie und Philosophie, und 1819 ordentlicher Professor der Theologie. Nach Heinrichs Weggang nach Bonn im Jahr 1818 leitete er auch das philologische Seminar (Chronik der Universität Kiel 1855 S. 38) bis zu Wachsmuth's Berufung im Jahr 1820, und nach dessen Weggang wieder 1825 - 1827, bis zu Nitzsch's Antritt. Für die praktische Theologie ward 1815 J. Chr. Schreiter berufen. Der jüngere Weber, oder Fr. Weber, seit 1811 ausserordentlicher Professor der Botanik und Medicin, ward 1815 ordentlicher Professor. Seit 1805 war Fr. Weber als ausserordentlicher Professor der Botanik in der philosophischen Fakultät gewesen. Für das Schleswig-Holsteinische Recht trat M. Tönsen 18½ als ordentlicher Professor ein. Schweppe, der von 1805 bis 1814 ausserordentlicher, dann bis 1818 ordentlicher Professor des Rechts in Kiel war, ging in letztgenanntem Jahr nach Göttingen. H. R. Brinkmann ward 1819 von Göttingen nach Kiel berufen als Professor der Rechte. J. C. Hasse war von 1811 bis 1813 Privatdocent, ging dann nach Königsberg. Eine Darstellung der Verhältnisse im Jahr 1819 mit Rückblick auf die früheren Jahre gab Professor Twesten in den Kieler Beiträgen B. 1 Schleswig 1820 S. 310—398. Schon im Juni 1818 sprach, nach Twesten's Relation, das akademische Consistorium in Kiel bei Gelegenheit eines auf Allerhöchsten Befehl erstatteten Bedenkens über die seit der Wartburgsfeier [1]) zur Sprache gekommenen Bestrebungen der studirenden deutschen Jugend, namentlich der damals gerügten Vereinigungen und Zusammenkünfte seine Ueberzeugung offen und vertrauend aus. Es betrachtete die damaligen Ereignisse

---

[1]) Die Wartburgsfeier war am 18. und 19. des Siegesmonds (October) 1817. Vergl. Kurze wahrhafte Beschreibung des grossen Burschenfestes auf der Wartburg bei Eisenach am 18. und 19. des Siegesmonds 1817. Gedruckt in diesem Jahr.

als Wirkungen einer bedeutungsvollen Zeit, eines allgemein angeregten Geistes, einer besonders unter Jünglingen für jeden, den solcher Geist bewegte, nicht unerwarteten Begeisterung, von der freilich Ueberspannungen, besonders im glühenden Jugendalter, nie ganz zu trennen sind. — Es werde von den Studirenden selbst das Bedürfniss besserer Ordnung unter einander und eines rechtlicheren anständigen Verhältnisses zu andern Ständen laut und offen anerkannt, es werde ihrer eigenen Berathung, ihres vereinten Bestrebens würdig befunden und die feste Uebereinkunft der akademischen Bürger aller Universitäten, solche bessere Ordnung gleichzeitig geltend zu machen, schien jetzt kräftig in Anspruch genommen. Von solchem Sinne unterstützt und von der Zeit begünstigt darf, bei weiser Ein- und Mitwirkung deutscher Regierungen, ein erspriesslicherer Erfolg mit Grund erwartet werden, als dessen sich auch die überdachtesten Pläne zur Verbesserung des Universitätswesens bisher zu erfreuen hatten. — Die rechtzeitige Mitwirkung der Regierung schien dem Consistorio wichtig und dringend, denn es übersah die bedenklichen und gefährlichen Folgen nicht, die, wie unschädlich auch jetzt die Absicht und Richtung jener Zusammenkünfte der Studirenden sein möge, doch aus der Erweiterung und Ausdehnung derselben hervorgehen könnten, wenn nicht der Wirkungskreis und Spielraum dieses jugendlich freien einst vielleicht kühneren Strebens rechtzeitig begränzt würde. Im Mai 1819 wandte sich das akademische Consistorium wieder an die Kanzelei und theilte dieser ihre Ansichten über die Lage der Kieler Universität mit. Von dem angeblichen in politische und öffentliche Verhältnisse sich einmischenden Treiben der Studirenden sei in Kiel keine Spur. — Die Sinnesart, wegen welcher die Jenaische Burschenschaft beargwohnt worden, sei der hiesigen fremd, auch von derselben für die hiesige Universität sehr wenig zu besorgen, aus mehreren Ursachen, wohin gehöre die Lage Kiels, der Nationalcharacter, die Entfernung von den Gegenden früherer und leider noch nicht beendigter Unterdrückung. — Die hier Studirenden kennten überall in ihrer Umgebung ihre Landsleute nur in einem freiern Zustande, sie wären von ihren Lehrern und Andern schon lange eine freiere Sprache in Schriften über des Landes Angelegenheiten gewohnt. Eine fernere Ursache sei die Mischung der Stände hiesigen Ortes.

Das Consistorium lobte die von dem Grossherzog von Weimar der Bundesversammlung unlängst übergebene Erklärung, fand jedoch die von Weimar vorgeschlagenen Commissionen zur Visitation der Universitäten nicht angemessen.

Gegen die Darlegung, welche am 20. Septbr. 1819 in der fünfunddreissigsten Sitzung der deutschen Bundesversammlung über die deutschen Universitäten gegeben war, reichte das akademische Consistorium in Verbindung mit sämmtlichen Lehrern der Kieler Universität Sr. Majestät dem Könige eine Erklärung ein, um den Makel der Anrüchigkeit abzuweisen, es hob lobend die in Sr. Majestät Staaten bestehende Pressfreiheit hervor. — Am 13. Novbr. 1819 liess der König durch ein Rescript an den Curator die Universität Seiner Allerhöchsten Zufriedenheit versichern. „Was Wir schon bisher mit Allerhöchstem Wohlwollen bemerkt haben, dass die öffentlichen Lehrer dieser (Kieler) Universität sich mit Erfolg bestreben, wissenschaftliche Cultur unter den dort Studirenden zu verbreiten, so wie unter ihnen Ruhe, Gesetzmässigkeit und Ordnung zu erhalten, davon haben Wir aus Deinem Bericht gern die Bestätigung erhalten. Wir erwarten auch mit Zuversicht, dass die bei der Universität angestellten Lehrer das Vertrauen, mit dem ihnen die Bildung der studirenden Jünglinge übertragen ist, stets rechtfertigen werden."

Im Jahr 1819 bildete sich in Kiel eine Actiengesellschaft zur Anlegung einer Seebadeanstalt in der Nähe Kiels. Im April 1819 wandte sich das Consistorium an die Kanzelei, dass der Plan der neuen Anstalt auf den im Begriff einer Heilanstalt für Kranke liegenden Umfang beschränkt, die Concessionirung von Hazardspielen und öffentlichen Schauspielen nicht ertheilt werde. Das Verbot der Hazardspiele von 1753 war am 5. Juni 1816 auf das ganze Herzogthum Holstein ausgedehnt, aber dabei erklärt worden, dass es in Anschung der Stadt Kiel bei der Verfügung vom 7. Juni 1807, betreffend die Zulassung gewisser Hazardspiele während des Umschlags, sein Verbleiben behalte. Das Consistorium bat, diese Erlaubniss des Hazardspiels in Kiel aufzuheben.

Das von der Actiengesellschaft der Badeanstalt erbetene Privilegium des Hazardspiels ward nicht bewilligt, dem Consistorium das bis dahin geübte Recht der Einwilligung in Beziehung auf Schauspieler vorbehalten.¹) Das Hazardspiel ward durch Patent vom 24. Decbr. 1825 auch für Kiel während des Umschlags verboten.

Die Kieler Badeanstalt war 1822 am 24. Juni eröffnet worden. Pfaff erklärte in seiner Schrift: „Das Kieler Seebad, Kiel 1822", diese Anstalt als ungefährlich für die Universität. Dagegen wurden Erinnerungen im Sinne der Eingabe des akademischen Consistorii in Falck's Magazin B. 2 S. 531—536 erhoben, eine Gegenerinnerung gab Professor F. Hegewisch in demselben Magazin B. 2 S. 692—693, von den 262 Studirenden Kiels hätten nur zweiunddreissig den Saal des Badehauses besucht.

Schon gegen Ende des Jahres 1819 ward dem Freiherrn von Brockdorff, Canzler des holsteinischen höchsten Gerichts zu Glückstadt, die Curatel der Universität übertragen.²) Am 22. März 1831 ernannte der König den bisherigen Deputirten der Schleswig-Holstein-Lauenburgischen Kanzelei, Joh. Fr. Jensen, zum stellvertretenden Curator und ausserordentlichen Regierungsbeamten. Dem akademischen Consistorium ward aufgegeben, Berichte, die nicht von dem stellvertretenden Curator gefordert wären, so wie alle Anträge an den Curator zu senden, und dem stellvertretenden Curator Abschriften mitzutheilen. Auch als Freiherr von Brockdorff als Präsident des Oberappellationsgerichts in Kiel seinen regelmässigen Wohnsitz hatte, blieb Jensen stellvertretender Curator bis zu Brockdorff's Tode im Jahre 1839, er trat dann als Curator ein.

Im Jahre 1836 wurden nach vorangegangener längerer Untersuchung mehrere Kieler Studirende wegen burschenschaftlicher Verbindung mit der Relegation bestraft. Wir wenden uns zu bessern Ereignissen für unsere Universität.

Im Jahre 1823 ward Burchardi als Professor des Civilrechts berufen. Dem Doctoranden H. Ratjen ward schon für das Winter-

---

¹) Damals hatte Kiel kein stehendes Theater, es kam gewöhnlich nach ertheilter Einwilligung des akademischen Consistorii eine Schauspielergesellschaft zum Umschlag nach Kiel.

²) Zur funfzigjährigen Amtsjubelfeier Sr. Excellenz des H. K. Lorenz Grafen v. Brockdorff, Kiel 13. Novbr. 1839. Die Instruction ist freilich vom 13. Juni 1820 (System. Samml. IV. S. 861) aber die Ernennung ist früher erfolgt. Kieler Beiträge B. 1 Schleswig 1820 S. 389.

semester 18$\frac{23}{24}$ gestattet, Vorlesungen zu halten. Im Jahre 1823 trat J. Olshausen als ausserordentlicher, 1830 als ordentlicher Professor der orientalischen Sprachen ein. In demselben Jahre 1823 ward F. B. Köster zum ordentlichen Professor der praktischen Theologie berufen, Schreiter, der die Stelle bekleidet hatte, war 1821 gestorben. Nach Fr. Weber's Tode im Jahre 1823 ward 1824 Doctor Lüders zum Professor der Medicin und Director des Krankenhauses berufen, als ausserordentlicher Professor der Botanik und Director des botanischen Gartens trat 1826 E. F. Nolte ein. G. Ad. Michaelis, seit 1823 Privatdocent, ward 1841 ausserordentlicher Professor, und nach Wiedemann's Tode Vorsteher der Gebäranstalt und Hebammenanstalt. Er stand schon in Wiedemann's letzten Jahren diesen Anstalten vor, er starb 1848. Wiedemann war seit 1805 in Kiel, wirkte ausser seinem Fache durch naturhistorische Vorlesungen, starb 1840. Kr. Paulsen ward 1826 ausserordentlicher und 1842 ordentlicher Professor des Rechts, er las über das Recht der Herzogthümer und über das dänische Recht. Er ging 1848 nach Kopenhagen, starb 1854. Nach Dahlmann's Weggang nach Göttingen trat A. L. J. Michelsen 1829 als ausserordentlicher, 1837 als ordentlicher Professor der Geschichte ein, er folgte 1841 einem Ruf nach Jena.

Chr. G. Deckmann ward 1829 ausserordentlicher Professor der Anatomie und Chirurgie, 1833 ordentlicher Professor und Director des chirurgischen oder Friedrichshospitals, er starb 1837. Der Professor der Chirurgie, J. L. Fischer, seit 1793 Professor der Anatomie und Chirurgie in Kiel, war 1832 emeritirt. An Deckmann's Stelle trat 1837 G. B. Günther bis 1841. Franz Hegewisch, seit 1810 ausserordentlicher Professor in Kiel, war bis zur Umgestaltung des Friedrichshospitals in eine bloss chirurgische Anstalt Vorsteher und Arzt der medicinischen Abtheilung. (Ratjen, zum Andenken an Hegewisch in den Jahrbüchern B. 8 S. 271—291.) G. H. Ritter, seit 1819 Privatdocent der Medicin, 1826 ausserordentlicher, 1829 ordentlicher Professor, starb 1855.

P. W. Forchhammer, seit 1829 Privatdocent, ward 1836 ausserordentlicher, 1843 ordentlicher Professor der Archäologie, Vorsteher der Münz- und Kunstsammlung und Mitdirector des philologischen Seminars. Joh. Fr. Kierulff, 1831 Privatdocent in Kiel, 1834 ausserordentlicher, 1839 ordentlicher Professor, folgte 1841 einem Rufe nach Rostock. Als A. Twesten 1835 nach Berlin ging, ward A. L. F. Pelt ordentlicher Professor der Theologie. Chr. N. Th. H. Thomsen, seit 1833 Privatdocent in Kiel, ward 1841 ausserordentlicher, 1847 ordentlicher Professor der Theologie. K. P. M. Lüdemann, seit 1834 Privatdocent, ward 1839 ausserordentlicher, 1841 ordentlicher Professor der Theologie, er ist, seit Köster 1839 Kiel verlassen, Director des theologischen Seminars. H. A. Mau, seit 1834 Privatdocent, ward 1836 ausserordentlicher, 1839 ordentlicher Professor der Theologie neben Francke, Pelt und dem aus Tübingen berufenen J. A. Dorner, der 1843 nach Königsberg ging. Mau starb 1850 in der Cholerazeit. G. S. Francke, seit 1810 ordentlicher Professor der Theologie, war 1840 gestorben, J. Chr. Rud. Eckermann, von 1782 an ordentlicher Professor der Theologie, war ihm schon 1837 vorangegangen. Joh. Christiansen, seit 1832 Privatdocent in Kiel, 1843 ausserordentlicher, 1844 ordentlicher Professor des Rechts, starb 1854. G. Hanssen, 1833 Privatdocent, dann in Kopenhagen in der Generalzollkammer, ward 1837 ordentlicher Professor für politische Oekonomie und Statistik bis 1842. Emil Herrmann, 1836 ausserordentlicher, 1842 bis 1847 ordentlicher Professor in Kiel. W. Fr. G. Behn, seit 1835 Privatdocent, 1837 ausserordentlicher Professor der Anatomie und Physiologie, so wie Director des Zoologischen Museums, er nahm 1844 an der Reise der Galathea Theil. G. Ph. E. Kirchner, 1837 Privatdocent, erhielt 1853 eine ausserordentliche Professur der Medicin.

Theils kürzere, theils längere Zeit waren in Kiel mehrere jüngere Männer als Privatdocenten thätig, die dann einen anderen Weg wählten. Ich beschränke mich auf die vor dem Jahre 1840 Eingetretenen.

J. Asmussen, Theolog, 1835. M. Baumgarten, der 1835 in Kiel zum Doctor der Philosophie promovirt und 1837 in Berlin Licentiat der Theologie wurde, 1839—1846 Privatdocent. J. F. M. Bendixen, Theolog u. Philolog, von 1833—1835. R. Brodersen, Philolog, 1819. Bröcker, Historiker, 1839. J. Classen, Philolog, 1831. A. W. S. Francke, Jurist, 1830—1834. J. V. Francke, Philolog, 1815—1819. W. Grabau, Mediciner, 1836—1839. O. Jahn, Philolog, 1839—1842. C. T. Johannsen, Orientalist, 1831 bis 1833. F. Kindt, Mediciner, 1835. K. R. W. Klose, Theolog,

1832—1842. F. A. Löwe, Theolog, 1839. G. H. K. Mahr, Mediciner, 1832—36. D. A. F. Nissen, Philolog, 1835. H. F. A. Petersen, Jurist, 1832. L. Preller, Archäolog, 1833. A. Th. J. Schmid, Jurist, 1839—1848, 1853 ordentlicher Professor in Kiel, trat 1855 in das Ober - Appellations - Gericht in Kiel. Th. H. Schroiter, Philosoph und Theolog, 1834. v. d. Smissen, Philolog, 1836—37. M. H. Steffens, Jurist, 1819 - 1829. C. Tielle, Naturwiss., 1836 bis 1845. W. H. Valentiner, Mediciner, 1838 - 1856. L. Wienbarg, Philosoph, 1833—34.

Auch der Archidiaconus Klaus Harms, der 1834 von der philosophischen und theologischen Facultät zum Doctor ernannt wurde, hielt 1835 als Privatdocent Vorlesungen.

Der König Friedrich VI. starb im December 1839, Falck hielt am 16. Januar 1840 die Gedächtnissrede bei der Todtenfeier Seiner Majestät Frederik des Sechsten im grössern akademischen Hörsaale zu Kiel. Als Kronprinz trat Frederik VI. am 14. April 1784 in den Staatsrath, die Kieler Universität sandte nach funfzig Jahren zum 14. April 1834 dem verehrten Monarchen ein Glückwunschschreiben. Das Land, sagte Falck in seiner Rede, trauert um einen dahin geschiedenen König und Herrn, der in langen Jahren seine Völker mit Gerechtigkeit und Milde regierte, sich ihre Liebe und Dankbarkeit in so reichem Maasse erworben hat, wie sie unter denen, die auf Thronen sitzen, nur wenigen zu Theil werden. — Falck erinnerte in seiner Rede an die Rede, die der Historiker Hegewisch 1797 zum Andenken Andreas Peter von Bernstorff hielt. Die zweite ehrenvolle Zurückrufung Bernstorff's war, sagt Falck, das Werk des damals noch jugendlichen Kronprinzen. — „Damit begann jener schöne und glückliche Zeitraum in unserer neueren Geschichte, der nicht bloss eine Zeit des Friedens, sondern auch eine Zeit wahrer fortschreitender Entwickelungen in sehr vielen höchst einflussreichen inneren Staatsverhältnissen gewesen ist. — Die Vereinigung der getrennten Landestheile war bewirkt, als Frederik der Sechste in erster Jugend seine Bestrebungen dem Vaterlande zu widmen begann. Alles, was geschah, geschah dem vereinigten Ganzen zum Besten. — Durch die ganze Reihe der Veranstaltungen, die bis zum letzten Lebens-

Augenblick des verewigten Königs getroffen wurden, geht ein Geist wahrer Menschenliebe, ein Geist ächter Humanität. Wir können ihn auch den Geist der Freiheit nennen — er ist in seiner Hauptrichtung dahin gegangen, das Volk dieser Lande zum Genuss der Freiheit zu führen in allen seinen Lebensverhältnissen. Es ist darin ein stufenmässiger Gang wahrzunehmen: Die Befreiung des Bodens, die Befreiung des geistigen Verkehrs, die Befreiung der Person, Erschaffung eines nationalen Heeres durch die Abschaffung der Werbung, die Begründung allgemeiner politischer Freiheit für alle Stände, und neben diesem Allen geht eine ununterbrochene Fürsorge für Dasjenige, was die alleinige ächte Grundlage aller wahren Freiheit sein muss, die Fürsorge für die geistige Bildung aller Classen im Volke. — Wir erinnern an die frühere Gebundenheit des Bodens, — an die Gräuel des Menschenhandels in den transatlantischen Besitzungen, — an die Lasten der Leibeigenschaft, — an den früheren Zustand der Volksschulen. — Die Gelehrtenschulen des Landes und die Universität haben eine reichlichere Ausstattung gewonnen." – Falck hebt den höchsten gemeinschaftlichen Gerichtshof beider Herzogthümer, die gemeinsame Provinzialregierung hervor. „Den höhern Werth erhalten die Wohlthaten erst durch die Gesinnung und das Gemüth des Gebers und Helfers. Menschenfreundlichkeit ist der Charakterzug, welchen Alle in den grossen Veranstaltungen Seiner Regierung wie in den Aeusserungen und Handlungen Seines ganzen Lebens erkannten." —

Zur Krönungsfeier des Königs Christian VIII. hielt Professor Burchardi am 28. Juni 1840 die Festrede. „Kein Kundiger", sagt Burchardi, „kann verkennen, dass, was Seine Königliche Majestät für Norwegen gethan, dort die erspriesslichsten Folgen gehabt und sehr wesentlich die Entwickelungen der inneren Kräfte der Nation gefördert habe. Man darf sich darum freilich nicht dem verblendeten Wahne hingeben, dass, was dort heilsam gewesen, sich ohne Weiteres auch anders wohin verpflanzen lasse. — In wenigen Monaten ist Vieles eingeleitet, Vieles ausgeführt. — Die Geschichte lehrt auf jeder Seite, lehrt namentlich das Beispiel Joseph's II., dass es keinen Bestand hat und fast nur zu beklagenswerthen Resultaten führt, wenn ein Regent übereilt zu tief greifenden Reformen schreitet, ehe und bevor — — — —

Es liegt eine grosse Gewähr des Gedeihens der Herzogthümer wie der ganzen Monarchie darin, wenn Dännemark einen König hat, der auch unser König ist, wenn Dünnemark und die Herzogthümer in zwar ungemischter, aber auch ungetrennter Verbindung zusammenbleiben, ihre beiderseitigen Eigenthümlichkeiten ehrend und ihre verschiedene Staats- und Rechtsverfassung, überhaupt ihre politische Gestaltung organisch fortbildend, wie es seit 1460 geschehen ist. — Der Name der Schleswig-Holsteiner hat lange einen guten Klang gehabt. Allein man trifft jetzt manche zum Theil kurzsichtige Enthusiasten, welche den Namen zergliedern und die Schleswig-Holsteiner durch Erinnerungen an entschwundene Verhältnisse, die niemals wiederkehren können, nach Süden und Norden auseinander zerren möchten, damit am Ende das Land selbst auseinander falle. Darum wird es Bürgerpflicht, um so fester zusammenzuhalten und sich die Calamität der Zerreissung des durch Natur, Landesart, Verfassung und Recht eng Verbundenen zum klaren Bewusstsein zu bringen. — Vermeiden Sie (Studirende) darum auch im akademischen Leben jede noch so unerhebliche Spaltung, welche jenen verwerflichen Bestrebungen förderlich werden und den Keim bleibender Zwietracht legen könnte. Schon die Stellung unserer Universität enthält die Aufforderung dazu, da sie eine Schleswig-Holsteinische Universität ist, beruhend auf der Idee, dass die Herzogthümer ein Ganzes bilden, und berufen, den Geist zu nähren, der dies Ganze durchdringen soll."

Ich habe die beiden Freunde, den geschiedenen und den lebenden sprechen lassen, weil sie die Stimmungen der Universität aussprechen. Burchardi deutet offenbar auf die Neuholsteinische Parthei, welche glaubte, Holstein müsse sich nicht eng und enger mit einem nicht zum deutschen Bund gehörigen Lande verbinden, mit ihm eine Einheit erstreben, der nördliche Theil Schleswigs schwanke zwischen deutschem und dänischem Wesen. Ich darf hier auf die politischen Verhältnisse, die freilich auch die Universität berührten, nicht weiter eingehen. Ein ruhig urtheilender Mann hat kürzlich, freilich in anderm Zusammenhang, gesagt, „die politischen Verhältnisse nahmen die geistigen Kräfte der Bevölkerung in solchem Grade in Anspruch, dass darüber manche andere Interessen nicht in genügender Weise zur Geltung gelangen konnten."

Se. Majestät Christian VIII. hatte bei seiner Anwesenheit in Kiel im Jahre 1845 die Professoren vor seperatistischen Tendenzen gewarnt, wogegen sie sich später in einer allerunterthänigsten Vorstellung rechtfertigten.

Am 1. August 1848 ward die Curatel der Universität Professor Olshausen übertragen. Jensen starb im September 1848. Die Regierungen wechselten in den nächsten Jahren mehrfach; der provisorischen folgte am 22. October 1848 die gemeinsame bis zum 26. März 1849, zu dem Eintreten der Statthalterschaft, nach welcher die oberste Civilbehörde am 2. Februar 1851 eintrat bis zum 18. Februar 1852. Für das Herzogthum Schleswig ward am 25. August 1849 nach der Waffenstillstandsconvention vom 10. Juli 1849 eine Landesverwaltung ernannt.

Die provisorische Regierung verfügte am 17. Juli 1848, dass es zur Ertheilung akademischer Würden einer speciellen landesherrlichen Genehmigung nicht bedürfe. Von dem Departement der geistlichen und Unterrichts-Anstalten wurde am 16. Novbr. 1849 eine Bestimmung über die Ferienzeit bei der Universität erlassen. Beide Anordnungen blieben nicht in Kraft. Die 1834 für theologische und juristische Candidaten beider Herzogthümer angeordneten gemeinschaftlichen Amtsexamina hörten 1850 und 1852 auf. Am 21. Novbr. 1850 ward für Schleswig ein juristisches Amtsexamen angeordnet, welches 1851 bis 1856 einige Aenderungen erfuhr. Ein theologisches Candidatenexamen ward für Schleswig am 3. December 1852 bestimmt. In demselben Jahr ward für Schleswig eine besondere Obermedicinalbehörde ernannt.

Der ordentliche Professor der nordischen Sprachen und Literatur, Hauch, 1846 berufen, verliess Kiel im März 1848. Doctor Fr. Harms ward 1848 ausserordentlicher, 1859 ordentlicher Professor der Philosophie neben Chalybäus und Thaulow, folgte 1868 einem Ruf nach Berlin. Professor Griesinger war nur im Jahre 1849 Professor der Medicin in Kiel, auch Frerichs, 1850 berufen, ging 1851 nach Breslau. Der Professor der Chirurgie, Stromeyer, 1849 von Freiburg herberufen, ging 1854 nach Hannover. K. W. Nitzsch ward 1848 zum ausserordentlichen, 1858 zum ordentlichen Professor der Geschichte ernannt, folgte 1862 einem Rufe nach Königsberg. Planck ward 1850 zum Professor des Civil- und Criminalprocesses ernannt, er folgte 1867 einem Rufe nach München. Samwer und Baron R. v. Liliencron wurden 1850 zu ausserordentlichen Professoren ernannt.

Durch ein Rescript vom 12. Juni 1852 ward dem akademischen Consistorio mitgetheilt, dass theils wegen des Verhaltens in den verflossenen Jahren, theils wegen der Einsendung der ihnen Allerhöchst verliehenen Orden an eine insurrectionelle Regierung die Gesuche der Professoren Olshausen, Pelt, Ravit, Stein, Meyn, G. G. Nitzsch, Scherk und Chalybäus um Bestätigung ihrer Bestallung zur Allerhöchsten Gewährung nicht geeignet befunden worden. Professor Chalybäus ward 1854 wieder in Kiel als Professor angestellt. Den von der obersten Civilbehörde berufenen resp. bestallten Professoren: Stromeyer, Wieseler, Fricke, Karsten und Weber ward unter denselben Bedingungen, unter welchen sie berufen resp. bestallt worden, nach Ableistung des Homagialeides die Allerhöchste Bestallung zugesagt. Den übrigen seit März 1848 berufenen resp. bestallten Professoren: Planck, Litzmann, Behn, Harms, K. W. Nitzsch und J. Christiansen ward eröffnet, dass sie nach Ableistung des Homagialeides zu den Professuren Allerhöchst ernannt werden sollten, „welche sie bisher factisch bekleidet" hatten. Den übrigen Professoren wurde nach Ableistung des Homagialeides die Allerhöchste Confirmation der Bestallungen zugesichert. Samwer und Liliencron, die 1850 ernannt waren, traten wohl selbst zurück.

Nach Professor Olshausen's Entlassung war die Universität längere Zeit ohne Curator. Für die orientalischen Sprachen ward Dillmann aus Tübingen 1854 zum ausserordentlichen Professor ernannt, er ward 1859 ordentlicher Professor, folgte 1864 einem Rufe nach Tübingen. An Professor Pelt's Stelle ward Wieseler berufen, für Nationalökonomie, Finanzwissenschaften und Statistik trat 1854 Professor Seelig ein. Zimmermann ward 1853 für Staatsrecht aus Hannover berufen. An G. G. Nitzsch's Stelle trat 1854 G. Curtius, der 1862 einem Rufe nach Leipzig folgte. Götz ward Professor der Medicin und Vorsteher des Krankenhauses an Meyn's Stelle, er starb 1858. Weyer ward 1855 ausserordentlicher Professor der Mathematik, 1862 zum ordentlichen Professor ernannt.

Professor Joh. Christiansen starb, wie schon erwähnt wurde, im März 1854, Neuner ward in demselben Jahr Professor des

Civilrechts. A. C. J. Schmid's Eintritt ist schon oben bemerkt. Wilda ward 1854 von Breslau zum ordentlichen Professor für das deutsche Privatrecht, das Kirchenrecht und Holsteinisches Recht ernannt, er starb 1856. Die Professoren Müllenhoff und Thaulow wurden 1854 ordentliche Professoren, ersterer mehrjähriger Gehülfe der Universitätsbibliothek, ward 1846 ausserordentlicher Professor. Als er 1858 nach Berlin ging, trat Weinhold, aus Gratz berufen, in seine Stelle als Professor der deutschen Sprache und Literatur. Thaulow war seit 1846 ausserordentlicher Professor gewesen, ward 1854 auch Director des von ihm errichteten pädagogischen Seminars. Im Jahr 1855 ward Kammerherr Obristlieutenant Kauffmann zum Amtmann der Aemter Kiel, Cronshagen und Bordesholm, zum Curator und ausserordentlichen Bevollmächtigten der Kieler Universität, sowie zum Oberdirector der Stadt Kiel und zum Commissar für den benachbarten Güterdistrict ernannt. Die Instruction vom 9. Mai 1855 [1]) wiederholt grossentheils frühere Bestimmungen, z. B. der Curator hat es zu begünstigen, dass Privatdocenten von allen Facultäten auf eine den Statuten gemässe Weise Vorlesungen halten, und Repetitoria, Examinatoria und Disputirübungen mit den Studirenden anstellen. Am Schluss jedes halben Jahres hat der Curator ein nach den Angaben der einzelnen akademischen Lehrer zu entwerfendes Verzeichniss über diejenigen von den angekündigten Vorlesungen, welche gehalten worden, unter Anführung der Gründe, weshalb eine Vorlesung unterblieben ist, — so wie der Anzahl der Zuhörer in jedem Collegio — einzusenden. Der Curator hat jedes Jahr den Zustand sämmtlicher akademischen Kassen zu untersuchen u. s. w. Am 15. December 1855 ward ein Statut für das pädagogische Seminar auf der Universität zu Kiel erlassen.[2]) Im Jahre 1861 trat, nach dem Rücktritt des Kammerherrn Kauffmann, der Kammerherr A. C. D. L. E. Graf von Reventlow in die Aemter desselben ein. In den Jahren 1862 und 1863 wurden Berathungen gehalten zur Herstellung eines neuen Universitätsgebäudes, welches zu dem Zweihundertjährigen Jubiläum (am 5. October 1865) der Universität

---

[1]) Gedruckt im Gesetz- und Ministerialblatt 1855 S. 117 u. f.
[2]) Gesetz- und Ministerialblatt 1855 S. 877.

geschenkt werden sollte. Professor Thaulow war sehr thätig, um in den Herzogthümern Sammlungen für diesen Bau zu bewirken.[1]) Es wurden im Lande Local-Comit's, dann ein Central-Ausschuss, ein geschäftsführender Ausschuss gebildet. Es ward vielfach über den Bauplatz verhandelt, ob der Dreieckplatz bei der Fleethörn, ein Theil des Schlossgartens, der sogen. hortus medicus in der Nähe der Klosterkirche am kleinen Kiel, oder der von der Stadt gratis angebotene Waisenhof zu wählen und zu erbitten sei. Für den letztern Bauplatz, der ohne Kosten zu erlangen war, stimmten Wenige. Der König bewilligte einen Theil des Schlossgartens. Gegen den sogen. hortus medicus am kleinen Kiel ward erinnert, dass die Herstellung desselben zum sichern Bauplatz manche Kosten erfordern werde, dass das zur Unterstützung dürftiger Studirender von dem Stifter der Universität errichtete Convikt, bei Errichtung eines monumentalen Universitätsgebäudes bei der Klosterkirche, entschädigt werden müsse. Das ehemalige Conviktgebäude, Haus und Stall, so wie der Conviktgarten, sind zum Besten der milden Stiftung vermiethet. Würde der Platz in der Nähe der Klosterkirche gewählt, so müssten diese Besitzungen des Convikts, so wie die Pedellenwohnung, die Buchbinderwohnung, mit verwandt werden, die Universität selbst würde die Miethe des 1855 wieder erlangten ehemaligen botanischen Gartens verlieren. Um diesen Platz am kleinen Kiel und das Gebäude daselbst zugänglich zu machen, würden mehrere dort befindliche Privathäuser und Gärten angekauft werden müssen. Die Verhandlungen kamen nicht zum Schluss, der Vorschlag des Ausschusses der Studirenden, das gesammelte zum Bau nicht ausreichende Geld der Regierung zu geben und ihr die ganze Bauangelegenheit zu überlassen, ward nicht angenommen. Es wurden Baurisse gemacht, die Zahl der Auditorien bestimmt. Das Gebäude sollte ausser den Hörsälen und den Wohnungen für die Pedellen und den Auditorienwärter, wo möglich, die Sammlung der Alterthümer aufnehmen. Man wollte, wie mir scheint, zu Grosses für die kleine Universität.

---

[1]) Thaulow, das bevorstehende Zweihundertjährige Jubiläum der Kieler Universität, Kiel 1861, und die Feierlichkeiten bei der Einweihung der Kieler Universität, Kiel 1862.

Die Bundescommissare übertrugen 1864 die Curatel dem Professor Planck, er ward im Juni 1866 dieses Amtes enthoben. Durch Allerhöchste Ordre vom 8. Juli 1868 ward das Curatorium dem Oberpräsidenten Freiherrn von Scheel-Plessen als Nebenamt übertragen.[1]) Vor dieser Ernennung war nach Allerhöchstem Auftrag durch Mittheilungen des Oberpräsidii vom 28. Juni und 5. Juli 1866 bestimmt worden, welche Angelegenheiten das Oberpräsidium zu entscheiden und welche dem Rector überlassen seien, wie die Conferirung des Convikts. Am 22. Mai 1867[2]) ward eine Verfügung wegen des Urlaubs der Professoren erlassen. Der Rector der Universität, die Vorsteher von Instituten, die Mitglieder des engeren Consistorii bedürfen auch während der Ferien zu Reisen Urlaub, den der Curator auf vier Wochen bewilligen kann. Wegen eines mehr als ein und ein halbjährigen Urlaubs erfolgt, wenn nicht Krankheit der Grund ist, ein Abzug vom Gehalt.

Eine Anordnung vom 19. October 1867 erleichterte den Uebergang in die neuen Verhältnisse für die Medicin Studirenden

Dass auf der Kieler Universität nicht so Viele die Rechte studiren, wie früher, liegt wesentlich in den veränderten Aussichten der Juristen; der Weg ist, im Verhältniss zu früher, lang und das Ziel für die meisten geringer. Um über eine Universität zu urtheilen, muss man die gegebenen historischen Verhältnisse kennen. „Unsere alma mater", sagt Dillmann von Giessen,[3]) „hat schon schwerere Stürme überstanden, sie wird auch über die jetzigen Missstände hinwegkommen." Das gilt auch von Kiel. Aller Uebergang ist schwer; ferner hat die jetzige Zeit manche besondern Schwierigkeiten. Die classische Bildung wird von Manchen als das Lebenslicht angesehen, von Andern für mehrere Fächer als so ziemlich überflüssig betrachtet. Die technischen Berufsarten haben eine grosse Anziehungskraft. „Wer wirklich", sagt derselbe Dillmann, „nach Sachkenntniss von der Hochschule spricht, wird den kleinern Hochschulen ihre besondere Bedeutung für den Unterricht und damit auch ihre Berechtigung nicht absprechen." Auf grossenUniversitäten sind die praktischenUebungen

---

[1]) Stichl, Centralblatt 1868, S. 458. 509.
[2]) Statut. II. 353.
[3]) Dillmann, von der Hochschule und den Hochschulen, Giessen 1869.

für Mediciner, Chemiker u. s. w. so überfüllt, dass der Einzelne sich verliert und weniger Gelegenheit hat zu lernen, als auf einer kleinen Universität, wo der Zudrang geringer ist.

Ich will kein Loblied der Kieler Universität anstimmen, aber ich glaube, man darf nicht zu rasch aburtheilen, nicht alles Alte verurtheilen. Die Universität hat viele innere und äussere bella bestanden, die Uneinigkeiten der Landesherren, die Streitigkeiten über Deutsch und Dänisch, über den alten und neuen Glauben, über die Adler'sche Agende von 1797 u. s. w. haben kein Heil gebracht, aber sie waren durch die Verhältnisse gegeben. Dass den Herzogthümern Schleswig und Holstein die Kieler Universität nicht gleichgültig ist, bedarf wohl keines Beweises. Wenn der Aufenthalt in Kiel auch nicht wohlfeil ist, so giebt es doch für die Eingebornen der Herzogthümer manche Gründe, Kiel andern Universitäten vorzuziehen. Bekanntschaft und Verbindung mit Kieler Professoren und Einwohnern Kiels werden die Väter der Studirenden bewegen, ihre Söhne nach Kiel zu senden. Auch dürfte doch die Universität für die Provinz andere Vortheile bringen, als dass einige Landeskinder in Kiel gebildet werden; die nahe Universität fördert den geistigen Verkehr. Eine Berechnung, die Kieler Universität kostet ... Rthlr., also dividirt durch die Studentenzahl, kostet jeder Studirende ... Rthlr., giebt allerdings eine erschreckende statistische Zahl, aber es giebt doch Grössen, welche nicht so statistisch berechnet werden können. Auch dürfte in Betracht zu ziehen sein, dass die Krankenhäuser und andere Anstalten, wie die Universitätsbibliothek nicht bloss der Universität zum Besten dienen. Niemann erinnerte in seiner Rede bei der Feier der funfzigjährigen Wiedervereinigung Holsteins, Kiel 1823, S. 19, an die Stiftung der Universität Leyden: „Ohne Zweifel", sagte er, „bestimmte nicht des Gewerbes und Umsatzes Gewinn, sondern Höheres und Aedleres bei solchen Bürgern die Wahl." „Möge die Hochschule", sagt Niemann, „mehr noch als durch die Zahl und den Anwachs ihrer jungen Bürger durch die treue Pflichtübung ihrer Lehrer, durch ernstes wissenschaftliches Streben und ächte Bildung ihrer Söhne — die grossen Hoffnungen erfüllen, die das Vaterland ihr anvertraute! — Sie bedarf der glänzenden Ausstattungen und ihres Geräusches nicht, um der Lieblingsort des Landes, sie entbehrt ihrer gern, um die stille, friedliche Zuflucht der Weisen zu sein." So sprach der biedere Niemann.

Nicht bloss für Kiel dürfte ein Wort Dahlmann's, wieder gedruckt in Falck's neuem Magazin B. 2 S. 919, wichtig sein, er wünscht in den Lehrvorträgen „Verminderung der Stoffhaltigkeit, wie die Büchermasse des Zeitalters solche längst gestattet, und Benutzung jedes Anlasses zur selbstthätigen Beschäftigung des Studirenden; denn es ist der Natur der Dinge zuwider, dass das zur Thatkraft am meisten ausgerüstete Alter lediglich auf ein jahrelanges Empfangen angewiesen sei." Es dürfte dies wohl zunächst auf historische und juristische Fächer anzuwenden sein.

In den Ländern, die eigene Gesetzbücher haben, wird ein tieferes Studium des Römischen Rechts schwer zu erreichen sein. Die Mediciner und die Naturwissenschaften Studirenden kommen meistens eher zur eigenen Thätigkeit, als die Juristen und Theologen. Seminare können auf kleinern Universitäten leichter wirksam sein, als auf grössern.

Die Veränderungen in dem Lehrerpersonal sind in den Chroniken und indices der Universität angegeben. Ich gebe darnach die eingetretenen Aenderungen und bemerke nur, dass es bis gegen Ende des Jahres 1869 an der Kieler Hochschule keine Habilitation gab. Den Wechsel der Lehrer zeigen auch die angehängten Tabellen. J. F. A. Esmarch, seit 1850 Privatdocent und seit Stromeyer's Weggang im Jahre 1854 Vorsteher des chirurgischen Hospitals, ward 1857 ordentlicher Professor. Professor G. Dietzel, 1862 an Girtanner's Stelle zum Professor des Römischen Rechts berufen, starb im April 1864, an seine Stelle trat Professor Bechmann. Doctor Friedlieb, seit 1848 Privatdocent, im August 1864 ausserordentlicher Professor für Schleswigsches Recht, starb 1866. Professor Junghans, 1862 an K. W. Nitzsch's Stelle, der nach Königsberg ging, zum ordentlichen Professor der Geschichte berufen, starb im Januar 1865. An seine Stelle ward 1868 Professor Usinger von Greifswalde berufen. Professor Colberg, 1864 an G. Müller's Stelle zum ausserordentlichen und 1865 zum ordentlichen Professor der pathologischen Anatomie ernannt, starb 1868. An seine Stelle trat Professor Cohnheim. An G. Curtius Stelle, der 1862 einem Rufe nach Leipzig folgte, trat O. Ribbeck als Professor der Eloquenz, der classischen Literatur und Mitdirector des philologischen Seminars. Der Professor der exegetischen Theologie, Wieseler, ging 1863 nach Greifswalde, statt seiner wurde Professor Weiss von Königsberg berufen. Als im Jahre 1865 Professor Fricke einem Rufe nach Leipzig gefolgt war, trat an seine Stelle der von Wien berufene Professor Lipsius. An Professor Roth's Stelle, der hier seit 1858 ordentlicher Professor für deutsches Privatrecht, deutsche Staats- und Rechtsgeschichte und holsteinisches Recht war, aber 1863 nach München ging, trat Professor Hänel. Im Jahre 1864 ging der Professor der Physiologie, Panum, nach Kopenhagen, an seine Stelle trat der bisherige Privatdocent Hensen als ausserordentlicher, 1868 als ordentlicher Professor. Doctor Nöldeke ward 1864 von Göttingen zum ausserordentlichen Professor der orientalischen Sprachen berufen, 1868 ordentlicher Professor. Nach Professor Molbech's Weggang im Jahre 1864 ward Th. Möbius 1865 von Leipzig zum Professor für die Nordischen Sprachen und Literatur und zum Lector der dänischen Sprache berufen. Molbech war von 1853 bis 1858 ausserordentlicher Professor der dänischen und nordischen Literatur, von 1858 an ordentlicher Professor. Die eingetretenen Verhältnisse machten seine Lage hier schwierig, er schrieb vor seinem Weggang eine kleine Schrift zur Verwahrung: Einige Worte. 30. April 1864. Professor Frhr. v. Gutschmid, 1866 zum ordentlichen Professor der Geschichte ernannt, war seit 1863 ausserordentlicher Professor. Als Harms 1867 nach Berlin ging, trat an seine Stelle 1868 Dilthey, der von Basel berufen wurde. Professor Behn ward auf seinen Wunsch 1867 pensionirt, die Zoologie übernahm Professor K. Möbius, der aus Hamburg berufen wurde, die Anatomie Professor Kupffer, der hier 1866 Privatdocent, früher in Dorpat Professor war. Professor Planck folgte 1867 einem Rufe nach München. Professor Dove, 1865 von Tübingen berufen, ging 1867 nach Göttingen. An seine Stelle trat P. Hinschius. Professor von Treitschke, 1866 berufen, verliess Kiel 1867 wieder. In letzterm Jahre ward Professor Wieding von Greifswalde berufen. Professor John, 1868 zum Professor des Criminalrechts, des Criminalprocesses und des Preussischen Rechts ernannt, ging 1869 nach Göttingen. Im Jahre 1868 ward Professor Klostermann in die hiesige theologische Facultät als ordentlicher Professor berufen, Professor Zirkel zum ordentlichen Professor der

Mineralogie und Geologie ernannt. Diese Fächer waren bis dahin mit der Physik vereinigt.

Der Privatdocent C. Völckers ward 1866 zum ausserordentlichen Professor und zum Director der Klinik für Augen- und Ohrenkrankheiten ernannt, der Privatdocent und Medicinalinspector Bockendahl zum ausserordentlichen Professor für gerichtliche Medicin und Geschichte der Medicin, Doctor Handelmann zum Professor und Conservator der vaterländischen Alterthümer, Doctor Groth zum Professor, so wie im November 1869 der Privatdocent Jürgensen zum ausserordentlichen Professor.

Die Universität hat jetzt (November 1869) zwei Privatdocenten der Jurisprudenz, die Doctoren Vöge und Schütze, letzterer war bis 1866 Professor in Kopenhagen, sechs medicinische Privatdocenten: P. Jessen, P. W. Jessen, A. Ritter, K. Seeger, G. Edlefsen, für den zur Nordpolreise beurlaubten Doctor Pansch, Prosector, J. C. Dähnhardt, Assistent beim physiologischen Laboratorio, vier in der philosophischen Facultät: Alberti, Jacobsen, Assistent im chemischen Laboratorio, Voss, Assistent bei dem zoologischen Museum, und Behrens. Handelmann und Groth haben den Titel Professor. P. W. Jessen war bis 1845 Arzt der Irrenanstalt in Schleswig mit dem Titel Professor, er errichtete bei Kiel die Irrenanstalt und übernahm es, Vorlesungen in Kiel über Psychiatrie zu halten. Fischer-Benzon hat Kiel verlassen.

Lector der französischen Sprache ist der geborne Schweizer Sterroz, der englischen Sprache Pastor Heise. Lehrer der Reitkunst ist P. W. von Balle, der Zeichnenkunst Fr. Loos, der Fechtkunst G. Brandt.

2. Kanzler und Prokanzler.

Dass der Kanzler, nach ursprünglicher Einrichtung, von Seiten der Kirche die gelehrten Anstalten beaufsichtigte, namentlich die licentia docendi von seiner Zustimmung abhing, darf wohl als unzweifelhaft angesehen werden. (V. A. Huber, die englischen Universitäten B. 1 S. 16 u. folg.) Die Rede, welche der Kieler Professor H. Muhlius am 5. April 1714 de dignitate et officio procancellarii in academia Kiliensi hielt, giebt keine genügende Aufklärung, die sich aber in Christiani's Programm findet, welches 1788 nach dem Tode des Kanzlers Joh. Andreas Cramer erschien unter dem Titel: „Nachricht von der Würde eines akademischen Kanzlers und Prokanzlers, vorzüglich in Rücksicht auf die Königliche Universität zu Kiel." Der Stifter dieser Hochschule hatte sich die Kanzlerwürde vorbehalten, er, wie seine Nachfolger, in der Regierung ernannten einen der Professoren zum Prokanzler, welcher bei Doctorpromotionen die landesherrliche Genehmigung zu erklären, für Aufrechthaltung der landesherrlichen Verfügungen, für das Wohl und die Ordnung der Universität zu sorgen hatte.[1]) Das Amt ward nach der ursprünglichen Einrichtung auf zwei Jahre ertheilt. Der Theolog P. Musäus ward 1666 Prokanzler, und 1668 wieder auf zwei Jahre. Im Jahre 1675 ward der Professor der Rechte B. Schultz Prokanzler und blieb es bis zu seinem Tode, 1688 ward Christian Kortholt bis auf fernere Verordnung Prokanzler. Nach einer Verfügung von 1725[2]) sollte das Prokanzellariat alle zwei Jahre abwechseln zwischen den primariis der beiden ersten Fakultäten. Diese Verfügung veranlasste manche Streitigkeiten. Professor Muhlius sagt in der genannten Rede: cum cancellarii vices in hac universitate publice ac perpetuo ego sustineam. Der Jurist Harprecht von Harprechtstein erstritt sich, unter Berufung auf die Verfügung von 1725, das Prokanzellariat, welches von 1728 an, als Harprecht Kiel verlassen hatte, wieder Muhlius bis zu seinem Tode im Jahre 1733 verwaltete. Ein Salar soll nach der Bestimmung von 1725 mit dem Amt nicht verbunden sein, jedoch bezog Professor Dorn einige Jahre jährlich als Prokanzler 200 Rthlr., die er 1758 zurückzahlen musste. Eine alle zwei Jahre wechselnde Behörde konnte nicht von grossem Einfluss sein. Im Jahre 1774 ward der Theolog Joh. Andr. Cramer beständiger Prokanzler, nach dem Tode des Curators, des Grafen D. Reventlow, ward Cramer zum Kanzler ernannt, auch wurden ihm bis weiter die Curatelgeschäfte übertragen.

Seit 1788 hat die hiesige Universität weder Kanzler noch Prokanzler gehabt. Sie wandte sich, wenn sie einen Curator

---

[1]) In dem Rescript vom 17. Februar 1701 und dem Reglement vom 27. Januar 1707 wird dem Prokandlor aufgegeben, auf Befolgung dieser Anordnungen zu halten.
[2]) Handschrift S. H. S. 545.

hatte, an diesen, wenn nicht, an die höchste Behörde des Landes, welche bis zum 20. September 1806 deutsche Kanzeley, sodann Schleswig-Holsteinische Kanzeley und seit dem 3. August 1816 Schleswig - Holstein - Lauenburgische Kanzelei hiess. Durch die Ereignisse des Jahres 1848 gingen die Geschäfte über an den Minister der geistlichen und Unterrichts-Angelegenheiten und später an die Minister für Holstein und für Schleswig, da beiden die Universitäts-Angelegenheiten zugewiesen waren.

3. Rector und Prorector.

Bis zum 3. Septbr. 1808 waren die Landesherren Rectoren. Auf den Diplomen der Doctoren ward der Landesherr Christianae Albertinae rector et cancellarius magnificentissimus genannt, seit 1808 heisst es: sub auspiciis augustissimis —.[1]) Das Prorectorat soll nach den Statuten vom 2. April 1666 einer der Professoren führen, es sei denn, dass der Landesherr einer fürstlichen Person, die sich studiorum gratia auf der Universität aufhalten möchte, solche Ehre gönnen und ad tempus geben wolle. Sonst soll das Prorectorat alle halbe Jahr und zwar am fünften April und fünften October wechseln, und zuerst der erste Theolog, dann der erste Jurist, darauf der erste Mediciner, dann der erste in der philosophischen Fakultät das Prorectorat bekleiden, dann der zweite Theolog u. s. w. Die Professoren sollen nach dieser Ordnung den Prorector wählen, wenn sie nicht sehr erhebliche Ursachen zur Abweichung haben. Gewählt kann nur werden, wer auf der Kieler oder auf einer andern Universität wenigstens zwei Jahre in publico munere professorio gewesen. Nicht wählbar ist, wer das Amt bereits zum Schaden und Nachtheil der Universität geführt hat. Nach der Wahl ist die landesherrliche Confirmation des Gewählten zu erbitten. Wer nicht zu rechter Zeit das Amt seinem Nachfolger übergiebt, soll durch die vier Dekane erinnert werden, und wenn dies nicht hinreicht, für jede achttägige Zögerung dreissig Thaler Strafe geben, von der die eine Hälfte der Universitäts-Bibliothek, die andere dem Nachfolger zufällt. Die Uebertragung des Protectorats soll öffentlich

---

[1]) Systemat. Samml. IV. S. 399 und S. 444.

sein. Bevor der Prorector über die Einnahmen und Ausgaben seines Amtes an Inscriptionsgeldern und Mulcten Rechnung abgelegt hat, darf er die Stadt nicht verlassen. Nach einer Constitution des Herzogs vom 23. April 1666 soll, wenn der fünfte April oder der fünfte October auf einen Festtag oder Sonnabend fällt, an dem vorhergehenden Tage die Uebertragung des Prorectorats stattfinden.[1]) Vorher soll durch ein Programm zu der Feierlichkeit eingeladen werden. Die Professoren sollen sich um 8 Uhr in dem akademischen Gebäude versammeln, um 9 Uhr zur Kirche gehen, wo der abgehende Rector eine Rede zu halten, den neuen zu beeidigen und ihm die Insignien der Universität zu übergeben hat. Der Universitätssecretär soll die akademischen Gesetze verlesen. Darnach hält der neue Rector eine Rede.[2]) Aus der Rede, die Muhlius 1714 beim Abgang des Prorectorats hielt, sehen wir, dass die Verlesung der akademischen Gesetze damals nicht mehr stattfand. Muhlius übergab dem Professor Schöpffer, Nachfolger in der Würde, den Purpurmantel, die Insignien, zwei Scepter und zwei Schlüssel, die Sammlung der Universitätsgesetze, das akademische Album und Siegel. Alle Musik untersagte beim Prorectoratswechsel ein Rescript vom 3. October 1778. Durch ein Königliches Rescript vom 5. Januar 1798 ward die Zeit des Rectoratswechsels auf den 5. März und 5. September gesetzt, weil die früher bestimmten Tage in die Ferien fielen. Am 8. März 1805 ward der jährliche Wechsel am 5. März vorgeschrieben und ein Gehalt von 100 Rthlr. Cour. aus der akademischen Casse angeordnet. Der Rector behielt die Theilnahme an den Inscriptionsgeldern und die früher angeordnete Lieferung von zwei Faden Holz.[3])

---

[1]) Handschrift der Kieler Universitätsbibliothek S. H. 175 A III S. 99—101 und S. H. 179 A Bl. 37. 38.

[2]) Die Rede, welche der Theolog Muhlius am 5. October 1713 de libertate academica beim Antritt des Prorectorats, so wie die oratio de dignitate et officio procancellarii in academia Kiliensi, welche derselbe am 5. April 1714 beim Abgang hielt, ist in dessen Dissertationes Kiliae 1715 p. 209 und 313 gedruckt.

[3]) Das Gehalt des Rectors ward später zu 400 Rbthlr. oder 250 Rthlr. Cour. erhöht, seit 1868 beträgt es 500 Thlr. Von den Zinsen des Qualen'schen 1722 gestifteten Stipendii bezieht der Prorector den sechsten Theil. Das Capital beträgt 1000 Rthlr. Cour.

Im Jahre 1806 ward dem Prorector die Wirksamkeit des Pfalzgrafen entzogen, bis 1808 führte, wie erwähnt, der Landesherr den Titel rector, von da an der bisherige Prorector. Am 24. April 1818 erging die Vorschrift, dass nur Rector sein kann, wer zwei Jahre lang Mitglied des akademischen Consistorii gewesen. Im Jahre 1839 am 16. Juli trat eine neue Anordnung ein, statt der frühern nur nominellen Wahl ward eine wirkliche vorgeschrieben von und aus sämmtlichen ordentlichen Professoren, jedoch ist nur derjenige wahlfähig, welcher bereits vier Jahre Sitz im Consistorio gehabt und ein Dekanat verwaltet hat. Bei der Wahl wird durch Zettel mit dem Namen des Gewählten gestimmt, wer die absolute Majorität der Stimmen der Anwesenden erhält, ist gewählt. Die Wahl ist so zeitig vorzunehmen, dass die höhern Orts nachzusuchende Bestätigung im Anfang des September erfolgt sein kann. Nach der erfolgten Bestätigung tritt der Gewählte in's engere Consistorium. Der Uebergang des Rectorats ist in den letztern Jahren nicht mehr durch Reden des alten und neuen Beamten gefeiert, sondern in dem engern Consistorium vorgenommen. Nach Antritt seines Amtes leitet er als Präses die Verhandlungen des akademischen Consistorii, die Studirenden werden bei ihm inscribirt und erhalten, nach gegebener Beeidigung, später Verpflichtung durch Handschlag, den Gesetzen für Studirende gehorsam zu sein, die Matrikel, welche für sechs Jahre gilt. Durch Schreiben des Curatelcollegii vom 10. December 1772[1]) ward die für die Matrikel von den Novizen zu zahlende Summe herabgesetzt und bestimmt, dass ein Bürgerlicher, nicht, wie früher, sieben Rthlr., sondern fünf, ein einfacher Adliger zehn, ein Baron funfzehn, ein Graf zwanzig Rthlr. Cour. zu zahlen habe. Diese Ungleichheit ward 1851 aufgehoben. Jeder zahlt fünf Rthlr. Cour., von denen die philosophische Fakultät als Depositionsgebühr zwei Rthlr., der kleine Fiskus, den der Rector verwaltet, zweiunddreissig Schill., die Pedellen einen Rthlr., die Universitätsbibliothek einen Drittel Rthlr. Cour. erhält. Bei der Immatriculirung der sogen. Veteranen, die schon auf einer andern Universität inscribirt waren, wird nichts für die philosophische Fakultät gezahlt, es sind also

---

[1]) Statut. I. 735—737.

zwei Rthlr. weniger zu erlegen. Eine Ungleichheit in der Zahlung der Honorare ward am 5. November 1822 [1]) aufgehoben und bestimmt, dass es den künftig in Kiel anzustellenden Lehrern nicht gestattet sein solle, von den in Kiel studirenden Grafen ein höheres Honorar zu fordern, als von andern daselbst Studirenden. Mit der Inscription oder der Ertheilung der Matrikel hing die Deposition zusammen, die früher allgemein üblich war. Nach den Statuten vom 28. April 1666 war der Pedell zugleich Depositor. [2]) In den Statuten der philosophischen Fakultät, welche die Deposition durch den Depositor besorgen liess, heisst es: [3]) more in aliis academiis usitato depositionem instituto depositor — nimis obscoena omitto depositor, neque injuriis verbalibus aut realibus onerato deponendos — nulla depositio legitima esto nec tertimonio confirmetur nisi in praesentia aut praescitu professoris vel decani peracta. — Ante depositionem vel ea finita depositor cum deponendis vel depositis academiae prorectorem magnificum accedito, utque et ibi pro inscriptione et in decani absolutorisve aedibus solvenda solvant, carato.

Bekanntlich bestand die Deposition [4]) darin, dass der Depositor in lächerlicher Kleidung die Bachanten oder Beanen (die sogen. Novizen oder die Studien Beginnenden) mit lächerlichen Anzügen ausrüstete, ihnen Hüte mit Hörnern u. s. w. aufsetzte. Der Depositor schlug die deponendi mit Klei oder Sand, behobelte anscheinend die Schultern und die Nägel, reinigte die Ohren, riss die Bachantenzähne aus u. s. w. Luther und Andere suchten diese für uns auffallende, unpassende Sitte zu deuten: die Seele müsse so gereinigt werden, wie der Körper der Deponirten von allen Unsauberkeiten befreit werde. Gleich nach der Einweihung der Universität wurden am 6. October 1665 im Beisein des Herzogs einige Bachanten deponirt. [5])

---

[1]) Statut. II. S. 249—250.
[2]) Handschrift S. II. 176. S. 47. 48.
[3]) Handschrift S. II. 179 A. Bl. 36. S. II. 177. S. 1. 2.
[4]) Meiner's Göttingische akademische Annalen B. 1 S. 127. Fr. Zarncke, die deutschen Universitäten im Mittelalter, Beitrag 1 S. 1—10 u. S. 227. Chronik der Kieler Universität 1856 S. 13.
[5]) Bericht von den Processionen, Schleswig 1665 S. 19.

Der Dekan der philosophischen Fakultät hatte ein besonderes Album oder Protokoll der Deponirten zu führen. Am sechsten October 1665 wurden hiernach 88 Studirende deponirt. Auf unserer Universität wurde bis zum Jahre 1797 dieses Protokoll geführt, vom 12. April bis 10. Mai 1797 wurden in dasselbe 32 eingetragen,[1]) die wirkliche Deposition wird wohl früher erloschen sein. Die Gebühren für die philosophische Fakultät erhob der Rector bei der Immatriculation. Neue Depositionsscheine liess die Fakultät noch 1773 jedoch ohne den Namen des Königs drucken, weil derselbe sich noch nicht als rector magnificentissimus erklärt hatte.

Nach der Verordnung vom 7. November 1781 (Systemat. Samml. IV 433) sollen neu angekommene Studirende binnen acht Tagen nach ihrer Ankunft in Kiel sich zur Immatriculation melden. Unter Umständen kann der Zögernde zur Zahlung doppelter Inscriptionsgebühr verpflichtet werden.

Die Ertheilung einer Matrikel war, nach einem Rescript vom 5. Juni 1789, dadurch beschränkt, dass kein Seminarist des Kieler Schullehrerseminars ohne Zustimmung der Direction desselben bei der Kieler Universität immatriculirt werden sollte. Dieses Schullehrerseminar ist längst eingegangen, im Jahr 1839 ward ein Schullehrer-Seminar in Segeberg errichtet. Nach der Landmilitärordnung vom 1. August 1800 § 19 und einer Verfügung vom 22. Januar 1828 (Systemat. Samml. IV S. 532) sollen die Landmilitärpflichtigen nur dann bei der militärischen Aushebung vorläufig übergangen werden, wenn sie sich der Prüfung bei der philosophischen Fakultät, welche für die Conviktoristen vorgeschrieben, unterwerfen und den Charakter würdig erhalten haben. Die Militärbehörde wird gewöhnlich mit einem Zeugniss des Rectors, dass der Betreffende studire, zufrieden gewesen sein. Für diese und alle Prüfungen, die nicht zum Zweck der Erlangung eines akademischen Stipendii abgehalten werden, können nach Rescript vom 12. Decbr. 1806 (Systemat. Samml. IV 471) 10 Rthlr. Cour. verlangt werden. Bei der Vorschrift für Landmilitärpflichtige ward vorausgesetzt, dass eine Vorbildung zur Universität nöthig sei, um bei der Ziehung

---

[1]) Handschrift S. H. 177.

übergangen zu werden. Im Jahre 1854 ward die Verpflichtung zum Militärdienst mit der Befugniss, einen Stellvertreter zu stellen, allgemein angeordnet.

Für den Rector lag keine Befugniss vor, Diejenigen, welche sich zur Immatriculation meldeten und keine Schulbildung hatten, abzuweisen. Allerdings war durch das Normativ vom 9. Decbr. 1857 eine Maturitätsprüfung der Abiturienten auf den höhern Lehranstalten des Herzogthums Holstein angeordnet, aber die Schüler konnten auch ohne eine solche Prüfung abgehen, und rücksichtlich der Immatriculation ward hierdurch nichts vorgeschrieben. Bei Unmündigen konnte der Rector, wenn er Bedenken hatte, ob Eltern und Vormünder die Inscription wollten, sich an diese wenden oder an sie schreiben lassen.

Die mit andern Universitäten mit Heidelberg 1804, Berlin 1811, Bonn 1819 [1]) abgeschlossenen Conventionen, dass von diesen Universitäten Relegirte in Kiel nicht aufzunehmen, waren allerdings bei der Immatriculation zu beachten. In der Convention mit Heidelberg heisst es nur, dass die Aufnahme nach Befinden zu versagen sei.

Der Bundesbeschluss vom 20. Septbr. 1819, betreffend die nicht autorisirten Verbindungen unter den Studirenden, kam auch in Kiel zur Anwendung. [2]) Studirende, welche durch einen von dem ausserordentlichen Regierungsbevollmächtigten bestätigten Beschluss von einer deutschen Universität verwiesen worden oder sich, um sich einem solchen Beschluss zu entziehen, von einer Universität entfernt haben, sollen auf der Universität Kiel nicht zugelassen werden. Wer kein befriedigendes Zeugniss seines Wohlverhaltens von der Universität, welche er verlassen hat, beibringt, ist in Kiel nicht aufzunehmen.

Der Bundesbeschluss vom 13. Novbr. 1834 (Zöpfl, Corpus Juris Confoederationis Germanicae, Th. 2, 3. Auflage, Frankfurt 1859. S. 320) [3]) ward freilich zur Kenntniss des akademischen Consistorii mitgetheilt, [3]) aber in Holstein nicht publicirt. Eine

---

[1]) Systemat. Samml. IV S. 442—445.
[2]) Statut. II. 243. 244. Zöpfl, Corpus Juris Confoederationis, 3. Auflage, Th. 2 S. 96 und Systemat. Samml. IV 362.
[3]) Statut. II. 298.

Immatriculations-Commission, wie sie dieser Bundesbeschluss vorschreibt, ist in Kiel nicht gewesen. Der Curator der Kieler Universität war zugleich Regierungsbevollmächtigter. Dass die von einer Universität Relegirten in Kiel nicht aufzunehmen, ward durch ein Allerhöchstes Rescript vom 13. August 1835 vorgeschrieben. Von jeder Wegweisung soll den andern deutschen Universitäten und den Eltern des Weggewiesenen Nachricht gegeben werden.[1])

In dem Ministerialschreiben vom 19. October 1867 an den Oberpräsidenten (Verordnungsbl. für Schleswig-Holstein St. 145 S. 1368) heisst es: "In Folge der Verordnung vom 23. v. Mts., betr. die allgemeine Regelung der Staatsdienerverhältnisse in den neu erworbenen Landestheilen, treten auch die Bestimmungen der beigefügten § 33—36 des Reglements für die Prüfung der zu der Universität übergehenden Schüler vom 4. Juni 1834 für die Provinz Schleswig-Holstein in Kraft, der § 36 jedoch mit den Modificationen, welche derselbe durch die ebenfalls beigefügten Verfügungen vom 25. April 1855, 2. Juli 1855 und 13. Januar 1863 erlitten hat. Etwanige Dispensationsgesuche, die durch den Uebergang in neue Verhältnisse veranlasst werden könnten, sind durch die Curatorial-Behörden an mich einzureichen."

Nach § 33 des Reglements vom 4. Juni 1834 sollen "1) nur die mit den Zeugnissen der Reife Versehenen auf inländischen Universitäten als Studirende der Theologie, Jurisprudenz und Cameral-Wissenschaften, der Medicin und Chirurgie und Philologie angenommen und als solche bei den betreffenden Fakultäten inscribirt; 2) zu den Prüfungen behufs der Erlangung einer akademischen Würde bei einer inländischen Fakultät; 3) so wie späterhin zu den angeordneten Prüfungen behufs der Anstellung in solchen Staats- und Kirchen-Aemtern, zu welchen ein drei- oder vierjähriges Universitätsstudium nach den bestehenden gesetzlichen Vorschriften erforderlich ist, zugelassen werden." Diejenigen, welche in der Maturitätsprüfung nicht das Zeugniss der Reife erhalten haben, werden nach § 35, bis sie sich dieses Zeugniss erworben haben, nur bei der philosophischen Fakultät in einem besondern Album inscribirt. In der Matrikel derselben

---

[1]) Statut. II. 298. 299.

ist zu bemerken, dass sie, wegen mangelnden Zeugnisses der Reife, nicht zu einem bestimmten Fakultäts-Studium zugelassen werden. Diejenigen, welche gar keine Maturitätsprüfung bestanden, und nur die Absicht haben, sich auf der Universität eine allgemeine Bildung für die höheren Lebenskreise oder eine besondere für ein gewisses Berufsfach zu geben, können nach § 36 des erwähnten Reglements, auf Grund eines von ihnen beizubringenden Zeugnisses über ihre bisherige sittliche Führung, von dem Königl. Ministerium die Erlaubniss zur Immatriculation, so wie zur Inscription bei der philosophischen Fakultät erhalten. In der Matrikel ist der bestimmte Zweck ausdrücklich anzugeben.

Nach den Ministerialschreiben vom 25. April 1855, 2. Juli 1855 und 13. Januar 1863 können die Universitäts-Curatorien die nach § 36 des Reglements vom 4. Juni 1834 erforderliche Erlaubniss ertheilen, diese gilt aber nur für drei Semester, kann aber verlängert werden.

In dem Rescript des Königlichen Ministers an den Königlichen Oberpräsidenten vom 9. April 1868 (Stiehl, Centralblatt 1868 S. 329) heisst es: „Bis zu dem Zeitpunkte, wo das Prüfungswesen bei den Gymnasien in Schleswig-Holstein durch das demnächst in Function tretende Provinzial-Schulcollegium neu angeordnet sein wird, kann die durch das Normativ vom 9. December 1857 § 12 [1]) angeordnete Abstufung der Prädicate in den Maturitätszeugnissen beibehalten oder auch mit der von dem Director des Realgymnasiums in N. vorgeschlagenen vertauscht werden. Es genügt aber schon, wenn in dem Zeugnisse einfach die Reife ausgesprochen wird, welche auch denen zuzuerkennen ist, die nach dem Normativ das Prädicat „nicht unreif" erhalten würden."

„Für den Fall, dass vor Neuordnung des Prüfungswesens einzelne Studirende, welche auf Grund des § 35 des Reglements vom 4. Juni 1834 [2]) immatriculirt sind, die Maturitätsprüfung zu

---

[1]) Das Normativ ist gedruckt in: Gesetz- und Ministerialblatt für die Herzogthümer Holstein und Lauenburg 1857 St. 40 S. 389—393. Es hat die Prädicate: „völlig reif", „reif" und „nicht unreif".

[2]) Verordnungsblatt für Schleswig-Holstein 1867 S. 1369. Der § 85 betrifft Diejenigen, welche in der Maturitätsprüfung nicht bestanden sind und deshalb nicht für ein bestimmtes Fach inscribirt wurden.

wiederholen wünschen, sind die Gymnasien nicht allein ermächtigt, die Prüfungen mit den sich meldenden Studirenden vorzunehmen, sondern es ist ihnen dieses auch zur Pflicht zu machen. Es kommt dabei nicht darauf an, dass die Prüfung bei ebendemselben Gymnasium wiederholt werde, bei dem die frühere Prüfung Statt gefunden hatte."

VI.
Die Fakultäten und die Dekane.

Die Universität Kiel hat, wie die meisten deutschen Hochschulen, vier Fakultäten.[1] In den Statuten der theologischen Fakultät von 1665 sind vier Theile dieser Wissenschaft aufgeführt, die positive, polemische, exegetische und historische Theologie, welche durch drei ordentliche Professoren vertreten werden sollen.

---

[1] Die Statuten der vier Fakultäten stehen in den Handschriften S. H. 175, 175 A und 179 A, sie sind nicht gedruckt, manche Vorschriften sind ausdrücklich geändert, andere ausser Gebrauch gekommen. Bei Einsendung der Statuten der philosophischen Fakultät an die Kanzlei im Jahre 1774 zur Bestätigung, machte die philosophische Fakultät aufmerksam auf einige ausser Uebung gekommene Anordnungen, z. B. dass nach Tit. I. 20 zweimal im Jahre eine öffentliche Einladung ergehe zur Bewerbung um den Grad des Magisters, die Tit. II. 11—14. 22. 28. enthaltenen Bestimmungen über die Prorectoratsschmäuse, die Tit. III. 1—8. vorkommenden Anordnungen über die Depositionen. Dass die Oberbehörde eine Reform der Statuten der einzelnen Fakultäten beabsichtigte, geht auch aus einem Schreiben der Kanzlei vom 23. Novbr. 1776 an die philosophische Fakultät hervor. Im Jahre 1778 sandte diese Fakultät einen Entwurf ihrer Statuten an den Prokanzler Cramer zur Erwirkung der Bestätigung, die im August 1791 noch nicht erfolgt war und auch später nicht erfolgt ist. Vergl. auch in der Chronol. Samml. der Verordnungen 1779 das Schreiben an den Curator vom 2. Januar. Die Vorschriften für die Kopenhagener Universität waren für die Kieler ohne Einfluss. In der neuen Fundation für die Kopenhagener Universität vom 31. März 1782 und vom 7. Mai 1788 ist ein Examen artium für die Zulassung zur Universität vorgeschrieben. Nach der Anordnung von 1782 hat ein Doctor der Medicin die Freiheit zu practiciren, in den Statuten von 1788 ist ein besonderes medicinisches Staatsexamen vorgeschrieben. Für die Kieler Universität wurden, abgesehen von der neuesten Zeit, weder diese noch ähnliche Anordnungen getroffen.

Die Professoren sollen, ne taedium ex repetitione capiant, abwechselnd eins dieser Fächer vortragen nach Uebereinkunft. Dem dritten Professor liegt die Exegese ob, aber die andern beiden können gleichfalls exegetische Vorlesungen halten. Die Professoren werden verpflichtet, nach der invariata Augustana confessio, deren Apologie, den Schmalkaldischen Artikeln und den beiden Lutherischen Katechismen zu lehren.

Bis 1671 stehen in den Indices der hiesigen Universität nur drei Professoren der Theologie, die Doctoren Peter Musäus, Christian Kortholt und Paul Sperling, der im Januar 1666 in Kiel Doctor der Theologie geworden, im Winter 16$\frac{71}{2}$ finden sich in dem Verzeichniss der theologischen Vorlesungen zuerst noch zwei ausserordentliche Professoren, Mathias Wasmuth, im Januar 1666 zum Doctor der Theologie ernannt, und Doctor Christopher Franck, welche beide auch in der philosophischen Fakultät Vorlesungen ankündigten, Wasmuth war freilich schon 1667 ausserordentlicher Professor der Theologie, stand aber im index zwischen den Professoren der Philosophie.

Nach dem Plan des Stifters der Universität sollte die juristische Fakultät aus fünf Professoren bestehen, es wurden in dem ersten Index oder Verzeichniss der Vorlesungen nur die von Doctor Erich Mauritius, Sam. Rachel, der im Januar 1666 die Würde des Doctors erhielt und dem Licentiaten Simon Heinrich Sannemann angekündigt, und dabei erklärt, es würden noch zwei juristische Professoren erwartet. Im Verzeichniss der Vorlesungen für das Sommersemester 1666 findet sich als vierter Professor der Jurisprudenz Joh. Schwenck. Es wird dabei erklärt, dass noch ein Professor erwartet werde, der den zweiten Platz einnehmen solle. Heinrich Michaelis trat für das Wintersemester 16$\frac{68}{9}$ ein.

Die medicinische Fakultät hatte mit den Herzoglichen Archiatoren die Aufsicht auf die Apotheken. In den Statuten werden vier Professoren der Medicin vorausgesetzt, die Botanik wird zu den institutionalia dieser Wissenschaft gerechnet. Lange Zeit hatte Kiel nur zwei medicinische Professoren, Casp. March und Joh. Dan. Major. Als der erstere 1673 als Archiator nach Berlin berufen wurde, trat Joh. Nicol. Pechlin als Professor der Medicin ein, da er aber Herzoglicher Archiator war, lebte er seit 1680 regelmässig in Gottorf und seit 1683 bis 1691 finden wir nur die medicinischen Vorlesungen des streitsüchtigen Major angezeigt, da Pechlin durch seine andern amtlichen Geschäfte am Lesen verhindert wurde. Im Jahr 1691 trat Wilh. Huld. Waldschmiedt als Professor der Medicin ein, er war, als Major 1693 nach Schweden berufen, bis 1695 der einzige medicinische Professor. Ein medicinisches Krankenhaus erhielt die Kieler Universität erst 1802, Professor Georg Hinrich Weber hatte dasselbe durch Beiträge errichtet, es ward 1802 der Universität übergeben, ein chirurgisches Hospital ward 1811 errichtet in der Flämischen Strasse und dazu das Haus des nach Kopenhagen berufenen Professor Joachim Dietr. Brandis angekauft.[1]) Beide Krankenhäuser, wie die 1811 der Universität übergebene Hebammenanstalt, sind 1862 verlassen; es wurden neue Gebäude in der Nähe des Schlossgartens errichtet und auch Wohnungen für die Vorsteher dieser Anstalten gebaut.

Durch Errichtung des Sanitätscollegii am 25. Mai und die Instruction vom 8. Juni 1804 ward das Verhältniss der medicinischen Fakultät zu den Apothekern und den Physicis geregelt. Für das Herzogthum Schleswig wurde am 19. December 1852 eine eigene Ober-Medicinalbehörde errichtet und das Patent vom 25. Mai 1804 für dieses Herzogthum aufgehoben. Am 21. Mai 1853 erhielt das früher beiden Herzogthümern gemeinschaftliche Sanitätscollegium, aus Professoren der Kieler medicinischen Fakultät und einigen auswärtigen Mitgliedern bestehend, den Namen „Holsteinisches Sanitätscollegium", es ward auf dieses Herzogthum beschränkt. Die genannten Verfügungen von 1804 sollten in Kraft bleiben, jedoch die obere Leitung der beiden Krankenhäuser, der Hebammen- und Geburtsanstalt in Kiel, an die Universitätsbehörden übergehen. Durch Verordnung der damaligen obersten Civilbehörde und der Bundescommissaire vom 13. Juli und 2. September 1864 ward das Sanitätscollegium in Kiel wieder Schleswig-Holsteinisches Sanitätscollegium, die Verordnung vom 19. December 1852 ward aufgehoben. Nähere Bestimmungen enthalten die Verordnung der obersten Civilbehörde vom 3. August 1865 und die Bekanntmachung der Holsteinischen Landesregierung vom 2. October 1865.

---

[1]) Chronolog. Samml. der Verordnungen, 1811. 20. August n. 13. Decbr.

In dem ersten Catalog der Vorlesungen für das Wintersemester 16⅔ finden wir acht Professoren der philosophischen Fakultät: Mich. Watson, Doctor der Philosophie und Theologie, für die heilige und profane Geschichte, Matthias Wasmuth heisst Hebr. et Oriental. linguarum professor, Dan. G. Morhof, Magister der Philosophie und Doctor der Rechte, Professor der Eloquenz und Poesie, Sam. Reyher, Doctor der Philosophie und Jurisprudenz, Professor der Mathematik, Caeso Gramm, Professor der Physiologie und der griechischen Sprache, Christopher Franck, Professor der Methaphysik und Logik, Nicolaus Martini, Licentiat und seit Januar 1666 Doctor der Rechte, Professor der Politik. Adam Tribbechovius, Magister der Philosophie, Professor der Moral. Watson starb im ersten Semester und im zweiten trat als achter Professor der philosophischen Fakultät Nicolaus Mauritius bis 1668 ein.

In den Verzeichnissen der Vorlesungen, welche früher, wie jetzt, halbjährlich erschienen, sind die Professoren nach der Ordnung der vier Fakultäten aufgeführt, die Ordnung in diesen ist nicht immer nach der Zeit der Ernennung, sondern es konnte ein später Ernannter ausnahmsweise den Platz vor einem früher Bestallten haben. Die Anordnung vom 10. August 1701, dass in jeder Fakultät die ausserordentlichen Professoren derselben gleich nach den ordentlichen aufgeführt würden, war so wenig bleibend, als der Beschluss vom 29. Januar 1706, dass der Dekan in den Catalogen den ersten Platz einnehme. Die Vorlesungen der Privatdocenten finden sich erst seit 1779 in den gedruckten Verzeichnissen angegeben.

Diejenigen ordentlichen Professoren, welche nicht den Grad der Fakultät, welcher sie angehören, haben, sind nach den Statuten und der Praxis von den Fakultätsgeschäften ausgeschlossen.

In dem tit. 5 der Statuten der theologischen Fakultät, welcher de surrogando novo professore in locum antecessoris handelt und der Fakultät die Empfehlung zu der vacanten Stelle einräumt, heisst es: si autem accidat forte, ut, qui ita legitime ad ordinariam theologiae professionem vocatus, honorem doctoreum nondum consecutus fuerit, prius in facultatem non recipitor, quam eundem impetraverit, quo nimirum et examinationibus candidatorum interesse et decani pomotorisque munera possit obire. Ist der neue

Professor auf einer andern Universität Doctor der Theologie geworden, so soll er, antequam in facultatem admittatur, das vorgeschriebene Bekenntniss seiner Rechtgläubigkeit geben.

In den Statuten der philosophischen Fakultät lautet § 14 Tit. 1: Decani officium non affectato neque rigorosis in facultate examinibus candidatorum interesto neque de reditibus examinum, promotionum aut adjuncturae etc. causa datis participato, nisi qui ordinarius professor et philosophiae promotus magister fuerit.

Als Joh. Burch. Majus, seit 1693 Professor der Beredsamkeit und Geschichte, der Nachfolger Morhof's, 1699 das Dekanat in der philosophischen Fakultät nicht übernehmen konnte, weil er nicht Magister war, gestattete ein Herzogliches Rescript ex speciali gratia der Fakultät, ihm intra privatos parietes den gradum magisterii zu verleihen.

Das Herzogliche Rescript vom 17. Februar 1701 sagt: „Haben Wir aus Gnaden zu denen rühmlichen studiis Derer, so bey Unserer Kiehlischen Fakultät die gradus annehmen, entschlossen, dass ein jeder doctor theologiae alsobald in Unsere theologische Fakultät recipiret werde und colloga facultatis auch abwesend sey, dessen Rath in geistlichen Fällen, wenn es noth, Wir als auch die Fakultät gebrauchen werden. Und so wollen Wir es auch mit denen doctoribus in facultate juridica et medica allerdings gehalten haben. Ein Magister aber, wenn er durch rühmlich abgelegte specimina ein Jahr nach Verfliessung der Promotion sich berühmt gemacht, soll eben dieses beneficium der philosophischen Fakultät unweigerlich geniessen."

Es scheint dieses Reglement veranlasst zu sein durch die häufige Abwesenheit der beiden Kieler theologischen Professoren Joh. Fr. Mayer, der zugleich Prediger in Hamburg, Professor des dortigen Gymnasii, Schwedischer Ober-Kirchenrath, Prokanzler in Greifswald war, und des Herzoglichen Generalsuperintendenten Henricus Muhlius.[1]

---

[1] J. O. Thiess, Gel. Geschichte der Universität zu Kiel, Th. 1 S. 85 und S. 123. Ueber Mayer vergl. Kosegarten, Geschichte der Universität Greifswald, Th. 1 S. 273 u. 277, meinen Beitrag zur Geschichte der Kieler Universität, S. 46. (Mayer ward nicht 1679, sondern 1689 ordentlicher Professor der Theologie), und Klose Lexicon der Hamburg. Schriftsteller, B. 5 S. 89—164.

Die ordentlichen Professoren J. C. Fabricius, der bekannte Entomolog, und Mart. Ehlers, der Philosoph, wurden, nachdem sie 1776, der erstere von der Kopenhagener, der zweite von der Göttinger Fakultät den Doctor- oder Magistergrad erhalten hatten, in die Kieler philosophische Fakultät aufgenommen.

Die Vereinbarung der philosophischen Fakultät, dass nur die fünf ältesten Mitglieder derselben an den Fakultätseinnahmen und dem Dekanat Theil nehmen sollten, erkannte das Königliche Rescript vom 25. Januar 1793 an. Diese Anordnung ward 1848 aufgehoben und bestimmt, dass von 1849 an alle ordentlichen Professoren an den Einkünften der Fakultät und dem Dekanat Theil nehmen sollten, dass jedoch nur Derjenige das Dekanat verwalten könne, der zwei Jahr die Geschäfte der Fakultät mit verwaltet habe. Am 28. November 1856 ward diese Bestimmung Allerhöchst bestätigt.

Ueber den Wechsel der Dekane in der theologischen und medicinischen Fakultät finde ich in den Statuten keine Anordnungen, doch sieht man aus dem Reglement vom 17. Februar 1701, dass das theologische Dekanat halbjährlich wechselte. In der juristischen Fakultät war von Anfang dieses Amt ein annuum. Es heisst in den Statuten der juristischen Fakultät Capit. II.: Decani facultatis juridicae munus annuum esto, ita ut a 5. Octobris, qui academiae natalis est, in 5 mensis ejusdem continuetur. Quo die doctores isti tantum, qui ordinarie leges et jura tum profitentur, ad eligendum ex eodem doctorum numero decanum conveniunto, quo loco ille huic muneri praeficiendus erit, quem ordo poposcerit, ita ut a primo ad collegii nostri postremum professorem, et ab hoc rursus ad illum, secundum ordinem, quem quisque in hoc collegio tenet, procedatur. Si tamen novus professor aliquis in hoc collegium assumtus fuerit, prius officium decani ei non committetur, quam omnes alios ex ordine decanos praecedere viderit.

In der philosophischen Fakultät fand nach der ersten Anordnung (Tit. I 4) ein halbjährlicher Wechsel statt: Michaelis und Ostern. Auch in der philosophischen Fakultät galt die Regel, die sich freilich in den Statuten nicht findet, dass nur Derjenige Dekan werden könne, der die übrigen Mitglieder als decanos gesehen habe. Ein Herzogliches Rescript vom 5. Novbr. 1763

(Statut I 519) bestimmt, „dass dieses requisitum nicht nothwendig von der ganzen Dekanatzeit der vorhergehenden decanorum verstanden werden müsse, sondern auch dasjenige Dekanat mitzurechnen sei, worin ein Professor und membrum facultatis zu solchem officio durch die ihm beigelegte Bestallung vociret und verordnet worden. — Dass wie der Professor Christiani seit der erlangten Allerhöchsten Bestallung beide des Dekanats fähige Professores und membra facultatis philosophicae als decanos geschen, demselben nichts im Wege stehe, um zu dem jetztmaligen Dekanat admittirt zu werden."

Im Wintersemester 17$\frac{43}{44}$ waren, ausser dem Professor Christiani, der Professor der Eloquenz Schwanitz, der im vorigen Semester Dekan war, der Mathematiker Koes und der Professor der Philosophie Toennies in dieser Fakultät. Bis auf Koes nennen sich die andern drei Professoren in den Anzeigen der Vorlesungen doctores der Philosophie. Der Bibliothekar und Professor der Physik Hennings war vorher wegen Streitigkeiten mit Pension entlassen worden.[1]

VII.

Promotionen.

Die Würde des Licentiaten und des Doctors der Theologie setzt nach den Statuten systatische Schreiben an die Fakultät voraus. Der Dekan hat den Candidaten zu tentiren, darauf folgt das Examen und die Disputation.

Um Licentiat oder Doctor der Rechte zu werden, muss der Candidat ein Quinquennium auf einer Universität studirt haben, doch sind bei guten Zeugnissen vier Jahre ausreichend. Nach einer Disputation folgt das Examen, der Candidat hat die ihm aufgegebenen Texte aus den Institutionen und Pandekten vor der Fakultät zu erklären. Darauf folgt, wenn der Candidat im ersten Examen nicht unwürdig befunden ist, ein öffentliches Examen, wozu eine Stelle aus dem Codex und eine aus den Decretalen

---

[1] Ratjen, zur Geschichte der Kieler Universitätsbibliothek, Kiel 1863, S. 125.

gegeben werden, und schliesslich eine Disputation, sowie nach erfolgter Beeidigung die feierliche Verleihung der Würde. Die Verpflichtung geht darauf: das Beste der Kieler Universität, besonders der hiesigen juristischen Fakultät zu fördern, auf keiner andern Universität licentiae aut doctoralia insignia velle iterare aut repetere.

Für die Promotion der Mediciner ist in den Statuten vorgeschrieben, dass der Candidat die Wissenschaft der Medicin vier Jahre auf Universitäten studirt haben müsse, dem Examen geht ein tentamen des Dekans vorher. Nach der theoretischen und praktischen Prüfung folgt die Disputation. Der Eid, welcher bei dem medicinischen Doctorexamen, welches bis zur neuesten Zeit zugleich Staatsexamen war, geleistet wird, ist gedruckt in Falck's Staatsbürgerl. Magazin, zu B. 10, Schleswig 1831, S. 639—640. Durch die Bekanntmachung vom 14. August 1867 (Verordnungsblatt 1867 S. 949) ist der Eid, welcher jetzt von den zur ärztlichen Praxis Zugelassenen zu leisten ist, normirt.

Zur Promotion in der philosophischen Fakultät ist zuerst ein Tentamen bei dem Dekan erforderlich. Fällt dies günstig aus, so hat der Candidat eine quaestio aus der theoretischen, eine aus der praktischen Philosophie zu behandeln. Die Beantwortungen reicht der Candidat bei dem anzustellenden Examen ein. Nachdem dieses bestanden, folgt die Inauguraldisputation oder statt derselben ein öffentliches Examen, wozu die Professoren aller Fakultäten, Adjuncten und Magistri einzuladen sind. In dem Eide der Philosophen befindet sich auch der bei der juristischen Promotion erwähnte Punkt: neque in alia academia iterare promotionis actum. In den Statuten der philosophischen Fakultät kommt noch tit. II 2 vor: non facile admittitor ad examen, nisi vel hic vel alibi philosophicam aut philologicam disputationem habuerit publicam. Die Vorschrift der Statuten der philosophischen Fakultät (II 4), dass jeder, der sich zum Magistergrad melde, zuvor in Kiel immatriculirt sein müsse, ist längst ausser Gebrauch.

Schon oben ist erwähnt worden, dass zu jeder Promotion die Zustimmung des Prokanzlers erforderlich sei. In früherer Zeit wurde gewöhnlich die Promotion Mehrerer zu derselben Zeit vorgenommen, noch im Jahr 1803 promovirte der Dekan J. Fr. Ackermann zu gleicher Zeit acht Mediciner.

Die Solennität der Promotion ist schon oben erwähnt worden, sie stimmt im Ganzen mit der Feierlichkeit überein, die nach Huschke's Darstellung in Breslau üblich ist.¹) Durch das schon erwähnte Rescript an die Kieler Universität vom 17. Febr. 1701 wurden die Kosten der Promotion herabgesetzt, ²) das weitläufige prandium ward abgeschafft, aber es heisst: „doch werden dabei (der Promotion) alle die öffentlichen Solennitäten in der Kirche und auch sonst fürgenommen und sollen sich alle Universitätsverwandte dabei bei Vermeidung Unserer Ungnade allerdings einfinden." In dem Herzoglichen Reglement vom 27. Februar 1707 § 16 wurden die Promotionskosten der philosophischen Fakultät zu 80 Rthlr., der halben Kostensumme bei den andern drei Fakultäten, bestimmt, und festgesetzt: „inskünftig keine privata promotio magistrorum mehr verstattet." ³)

Dass die Zustimmung des Prokanzlers zur Promotion in allen Promotionsfällen genüge, und nicht die des Landesherrn erforderlich sei, ward auch nach dem Austausch des grossfürstlichen Antheils durch das Königliche Rescript vom 17. Januar 1775⁴) anerkannt. Durch das Königliche Rescript vom 9. August 1809⁵) ward bestimmt, dass ein akademischer Grad auch ein Ehrendiplom erst ertheilt werden könne, wenn für jeden einzelnen Fall die Allerhöchste Genehmigung durch die Schleswig-Holstein. Kanzelei ertheilt sei. Jeder, der bei der Kieler Universität den Doctorgrad in der Theologie, Jurisprudenz und Medicin erlangen wolle, müsse nach bestandenem Examen bei der Fakultät, eine lateinische Vorlesung öffentlich halten, und eine von dem Candi-

---

¹) Zeitschrift für Rechtsgeschichte B. 8 H. 2 S. 309—315.
²) Für die Licentiatur und Doctorat zusammen 160 Rthlr., für das Magisterium 50 Rthlr.
³) Das Reglement von 1707 ist gedruckt in: nova literaria maris Baltici, 1707 p. 149 und in Muhlii dissert. p. 257—272. Mehrere Punkte dieses Reglements stehen in Thiess Gel. Geschichte der Universität Kiel Th. 1 S. 157—172.
⁴) Chronolog. Samml. der Verordnungen 1775 S. 30.
⁵) Systemat. Samml. der Verordnungen B. 4 S. 474. Ob dem Gerücht, dass diese Verfügung veranlasst sei durch die Promotion des ausländischen Tonkünstlers Andr. Romberg, Wahrheit zum Grunde liege, weiss ich nicht. Die philosophische Fakultät promovirte ihn am 15. Mai 1809 und vertheidigte sich allerdings, wie es scheint, gegen Zeitungsangriffe, aber Romberg war ein Ausländer.

daten verfasste Inauguraldissertation öffentlich vertheidigen. Für den Grad eines Magisters oder Doctors der Philosophie war also der Druck der Dissertation nicht erforderlich. Es ward durch das Rescript vom 9. August 1809 der Kieler Universität verstattet, Ausländern, ohne specielle Allerhöchste Erlaubniss, akademische Würden zu ertheilen, womit jedoch kein Rang verbunden sein solle. In dem Kanzleischreiben vom 5. Decbr. 1809 wird der Begriff der Einheimischen rücksichtlich der Promotion in eigenthümlicher Weise bestimmt; es heisst: „Als einheimisch sind alle Diejenigen zu betrachten, welche sich in Sr. Majestät Landen aufhalten oder darin ansässig sind, sie mögen innerhalb oder ausserhalb Landes geboren sein."

Häufig kam es auch nach diesen Anordnungen vor, dass der Doctorand, statt eine Dissertation drucken zu lassen, über Thesen disputirte. Das gewöhnliche Verfahren bestand nach dieser Vorschrift von 1809 darin, dass nach abgehaltener Disputation die Fakultät die Allerhöchste Genehmigung zur Promotion einholte und ohne Solennität das Diplom dem Doctor mittheilte. In einzelnen Fällen hat jedoch die Fakultät nach wohl bestandenem Examen vor der Disputation die Erlaubniss zur Promotion erbeten, und alsdann fand nach wohl vollendeter Disputation eine feierliche Promotion in der akademischen Aula statt. Die Feierlichkeit in der Kirche zu halten, mag wohl nach dem neu errichteten Universitätsgebäude im Jahre 1768 ausser Gebrauch gekommen sein. Für die Promotion in der medicinischen Fakultät wurden durch Rescript vom 27. März 1801 [1]) eine anatomische Demonstration, schriftliche Beantwortung medicinischer Fragen in des Dekans Hause und grössere lateinische Ausarbeitungen vorgeschrieben. Zum Disputiren in lateinischer Sprache ist nur verpflichtet, wer durch den Doctorgrad in der Medicin die Befugniss erlangen will, auf den Landesakademien öffentliche Vorlesungen zu halten und sich zu einem Lehrstuhl auf demselben zu habilitiren gedenkt. Wer von der Disputation befreit zu sein wünscht, soll den Umständen nach 15 bis 20 Rthlr. an das anatomische Theater erlegen. In dem Rescript vom

---

[1]) Chronolog. Samml. 1801 n. 13 und Systemat. Samml. B. 4 S. 472.

9. August 1809 ist auch für die Licentiaten der Medicin vorgeschrieben, eine Dissertation in lateinischer Sprache zu verfassen und öffentlich eine lateinische Vorlesung zu halten.

Für die eingeborenen Studiosi medicinae ward unterm 11. Mai 1798 vorgeschrieben, dass sie, „wenn sie in Unsern Herzogthümern Schleswig und Holstein und deutschen Landen praxin medicam zu treiben oder zu Physikaten befördert zu werden wünschen, den Doctor- oder Licentiatengrad entweder auf der Universität Kiel oder Kopenhagen erhalten haben müssen." [1])

Für Ausländer ward durch Circular vom 12. Septbr. 1839 festgesetzt, dass sie nur dann die Befugniss, sich in den Herzogthümern Schleswig und Holstein zur medicinischen Praxis niederzulassen, erlangen, wenn sie in dem medicinischen Doctorexamen den ersten Charakter erhalten haben. Die Vorschrift der juristischen und medicinischen Statuten über vierjähriges Studium vor der Promotion ist hinfällig geworden durch die Verordnung vom 19. März 1777, welche den studirenden Landeskindern allgemein das akademische triennium vorschreibt. Auch ist in dieser Verordnung keine Ausnahme für die aus der Altonaer Selecta entlassenen Schüler gemacht worden, dass sie nur zwei Jahre auf Universitäten zu studiren brauchen. Von dieser Ausnahme, deren Gültigkeit Director Struve in seinem Sendschreiben an Professor Müller, Altona 1813 S. 33, noch als gültig ansieht, ward sehr selten Gebrauch gemacht, in zwanzig Jahren von zwei Selectanern.

Neue Anordnungen in Bezug auf die Promotion.

Sämmtliche Fakultäten der Kieler Universität sind durch Ministerialschreiben vom 12. April und 11. Juli 1867 definitiv zur Ertheilung akademischer Grade ohne specielle höhere Genehmigung ermächtigt. (Stiehl, Centralblatt 1867, S. 401. Verordnungsblatt für Schleswig-Holstein 1867, S. 457 und S. 775.)

Nach Rescript des Königl. Ministers der geistlichen etc. Angelegenheiten vom 19. Decbr. 1867, welche, wie oben erwähnt wurde, §§ 33—36 des Reglements für die Prüfung der zur Uni-

---

[1]) Systemat. Samml. B. IV. 470. Chronolog. Samml. 1798 n. 34.

versität übergehenden Schüler vom 4. Juni 1834 und die später eingetretenen Modificationen einführt, sollen zu den Prüfungen, Behufs der Erlangung einer akademischen Würde, nur die mit den Zeugnissen der Reife Versehenen zugelassen werden. (Verordnungsbl. für Schleswig-Holstein 1867 S. 1369.)

Zufolge Rescripts vom 30. August 1867 hat das Königliche Ministerium der geistlichen etc. Angelegenheiten der medicinischen Fakultät die Zulassung deutscher Inauguraldissertationen und den Gebrauch der deutschen Sprache bei den Disputationen gestattet, sobald die Candidaten ein Gymnasialzeugniss der Reife beibringen, im entgegengesetzten Fall aber es der Fakultät bis weiter überlassen, ob sie sich den Nachweis einer ausreichenden classischen Vorbildung auf andere Weise verschaffen oder den Gebrauch der lateinischen Sprache bei der Dissertation und Disputation verlangen will. (Stiehl, Centralblatt für die Unterrichts-Verwaltung 1867 S. 530. 532. Verordnungsblatt 1867 S. 1195.) Rücksichtlich der Promotionen der philosophischen Fakultät ist in dieser Verordnung nichts bestimmt.

In der Bekanntmachung des Oberpräsidii, betreffend die Staatsprüfungen der Mediciner und Pharmaceuten, Kiel 20. April 1867, heisst es: „dass fortan Alle, welche das hiesige medicinische Examen bestanden haben, nach bestandener Prüfung eine förmliche Approbation des Ministers erhalten sollen, durch welche ihre Befähigung zur Ausübung ärztlicher Praxis im ganzen Staatsgebiet festgestellt wird." Der von den approbirten Aerzten zu leistende Unterthänigkeits- und Berufseid ist schon oben S. 71 erwähnt worden.

Das Doctorexamen bei der medicinischen Fakultät gilt in Zukunft nicht mehr als Staatsprüfung. Um als praktischer Arzt zugelassen zu werden, ist zuerst ein im Jahre 1861 für Preussen angeordnetes tentamen physicum bei einer dazu ernannten Commission zu bestehen. In Kiel war 1862 über ein medicinisches Vorexamen verhandelt, aber die Vorbereitung nicht zum Schluss gekommen. Dem tentamen physicum sollen sich die Aspiranten regelmässig frühestens nach dem Schlusse des vierten und spätestens vor Beginn des siebenten Studiensemesters unterwerfen. Später folgt das Doctorexamen, zu welchem der Doctorand seine vita, das Zeugniss der Reife, den Nachweis, dass er vier Jahre und von denen ein und ein halbes Jahr auf einer Preussischen Universität Medicin studirt und mindestens zwei Semester an der medicinischen und an der chirurgischen Klinik als Practicant Theil genommen habe. Schon durch die Cabinetsordre vom 30. Juni 1841 war bestimmt worden, dass Alle, die sich nach vollendetem Studium um ein öffentliches Amt oder um die Zulassung zur medicinischen Praxis bewerben wollen, ein und ein halbes Jahr auf einer Preussischen Landesuniversität studirt haben müssen. (Gesetzsammlung 1841 S. 139 und L. v. Rönne, das Unterrichtswesen, B. 2 S. 539.) Der Doctorand hat ferner den Nachweis über das bei einer Preussischen Universität bestandene tentamen physicum und eine in lateinischer oder deutscher Sprache abgefasste Inauguraldissertation mit der schriftlichen Versicherung an Eides Statt, dass der Candidat sie ohne fremde Beihülfe selbst verfasst habe, vorzulegen.

Wenn der Candidat auf Grund dieser Vorlagen zugelassen wird, folgt die Vorprüfung, in welcher der Candidat unter Clausur eine Aufgabe aus der theoretischen oder praktischen Medicin ex tempore ohne alle Hülfsmittel in lateinischer oder deutscher Sprache schriftlich zu bearbeiten hat. Mündlich wird derselbe von dem Dekan, unter Zuziehung mindestens eines Mitgliedes der Fakultät geprüft. Nach glücklichem Ausfall der Vorprüfung folgt das examen rigorosum, an welchem sämmtliche Mitglieder der Fakultät Theil nehmen. Das darüber aufgenommene Protokoll ist von sämmtlichen Examinatoren zu unterschreiben. Nach bestandenem Examen folgt die öffentliche Disputation über die eingereichte und zum Druck beförderte Dissertation und die ihr angehängten Thesen, in derselben Sprache, in welcher die Dissertation abgefasst ist. Die Gebühren betragen 120 Thlr. Pr., von denen zehn Thaler der Universitätsbibliothek [1]) zufallen.

Nach dem Reglement für die Staats-Prüfung der Aerzte vom 18. Septbr 1867 ist die Befugniss zur Ausübung ärztlicher Praxis innerhalb der Preussischen Monarchie bedingt durch den Besitz einer vom Minister der Medicinal-Angelegenheiten ausge-

---

[1]) Nach Anlage C. der Verordnung vom 9. Januar 1725 soll, wer in doctorem oder licentiatem promovirt wird, acht Rthlr. Conr., ein Magister und Notar vier Rthlr. Cour. für die Bibliothek zahlen. Statut. I. 483. S. II. 175 A. S. 573.

stellten Approbation, welche nur den auf einer Landes-Universität promovirten Doctoren der Medicin auf Grund der bestandenen Staats-Prüfung für Aerzte ertheilt wird. Zu dieser Prüfung ist 1) das Gymnasial-Zeugniss der Reife, 2) das Abgangs-Zeugniss von der Universität, 3) das Zeugniss über Ablegung des tentamen physicum, 4) ein Abdruck des Doctor-Diploms,¹) 5) fünfzehn Exemplare der Doctor-Dissertation, 6) der Nachweis, dass der Candidat mindestens zwei Semester hindurch als Praktikant an der chirurgischen und medicinischen Klinik Theil genommen und in einer geburtshülflichen Klinik mindestens 4 Geburten selbstständig gehoben hat, 7) der Nachweis, dass der Candidat in einem öffentlichen Impf-Institut oder in einer medicinischen Klinik die Schutzblattern selbst geimpft und deren Verlauf beobachtet hat. Die Staatsprüfung beginnt alljährlich im November und soll nicht über die Mitte des folgenden Jahres ausgedehnt werden. Die Prüfung zerfällt in fünf Abschnitte. Die Kosten betragen 60 Thlr.

Der Uebergang in die neuen Anordnungen ist nach Rescript des Königl. Ministerii der geistlichen, Unterrichts- und Medicinal-Angelegenheiten vom 31. Decbr. 1867 wesentlich durch folgende Bestimmungen erleichtert: „Bei Inländern, welche zur Zeit der Veröffentlichung des Rescripts vom 19. October 1867, betreffend die Wirkungen der Gymnasial-Zeugnisse der Reife²), ihr medicinisches Studium bereits begonnen hatten, kann das im Convictexamen erlangte Zeugniss der Würdigkeit die Stelle des Maturitätszeugnisses vertreten." — Ferner: „1) die bis zum Beginn des Sommersemesters 1868 von der Kieler medicinischen Fakultät, in Uebereinstimmung mit den bisherigen Vorschriften, promovirten, in Schleswig-Holstein gebürtigen Doctoren können die Approbation als praktische Aerzte erhalten, ohne sich vorher der Staatsprüfung zu unterziehen. Mit dem gedachten Zeitpunkt tritt die neue

---

¹) Nach der Gewerbeordnung für den Norddeutschen Bund vom 21. Juni 1869 Titel II § 29 „bedürfen diejenigen Personen einer Approbation, welche sich als Aerzte (Wundärzte, Augenärzte, Geburtshelfer, Zahnärzte und Thierärzte) oder mit gleichbedeutenden Titeln bezeichnen, oder Seitens des Staates oder einer Gemeinde als solche anerkannt oder mit amtlichen Functionen betraut werden sollen. Es darf die Approbation jedoch von der vorherigen Doctorpromotion nicht abhängig gemacht werden." Der Titel II dieses Gesetzes tritt drei Monate nach dessen Verkündigung in Kraft.

²) Verordnungsblatt für Schleswig-Holstein 1867 S. 1368.

Prüfungsordnung in Kraft, und ist von da an die Ertheilung der Approbation von dem Bestehen der Staatsprüfung abhängig. Die Beibringung des Zeugnisses über das bestandene tentamen physicum kann jedoch denjenigen Candidaten erlassen werden, welche bis zum 1. October 1869 promovirt werden. 2) Auch diejenigen Candidaten, welche mit der Absicht, den Licentiatengrad zu erwerben, vor der Veröffentlichung des gedachten Rescripts vom 19. October 1867 das medicinische Studium bereits begonnen hatten, können, wenn sie vor Beginn des Sommersemesters 1868 zu Licentiaten promovirt sind, die Approbation als praktische Aerzte erhalten, ohne sich vorher der Staatsprüfung zu unterwerfen; werden sie später zu Licentiaten promovirt, ist die Ertheilung der Approbation von dem Bestehen der Staatsprüfung abhängig. Die Beibringung des Zeugnisses über das bestandene tentamen physicum kann ihnen erlassen werden, wenn sie vor dem ersten October 1869 den Licentiatengrad erwerben. Abgesehen von diesen jetzt bereits studirenden Medicinern werden Licentiaten künftig zur Staatsprüfung nicht zugelassen. — Etwanige Dispensationsgesuche, die sich auf Nachholung des verspäteten tentamen physicum beziehen, werden von dem Königlichen Oberpräsidio für Schleswig-Holstein erledigt werden; die Entscheidung über anderweitige Dispensationsgesuche, welche durch den Uebergang in die neue Ordnung veranlasst werden könnten, hat das Königl. Ministerium der geistlichen, Unterrichts- und Medicinal-Angelegenheiten sich vorbehalten."

Durch Ministerialschreiben vom 22. Juni 1868 hat der Minister der geistlichen, Unterrichts- u. Medicinal-Angelegenheiten sich etwanige Dispensationen von der Beibringung des vorschriftsmässigen Maturitäts-Zeugnisses Seitens der Candidaten aus dem vormaligen Königreich Hannover und aus Schleswig-Holstein vorbehalten.

VIII.
Nostrification.

In den Statuten der Kieler theologischen Fakultät tit. 4 heisst es: wer nicht in Kiel, sondern auf einer andern Universität Doctor oder Licentiat geworden, muss, bevor er lesen und bei Disputationen präsidiren darf, den Consens der Fakultät haben und das Bekenntniss der Rechtgläubigkeit ablegen, welches für die in Kiel Promovirten vorgeschrieben ist.[1]) In den Statuten der andern Fakultäten finde ich über die Nostrification keine Bestimmung. Aus mehreren Fällen ergiebt sich, dass ein ausser Kiel Promovirter erst in Kiel von der Fakultät nostrificirt werden muss. Wilh. Ernst Christiani, welcher in Rostock promovirt war, disputirte in Kiel im Juni 1757, um hier Vorlesungen halten zu können, er ward 1761 ausserordentlicher Professor in der philosophischen Fakultät. Im Jahre 1800 bat Doctor Albrecht Heinrich Matth. Kochen, der in Jena promovirt war, die philosophische Fakultät in Kiel um die licentiam legendi, welche ihm unter der Bedingung gegeben wurde, dass er im Laufe des Sommersemesters pro licentia legendi disputire. Kochen versäumte die Disputation, kam in Streit mit der Fakultät, welche sich auf den Entwurf der Statuten von 1778 § 13 cap. IV berief: Promotus in alia academia publice disputationem a se ipso conscriptam defendito pro facultate hic docendi obtinenda, nisi jam ante alibi id fecerit et aliter de eruditione sua satis constet. Die Regierung billigte das Verfahren der philosophischen Fakultät gegen Doctor Kochen, dessen Reden über die Bestimmung des Gelehrten Anstoss gegeben hatten.[2]) Auf Antrag der philosophischen Fakultät ward am 27. Februar

---

[1]) Die Ablegung dieses Bekenntnisses wie die S. 65 erwähnte Verpflichtung werden durch non usus abgeschaflt sein.

[2]) In den neuen Schlesw.-Holstein. Provinzialberichten Jahrg. 1815 S. 114 wird die philosophische Fakultät einer geheimen Denunciation gegen Doctor Kochen beschuldigt, als ob seine Grundsätze der Religion und dem Staat nachtheilig seien. Die Anmerkung, in der dieses vorkommt, sagt gegen den Schluss: „Er arbeitet izt an einer Geschichte der Homiletik und sitzt dabei — in Wilster." Doctor Kochen war, als dieser Artikel erschien, Hauptprediger in Wilster.

1801 (Systemat. Samml. der Verordnungen B. 4 S. 471) bestimmt, dass, wer weder in Kiel noch in Kopenhagen, sondern auf einer andern Universität den Doctorgrad erlangt hat, er mag Landeskind oder Ausländer sein, um an der Kieler Universität öffentliche Vorlesungen in den theologischen, juristischen oder philosophischen Wissenschaften zu halten, sich der Fakultät, wozu seine Wissenschaft gehört, zum Colloquio zu stellen habe, wofür jeder Fakultät die Hälfte dessen, was ihr für ein Examen statutenmässig gebührt, zu vergüten ist. Bei diesem Colloquio und bei der Zulassung der Tentirten zu Lehrvorträgen soll auch auf die Lauterkeit der Grundsätze und Lehrmeinungen Rücksicht genommen werden. Für die medicinische Fakultät waren schon früher ähnliche Vorschriften ergangen.[1])

Für diejenigen Professoren, welche von einer andern Universität nach Kiel berufen wurden und den Doctorgrad auswärts erhalten hatten, war, so viel ich sehe, eine Nostrification nicht erforderlich. Ueblich war es lange Zeit, dass ein in Kiel neu eintretender Professor eine öffentliche Rede hielt. Dies geht aus den Catalogen der Vorlesungen hervor. Im Jahre 1778 wurden diese Antrittsreden nicht mehr gehalten.

IX.

Adjuncten der Fakultäten und Privatdocenten.

In den Statuten der philosophischen Fakultät heisst es tit. I 8: Quicunque ambiunt titulum adjunctorum facultatis, si in hac academia magisterii dignitatem obtinuerunt, octo imperiales danto, et antequam admittantur ad nominis hujus usum, quatuor disputationibus, quorum ultima pro loco inter adjunctos inscribatur, publicum praesidis munus sustinento. 9) sin alibi ad magisterii dignitatem evecti atque in aliis academiis bene vixerint ac aliquoties disputarint praesidendo, facultati pro receptione inter adjunctos danto XII imperiales et tunc, habita disputatione pro adjunctura, publica ac privata collegia habendi potestatem, simulque locum ante omnes privatos philosophiae magistros habento.

[1]) Systemat. Samml. B. 4 S. 468—470.

Ein Magister oder Adjunct kann nach I 11. 12 ohne Zustimmung der Fakultät nicht disputiren, noch Privatcollegia halten.

Auch in dem Rescript vom 17. Februar 1701 wird von den doctoribus, licentiatis und magistris verlangt, dass sie ihre Disputationen der Censur der Fakultät unterwerfen. In dem Reglement vom 27. Januar 1707 VI wird bestimmt, dass, auch wer sich habilitirt habe, ohne Consens des decani keine privata collegia anfange, und XVI, dass kein magister legens befugt sei, in der Stunde zu lesen, worin ein professor philosophiae, zumalen in derselben, science lieset. Den ordinariis professoribus soll durch die Privatdocenten nicht unbilliger Weise zu nahe geschehen.

In den gedruckten halbjährlichen Verzeichnissen der Vorlesungen finden sich erst seit 1779 Vorlesungen der Privatdocenten angeführt, obgleich nachweislich früher Privatdocenten in Kiel Vorlesungen ankündigten. In dem index von 1784 finde ich zuerst einen Adjuncten, den Mathematiker Frid. Valentiner, vor den andern Privatdocenten aufgeführt; der Jurist Thibaut kommt 17$\frac{88}{89}$ unter den doctoribus privatis, 1797 als adjunctus ordinis juridici vor. H. Steffens findet sich 17$\frac{93}{94}$ unter den privatis, 1799 als Adjunct. F. Christoph Dahlmann kündigte in dem index 18$\frac{12}{13}$, nach dem medicinischen Adjuncten Hargens, vor den doctores privati seine Vorlesungen an. Das Verhältniss der Adjuncten zu den andern Privatdocenten dürfte wohl bloss darin bestanden haben, dass die ersteren vor den zweiten genannt wurden. Dahlmann erklärte freilich bei seiner Anzeige, dass er ein munus extraordinarium jussu regis übernommen habe.

Habilitation.

In den Vorschriften für die Kieler Universität finde ich keine über die Habilitation, die wenigstens in neuerer Zeit auf andern Preussischen Universitäten gelten und nach denen der Promovirte nicht wegen der Ertheilung des Grades Vorlesungen halten kann, sondern die licentia legendi erst durch einen besondern Act erwerben muss. Nach den Statuten der Bonner evangelisch theologischen Fakultät darf Keiner in den ersten zwei Jahren nach vollendetem akademischen triennio als Privatdocent zugelassen werden. Für Mediciner müssen nach dem akademischen quadriennio zwei Jahre verlaufen sein. Ausserdem ist eine Probevorlesung vor der Fakultät zu halten und ein Colloquium zu bestehen, dem eine öffentliche Antrittsvorlesung folgt. Die Habilitation ist gratis, wenn ein in Bonn Promovirter sich habilitirt. Koch, die Preussischen Universitäten B. 1 S. 251. 259. Im Jahre 1841 trug die philosophische Fakultät in Kiel bei der Oberbehörde darauf an, zu bestimmen, dass die licentia legendi nicht in der Ertheilung des Doctorgrades liege, sondern das Recht, Vorlesungen zu halten, besonders erworben werden müsse. Die Bitte ward 1851, 1854 und später wiederholt. Am 14. October 1869 ist von dem Minister der geistlichen, Unterrichts- und Medicinal-Angelegenheiten ein Reglement für die Habilitation von Privatdocenten der philosophischen Fakultät der Universität zu Kiel erlassen: „1) Die Befugniss, als Privatdocent Vorlesungen innerhalb der philosophischen Fakultät der Universität Kiel zu halten, wird fortan durch die Promotion zum Doctor allein nicht erworben, vielmehr ist dazu eine besondere Habilitation Seitens der Fakultät erforderlich. 2) Das Gesuch um Zulassung zur Habilitation ist bei dem Dekan, unter Einreichung des von einer philosophischen Fakultät einer deutschen Universität nach rite erfolgter Promotion ausgefertigten Doctordiploms und der Doctor-Dissertation, anzubringen. In demselben sind die Disciplinen zu bezeichnen, für welche die venia docendi erbeten wird. 3) Die Zulassung zur Habilitation darf nur erfolgen, wenn seit der Promotion mindestens zwei Jahre verflossen sind. In besondern Ausnahmefällen kann auf Antrag der Fakultät der vorgesetzte Minister hiervon dispensiren. 4) Der Bewerber um die venia docendi hat, ausser der Doctor-Dissertation (2), eine entweder bereits gedruckte oder, nach erfolgter Approbation Seitens der Fakultät, zu druckende wissenschaftliche Arbeit, welche Beherrschung des gegenwärtigen Standes seiner Wissenschaft in einer selbstständigen Forschung ausweist, der Fakultät vorzulegen. Die Wahl der Sprache ist dem Verfasser freigestellt. 5) Ist die eingereichte Arbeit von der Fakultät als den obigen Ansprüchen genügend erachtet worden, so hat der Bewerber vor der Fakultät eine deutsche Vorlesung über ein wissenschaftliches Thema zu halten, welches dieselbe aus drei vom Candidaten vorgeschlagenen ausgewählt hat. 6) Dieser Vorlesung folgt ein Colloquium vor der Fakultät oder vor den von ihr dazu erwählten Mitgliedern unter dem Vorsitz des Dekans in denjenigen Disciplinen, für welche die Habilitation nachgesucht worden. Bei den auf einer nichtpreussischen Universität Promovirten tritt eine Erweiterung des Colloquium ein behufs Erforschung der allgemeinen wissenschaftlichen Ausbildung des Bewerbers. 7) Von den nicht Seitens der philosophischen Fakultät in Kiel Promovirten ist für die Habilitation die bei der dortigen Promotion übliche Abgabe an die Universitätsbibliothek zu entrichten. Von den auf einer nichtpreussischen Universität Promovirten wird die Hälfte der dortigen Promotionsgebühren erhoben. 8) Ergänzungen und Abänderungen so wie die Aufhebung dieses Reglements bleiben vorbehalten."

X.
Lehrer neuerer Sprachen.

Die Kieler Universität hat von ihrem Beginn an Lehrer der neueren Sprachen, besonders der französischen gehabt. Diese Lehrer waren zum Theil Lectoren, theils Professoren. Da in dem Herzogthum Schleswig in mehreren Districten die Kirchen- und Schulsprache die dänische ist, musste es angemessen erscheinen, auf der Kieler Universität für den Unterricht in dieser Sprache Vorsorge zu treffen. Dass den Einwohnern des nördlichen Schleswig die dänische Schriftsprache verständlich und das Verhältniss der Schleswigschen Dialekte zur dänischen Schriftsprache kein anderes ist, als das der jütischen und seeländischen Volkssprachen, hat Falck gewiss mit Recht behauptet. Wir müssen hier den Sprachstreit[1]) übergehen. Im Jahre 1781 ward Holger de Fine Olivarius als ausserordentlicher Professor des dänischen Rechts und der dänischen Sprache in Kiel angestellt, er war oft von hier abwesend und ward 1825 mit Pension entlassen. Am 5. Januar 1811 ward der Dichter Baggesen zum ausserordentlichen Professor der dänischen

---

[1]) Ratjen, Zur Kenntniss der politischen Literatur in Beziehung auf die Herzogthümer in Aegidi's Zeitschrift für deutsches Staatsrecht H. 4 S. 485 u. folg.

Sprache nnd Literatur ernannt, er wünschte die Anstellung eines Lectors der dänischen Sprache, erhielt 1814 auf seinen Wunsch seine Entlassung. Im Jahre 1814 ward der Candidat H. C. Götzsche zum Lector ernannt. Mit kurzen Unterbrechungen ist auf der Kieler Universität stets ein Lehrer der dänischen Sprache gewesen.

XI.
Vorlesungen.

Nach den allgemeinen Statuten der Kieler Universität vom 2. April 1666 de docentibus soll „jeder Professor vier Stunden in der Woche lesen, es wäre denn, dass Festtage, promotiones oder andere erhebliche Nothwendigkeiten einfielen". Zu Ende jedes Monats soll „jeder Professor ein Verzeichniss bei seinem decano einschicken, und was er jedesmal prästirt, darin specificiren auch, da er einige Stunden versäumt, die Ursache dessen hinzuthun, welche Monatszettel alle Quartal publice in pleno senatu verlesen und nachgehends dem directori magnificentissimo nebst den gehaltenen disputationibus überschickt werden sollen, da sich dann bei vorfallender Visitation, dass von einem oder andern etwas versäumet befinden möchte, und die causae und praetextus von denen dazu verordneten fürstlichen Deputirten nicht angenommen würden, seynd sie ein gewisses Geld für jede solche Stunde am salario abzuziehen befugt."

Im Jahr 1668 erfolgte die erste Visitation der Universität durch Johann Adolf Kielmann von Kielmannseck, Friedrich Christian Kielmann von Kielmannseck und Andreas Cramer. In der darauf erfolgten hochfürstlichen Resolution[1] heisst es: 8) „dass für jede verabsäumte Lection von dem salario, ohne

---

[1] Handschrift S. H. 179 A S. 43. Vielleicht hängt mit dieser Vorschrift die Einrichtung zusammen, dass die indices von 1668 an ausser den lectiones im nächsten Semester habendae oder operae impendendae auch die absolutae enthalten. Dies geht fort bis 1772. Die Anzeigen sind in älterer Zeit oft ungenau. Aus einem Rescript vom 9. Decbr. 1673 sieht man, dass jedem Professor die Stunde, in der er lesen solle, in seiner Bestallung assignirt war.

jenige dispensation ein halber Rthlr. abgezogen werde, immassen dasselbe auch auf etlichen andern Academien Herkommens und gebräuchlich ist." 10) „soll ein jedweder professor nebst der ihm incumbirenden lectione publica auch allemal ein privatum, sive lectorium sive disputatorium collegium halten und nachdem Dr. S. H. Saunemann, M. Nicol. Mauritius und Dr. Curtius[1]) es daran und sonst an Vielem ermangeln lassen, so wollen I. F. Durchl. hiemit dieselbe abgestellet und hingegen —".

Nach einem Rescript vom 10. August 1671 n. 12 (Handschrift S. H. 175 A. S. 119) soll das wegen versäumter Vorlesungen abgezogene Geld aufgehoben und bei der Rectoratswahl zur Hälfte allen professoribus und zur andern Hälfte den professoribus ejusdem facultatis accresciren, zu welcher der Säumige gehört.

In dem Reglement vom 27. Januar 1707, welches der Administrator Christian August, Vormund des unmündigen Herzogs Carl Friedrich, auf Vorschlag der perpetui visitatores M. von Wedderkop und H. Muhlius publiciren liess, ist § III die Vorschrift von 1668 im Allgemeinen wiederholt und bestimmt: „Auf dass man eines jeden professoris Fleiss desto besser versichert werde, soll jeder professor hinkünftig nicht in seinem Hause, sondern so wohl des Winters als des Sommers, es sei denn, dass die Kälte zu gross und die docentes so wenig als discentes sich davor bergen können, seine lectiones publicas in dem auditorio publico auch publice verrichten." Nach dem Reglement der Visitations-Commission vom 9. Januar 1725 Anl. B. n. 8 und n. 10 soll der Pedell[2]) die Lectionen täglich in ein Buch schreiben und für jede versäumte Lection dem Professor der zweihundertste Theil des Salairs abgezogen werden. Die juristischen Professoren sollen nicht advociren, practiciren, Gericht halten u. s. w., die medicinischen nicht ausser der Stadt practiciren.

---

[1]) Curtius kommt in der indices nicht vor, nach Torquati inauguratio p. 80 und Moller, Cimbria literata II p. 159 war Al. Carl Curtius juris et med. doctor Gallicae et Italicae linguarum prof. extraordinarius.

[2]) Handschrift S. H. 175 A. 553. Die Vorschrift, dass der Pedell die Aufsicht führe, vom 10. August 1671 ward am 31. August 1671 aufgehoben, die eidliche Angabe des Professors solle genügen; 1724 und 1725 ward wieder der Pedell mit der Notirung beauftragt. Nach einem Reglement von 1725 sollen alle Reglcetengelder der Bibliothek zufallen. S. H. 175 A S. 573.

Die Professoren werden in mehreren Verfügungen erinnert, die Vorlesungen zeitig zu absolviren. Wedderkopff, wie er in den indices heisst, oder Wedderkopp, der Professor codicis, las fünf Semester an Buch 1—42 der Pandekten. Nach dem Rescript vom 17. Februar 1701 sollen die Institutionen alle halbe Jahre beendigt, die Pandekten alle Jahre publice so wohl im Lesen als Disputiren zu Ende gebracht werden. Der codicis professor soll alle Jahr ad ductum oder methodum Cujacii oder eines andern berühmten Scribenten die ersten neun Bücher absolviren. Nach dem Reglement vom 27. Februar 1707 sollen § IV, wegen Seltenheit der Studiosorum medicinae, deren professores, so viel möglich, daran sein, ihre lectiones ordinarias solcher Gestalt einzurichten, dass auch der andern Fakultäten Studiosi Nutzen davon haben können.

Nach der Instruction der Curatoren der Universität von 1775 für Graf Detlev Reventlow[1]), 1800 für Graf Fr. Reventlow, 1820 für Graf Brockdorff[1]), 1855 für den Kammerherrn Kauffmann[1]) haben diese darauf zu achten, dass kein Theil der Wissenschaften unvorgetragen bleibe, dass die nöthigen Vorlesungen in gehöriger Folge gehalten und möglichst in einem halben Jahre absolvirt werden. In den öffentlichen Vorlesungen sollen nicht Abschnitte der zu einer Privatvorlesung bestimmten Wissenschaft, sondern einzelne Theile für sich behandelt werden. Die Verzeichnisse der zu haltenden Vorlesungen sollen von den Fakultäten berathen und zeitig zur Genehmigung eingesandt werden. Am Schluss jedes Semesters ist ein Verzeichniss der gehaltenen Vorlesungen einzuschicken mit Angabe der Zahl der Zuhörer, wobei über die angekündigten nicht gehaltenen Lectionen die Gründe anzugeben sind, weshalb sie nicht gehalten worden.

Nach der Instruction des Curators vom 13. Januar 1820 § 8 hat der Curator es möglichst zu begünstigen, „dass junge Gelehrte von allen Fakultäten, sie mögen bereits promovirt sein oder nicht, auf eine den Statuten gemässe Weise Vorlesungen halten und Repetitoria, Examinatoria und Disputirübungen mit den Studirenden anstellen. Diejenigen, welche sich hierin aus-

---

[1]) Chronol. Samml. 1820 n. 20. Systemat. Samml. IV. 369. Gesetz- und Ministerialblatt für Holstein und Lauenburg 1855 S. 117.

zeichnen, können erwarten, Uns von dem Curator besonders empfohlen zu werden." In einzelnen Fällen, z. B. für das Semester 183¼, hat der Curator einem Doctoranden vor Absolvirung des Doctorexamens Vorlesungen gestattet, wie in früherer Zeit Einzelnen Vorlesungen zu halten, mit der später zu erfüllenden Aufgabe der Disputation erlaubt wurde. Schon in der Curatelinstruction vom 26. October 1775 findet sich § 7 (Statut. II. d. 8) und in der Instruction vom 4. April 1800 § 6 eine ähnliche Bestimmung.

Die Studirenden sollen nach wiederholten Vorschriften weder zu akademischen noch Amtsprüfungen zugelassen werden, ohne ein Abgangszeugniss von der Universität zu produciren.[1] Auch ward am 13. April 1787 verordnet, dass die studirenden Juristen Vorlesungen über die Philosophie, Mathematik, die Reichshistorie und das jus publicum hören sollten. Jedoch ward Keiner, wenn auch in seinem Abgangszeugnisse von der Universität wesentliche Vermisse hervorgehoben wurden, von der Prüfung ausgeschlossen. Es kam bei dieser nur darauf an, ob der Candidat die erforderlichen Kenntnisse besitze, ohne darauf zu sehen, ob er sich diese durch Vorlesungen oder sonst angeeignet habe. Das akademische Consistorium erliess am 2. April 1796 eine Bekanntmachung, betreffend den Studienplan für die Studirenden aus allen Fakultäten, am 12. October 1857 ward ein etwas veränderter Studienplan von dem akademischen Consistorio bekannt gemacht. Beide Bekanntmachungen sind Rathschläge der akademischen Lehrer an die Studirenden.

---

[1] Verordnung vom 26. October 1775, 2. September 1783, 29. April 1796, 12. August 1834. Ueber die für die Preussischen Universitäten im Jahre 1825 vorgeschriebenen Abgangs- und Sittenzeugnisse giebt Rönne, das Unterrichtswesen B. 2 S. 602—606 Auskunft.

XII.
Disputationen.

Dass in früherer Zeit grosser Werth auf das Halten von Disputationen gelegt wurde, ist bekannt.[1]) Was früher zu viel geschah, geschieht in jetziger Zeit wohl zu wenig. Ausser der Theilnahme an Seminaren haben die Studirenden zu wenig Gelegenheit, aus ihrer Receptivität hervorzutreten. Herzog Friedrich recommandirte in seinem Rescript vom 17. Februar 1701 den professoribus in denen Privatcollegiis die collegia examinatoria aller Fakultäten ernstlich. Damit der Fleiss durch öffentliche specimina kund werde, befiehlt der Herzog, dass man den Sonnabend den exercitiis publicis widme, an welchem aus allen Fakultäten öffentliche actus sollen fürgenommen werden; Vormittags soll facultas theologica durch einen geschickten Studiosum in der Klosterkirche predigen lassen, nachdem zuvor die Predigt von einem professor theologiae übersehen und censirt worden. Die facultas juridica soll einen Gerichts-terminum ansetzen, und die jungen Leute gründlich anweisen, wie im Gericht zu verfahren, die facultas medica soll einen chemischen Process zeigen, eine section oder demonstratio plantarum etc. darlegen, facultas philosophica soll Nachmittags ein experimentum physicum oder demonstratio mathematica oder eine schöne ovation oder ein gut carmen recitiren lassen.

Der Herzog will die Zahl der publicarum disputationum vermehrt wissen, alle Woche soll auf herzogliche Kosten eine disputatio publica von zwei Bogen gedruckt, von denen studiosis Mittwochens von 9-11 nach Ordnung der Fakultäten (so dass jede Fakultät in einem Monat einmal disputire) gehalten werden. Mittwochen Nachmittag soll eine Bücher-Conference angestellt werden. Nach dem Reglement vom 24. Januar 1707 sollen die disputationes Fridericianae alle vierzehn Tage gehalten und wohl elaborirte disputationes von 4 bis 5 Bogen auf öffentliche Kosten

---

[1]) W. Wl. Tomek, Geschichte der Prager Universität, Prag 1849, S. 31. Zarncke, die Statutenbücher der Universität Leipzig, Leipzig 1861, S. 308. 453.

gedruckt werden. Die Fridericianischen Disputationen konnten von 1732 bis 1742 aus Mangel an Geld nicht gehalten werden.[1]) Nach dem genannten Rescript von 1701 sollen bei Antritt eines neuen decani alle studiosi theologiae durch ein programma zusammen gerufen und öffentlich examinirt, ein Verzeichniss der Ausgebliebenen, der Unwissenden und der recht Fleissigen soll an den Herzog eingesandt werden. Nach dem Reglement vom 27. Jan. 1707 XI. soll das 1701 verordnete Examen alle halbe Jahr bei Veränderung des Prorektorats bewerkstelligt werden, doch so, dass wenigstens alle und jede einheimische studiosi theologiae, die Beförderung in hiesigen Landen hoffen, insonderheit die Convictoristen von der ganzen theologischen Fakultät und deren membris mit Zuzichung der philosophischen, und falls einige juris oder medicinae studiosi vorhanden, auch der decanorum übriger Fakultäten durch ein programma ad consistorium vorgeladen und ratione laborum et morum mit Fleiss daselbst examiniret, auch ihnen sampt und sonders eine gewisse Anweisung gethan werden, wie sie in dem halben Jahre u. s. f. ihre labores und methodum studiorum ordentlich einzurichten —.

Die Fridericianischen Disputationen sind längst eingegangen; ausser den bei Promotionen von dem Doctoranden zu haltenden Disputationen sind in Kiel keine andern üblich. Auch die genannten Prüfungen sind weggefallen.

XIII.

Seminare.

Nach dem Austausch des vormals grossfürstlichen Antheils von Holstein, durch welchen die Kieler Universität für beide ganze Herzogthümer Landesuniversität wurde, geschah von der Königlichen Regierung Manches zur Förderung der Studien auf dieser Universität. Wir zählen dahin das 1775 errichtete homiletische Seminar, über welches Professor Köster in seiner Geschichte des Studiums der praktischen Theologie auf der Uni-

---

[1]) Ratjen, Dreyer und Westphalen S. 40.

versität Kiel 1825 Nachricht gegeben hat, die Kirchenrath Lüdemann in der Chronik der Universität für 1854 vervollständigte.
Ueber das 1835 errichtete **katechotische** Seminar hat Lüdemann in der Universitätschronik für 1855 Nachricht gegeben. Zu dem **philologischen** Seminar ward 1777 der Grund gelegt, indem der König ein Stipendium von 200 Rthlr. für eingeborne studiosos, die auf der Universität Kiel sich den Schulwissenschaften widmen, aussetzte. Der damalige Erbprinz Friedrich erhöhte dieses Stipendium. Professor Curtius hat in der Chronik der Universität für 1855 S. 37—41 Nachricht über dieses Seminar gegeben. Durch manche Streitigkeiten des Professors der Philologie Heinrich ward das 1810 gestiftete philologische Institut eine Zeitlang am Fortschreiten gehemmt, aber, wie Curtius hervorhebt, nach Heinrichs Weggang im Jahre 1818 ward das philologische Seminar, wie es 1820 hiess, durch A. Twesten wesentlich gefördert.

Das Statut für das **pädagogische** Seminar ist gedruckt in dem Gesetz- und Ministerialblatt für 1855 Stück 42 S. 377. Der Director hat alle Jahre über den Stand und die Erfolge des Seminars einen Bericht an das akademische Consistorium zu erstatten.

XIV.
Das Spruchcollegium.

Die hiesige juristische Fakultät war von Beginn der Universität an als Spruchcollegium thätig. Die Universitätsbibliothek hat mehrere von Dreyer und Falck für das Kieler Spruchcollegium geschriebene responsa. (Verzeichniss der Handschriften, welche die Herzogthümer betreffen, B. 2 S. 151—152.) Ein Reglement für das Spruchcollegium vom 19. November 1783 ist gedruckt in der Systemat. Samml. IV S. 395—409. Nach der Instruction des Curators vom 13. Juni 1820 soll dieses Collegium alle halbe Jahr ein Verzeichniss der eingekommenen, expedirten und rückständigen Acten an den Curator senden. Nach der Instruction des Curators vom 9. Mai 1855 (Gesetz- und Ministerialblatt 1855 S. 119) soll diese Einsendung vierteljährlich erfolgen. Durch den

Beschluss der Bundesversammlung vom 13. Novbr. 1834, welchen die Kanzlei dem Spruchcollegium mittheilen liess (Chronolog. Samml. 1834 S. 580), wurde die Versendung der Acten auf Civilstreitigkeiten beschränkt. Für die Herzogthümer war dies schon früher geschehen (Ratjen, Dreyer und Westphalen S. 104—105), und in der Gerichtsordnung für das Oberappellationsgericht vom 15. Mai 1834 heisst es § 11: Die Verschickung der Acten an ein Spruchcollegium zum Einholen des Urtheils findet weder von Amtswegen, noch auf den Antrag der Partheien statt. In den meisten deutschen Ländern ist die Actenversendung zur Fällung eines Urtheils abgestellt werden, und beschränkt sich die Thätigkeit der Spruchcollegien auf Gutachten.

XV.
Die Universitätsbibliothek.

Wegen der Kieler Universitätsbibliothek darf ich verweisen auf mein Fragment zur Geschichte dieser Bibliothek in (A. Niemann's) Chronik der Universität Kiel vom Jahre 1831 S. 41, auf mein Verzeichniss der Handschriften der Kieler Universitätsbibliothek, welche Schleswig und Holstein betreffen, B. 1. 2. 3. Kiel 1847—1866, so wie auf zwei 1862 und 1863 von mir erschienene Programme zur Geschichte der Kieler Universitätsbibliothek, die auch in den Universitätschroniken dieser Jahre stehen. Ich habe in diesen Programmen die Druck- und Handschriften der chemaligen Bordesholmer Klosterbibliothek verzeichnet und weitere Nachrichten über die Universitätsbibliothek und die auf dieselbe sich beziehende Literatur gegeben. Berichte über einzelne Jahre finden sich in der seit 1854 herausgegebenen Chronik der Universität. Zu der bibliotheca Bordesholmensis, der bibliotheca der Nicolai-Kirche in Kiel und der Utinensis, welche bei der Stiftung der Universität derselben gegeben wurden, kamen bald die Doubletten der reichen bibliotheca Gottorpiensis, die von Friedrich Andreas Cramer, Johann v. Clausenheim und Joh. Cruse geschenkten Sammlungen. Diese sieben Bibliotheken wurden lange separat gehalten.

1.

Die Einnahmen der Bibliothek waren lange Zeit etwas ungewiss. 1) Die Neglectengelder, welche die Professoren wegen versäumter Vorlesungen zu zahlen haben, fallen nach dem Reglement vom 9. Jan. 1725 der Bibliothek zu, welche 2) einen Theil der Inscriptionsgelder, nach der Gleichstellung der Adeligen und Bürgerlichen 1 ℔ oder 12 ℔., von jedem Inscribirten erhält, so wie 3) die Hälfte der akademischen Strafgelder. 4) Jeder neu ankommende Professor hat 12 Rthlr. oder $14\frac{2}{3}$ Thlr. Pr. an die Bibliothek zu zahlen [1]), so wie 5) jeder Doctor oder Licentiat der drei ersten Fakultäten bei der Promotion 8 Rthlr. oder 9 Thlr. 18 Sgr., jeder Magister 4 Rthlr. oder 4 Thlr. 24 Sgr. Die erst angeführte Einnahme ist später weggefallen, sowie die Bestimmung vom 9. Januar 1725, dass jeder Studirende für sein Abgangszeugniss ein Rthlr. Cour. an die Bibliothek zahle, falls er bei Mitteln sei. Einige Vortheile erhielt die Bibliothek durch die Verpflichtung der Buchdrucker, ein Druckexemplar zu liefern. Die Universität hatte von Anfang einen privilegirten Buchdrucker, dem auch etliche Jahre der Buchhandel concedirt war. Ihm ward 1698 halbe Hausfreiheit bewilligt und bis 1725 jährlich 100 ℔. Von seinen Druckschriften musste der Buchdrucker ein Exemplar an die Universitätsbibliothek geben und nach ursprünglicher Anordnung die Programme und Lectionskataloge ohne Entgeld drucken, was später beschränkt wurde, dann ganz wegfiel. Durch eine vereinbarte Taxe wurden die Druckkosten bestimmt und angeordnet, dass das Papier nach dem Einkaufspreise zu berechnen sei. Der Drucker erhielt ein Privilegium auf den Druck aller Disputationen und Programme, die von akademischen Jurisdictionsverwandten geschrieben worden, so wie auf den Druck der Verzeichnisse von Bücherauctionen. Die Verpflichtung der Drucker, ein Exemplar an die Kieler Universitätsbibliothek zu liefern, ward 1725 auf alle Buchdrucker in dem grossfürstlichen Theil der Herzogthümer ausgedehnt. Durch die Verordnung vom 3. Juni 1800 ward bestimmt, dass zum Betrieb der Buchdruckerei landesherrliche Bewilligung erforderlich sei. Das Patent vom 18. Mai 1822 bestimmte, „dass

---

[1]) Vergl. conclusum consistorii 16. Septbr. 1799.

alle Diejenigen, welchen in Zukunft allerhöchste Privilegien auf Buchdruckereien und Buchhandlungen in den Herzogthümern Schleswig und Holstein bewilligt werden möchten, verpflichtet sein sollen, ein Exemplar von allen bei ihnen gedruckten oder von ihnen verlegten Schriften an die Universitätsbibliothek zu Kiel am Ablauf jedes Jahres kostenfrei einzusenden."[1]) Dass die Buchdruckereien in den Herzogthümern zwei Exemplare ihrer Drucksachen an die grosse Königliche Bibliothek in Kopenhagen liefern sollten, war 1781 am 19. Januar und 1785 am 15. Januar vorgeschrieben worden. Durch die Verordnung vom 27. Decbr. 1842 (Chronolog. Sammlung S. 677) ward der Buchhandel in den Herzogthümern für ein freies bürgerliches Gewerbe erklärt, erforderlich sei jedoch eine vorherige Anzeige an die Polizeibehörde. In der Bekanntmachung des Königlichen Oberpräsidii vom 25. October 1867, welche den Druckern der Herzogthümer die Verpflichtung auferlegte, ein Exemplar ihrer Druckschriften an die Königl. Bibliothek in Berlin einzusenden, wird bemerkt, „dass es in Betreff der Verpflichtung der Buchdrucker und Buchhändler der hiesigen Provinz, ein Exemplar von allen bei ihnen gedruckten und verlegten Schriften an die hiesige Universitätsbibliothek vor Ablauf eines jeden Jahres kostenfrei einzusenden, bei dem Patent vom 18. Mai 1822 bewendet, welches durch die Einführung des Pressgesetzes vom 12. Mai 1851 in der hiesigen Provinz nicht für beseitigt zu erachten ist."[2])

Die Universität Kiel hatte wenigstens seit 1770 einen privilegirten Universitätsbuchhändler. Dieser erhielt ein jährliches Honorar von 40 Rthlr., später 100 Rthlr. Cour. jährlich und halbe Hausfreiheit, er ward verpflichtet, jährlich ein Buch von 3 Rthlr. Werth und ein Exemplar seines Verlags an die Universitätsbibliothek zu liefern, ein gutes Assortiment von Büchern zu halten. Er hatte bis 1832 das Recht, dass die

---

[1]) Systemat. Samml. IV S. 478.
[2]) Verordnungsblatt für Schleswig-Holstein 1867 S. 1191 u. 1332. Gesetz-Sammlung 1867 S. 922. In dem Gesetz vom 12. Mai 1851 S. 273 heisst es § 6: An der bisherigen Verpflichtung des Verlegers, zwei Exemplare seiner Verlagsartikel, eins an die Königliche Bibliothek in Berlin, das andere an die Bibliothek der Universität der Provinz, in der er wohnt, unentgeldlich einzusenden, wird nichts geändert.

Universitätsbibliothek neue Bücher nur von ihm kaufe, er habe dieselben auf's Wohlfeilste zu verschaffen. Später ward dem Universitätsbuchhändler aufgelegt, die Besorgung der zum Austausch mit andern Universitäten bestimmten akademischen Schriften zu übernehmen, ohne für seine Mühewaltung etwas in Rechnung zu stellen. Das Honorar von 100 Rthlr. Cour. oder 160 Thlr. ist nach 1837 weggefallen.

Nach dem Reglement vom 9. Januar 1725 sollten fremde (nicht Kieler) Buchhändler, die in den Märkten in Kiel Bücher verkaufen wollten, vorher ein Buch von wenigstens 3 Rthlr. Cour. Werth an die Universitätsbibliothek geben. Diese Bestimmung ist ausser Gebrauch gekommen. „Alle professores, theologi und Gelehrte, die ein scriptum in unsern Hertzogthümern ediren, sollen ein sauberes Exemplar an die Bibliothek einliefern" nach dem mehr erwähnten Reglement von 1725. Am 16. Octbr. 1799 empfahl das akademische Consistorium den Lehrern der hiesigen Universität dringend, von dem, was sie haben drucken lassen und ferner in Druck geben werden, ein Exemplar, in so fern es in Anschung des schon längst Gedruckten noch möglich ist, der hiesigen Universitätsbibliothek zu schenken.

So lange das Geldwesen der Universität nicht geordnet war, der Bibliothekar die Bibliothekkasse führte, gingen die 12 Rthlr. Accessionsgeld, welche jeder neue Professor an seinen Collegen, den Bibliothekar, zu zahlen hatte, unregelmässig ein. Auch als 1783 der Quästor[1]) die Bibliothekskasse führte, gingen die Zahlungen nicht immer regelmässig ein. Das Consistorium beschloss deshalb am 18. Septbr. 1799, dass die 12 Rthlr. Accessionsgeld nach Anweisung von dem Gehalt des Schuldners abzuziehen seien. Dass jeder Licentiat der Medicin die am 9. Januar 1725 vorgeschriebenen 8 Rthlr. zu zahlen habe, ward 1836 von der Kanzelei anerkannt.

Im Jahre 1770 erhielt die Bibliothek eine feste jährliche Einnahme von 100 Rthlr.[2]), ausserdem seit 1740 durch den Verkauf von Doubletten ein kleines Capital. Nach dem Austausch des grossfürstlichen Holsteins erhielt die Kieler Bibliothek 1773

---

[1]) Systemat. Samml. IV S. 412. Statut. Vol. I S. 795. 826.
[2]) Systemat. Samml. IV S. 412.

die Doubletten der Königlichen Hand-Bibliothek zum Geschenk und wiederholt ausserordentliche Geldgeschenke. Den Ankauf der bedeutenden Wolff'schen Bibliothek im Jahre 1784 habe ich schon oben (S. 27) erwähnt. Zum Ankauf auf der Auction der Bücher des verstorbenen Kanzlers Cramer, des Archiator Hensler, des Professor Wiedemann und des Juristen Cramer wurden 1790, 1806, 1834 und 1841 nicht unbedeutende Summen bewilligt. Das annuum der Bibliothek ward 1801 erhöht zu 1000 Rthlr. Cour. (1200 Thlr. Pr.). Am 23. April 1811 [1]) wurden 100 Rthlr. zur Anschaffung dänischer Bücher bewilligt, Professor Baggesen sollte die Auswahl machen. Die Bücherrechnung sollte mit Attest versehen an die Schlesw.-Holstein. Kanzelei eingesandt werden. Einige Jahre ward dieses Geld nicht verwandt und am 22. Decbr. 1820 gestattet, für den vierten Theil dieser Summe schwedische und norwegische Bücher zu kaufen. Die Summe ward später nicht gezahlt, jedoch für 1853 zur Anschaffung dänischer Bücher 300 Rbthlr. (225 Thlr. Pr.), 18$\frac{55}{56}$ zum Ankauf naturhistorischer Werke 800 Rbthlr. (600 Thlr. Pr.) bewilligt. Von den Besitzern adeliger Güter erhielt die Bibliothek aus den Zinsen des Zollfonds 1840 100 Rthlr. Cour. und 1844 200 Rthlr. Nach dem Kanzeleipatent vom 18. Septbr. 1821 (Systemat. Samml. IV S. 514) haben, wie schon oben S. 21 erwähnt worden, Diejenigen, welche durch Allerhöchste Bewilligung von dem vorschriftsmässigen zweijährigen Aufenthalt auf der Universität zu Kiel befreit werden, eine nach Maassgabe ihrer Vermögensumstände und der an dem zweijährigen Aufenthalt fehlenden Zeit eine in jedem einzelnen Fall Allerhöchst zu bestimmende Recognition an die Kieler Universitätsbibliothek zu erlegen. Die zu zahlende Summe ward später von dem Curator bestimmt. In den Jahren 1839 bis 1850 wurden von einzelnen Studirenden 56 Rthlr., 20 Rthlr., 31 Rthlr., 30 Rthlr., 50 Rthlr. Cour. an die Bibliothekskasse bezahlt. Von 1864 bis 1867 wurde, abweichend von dem genannten Patent, die zu zahlende Summe regelmässig zu 10 Rthlr. Cour. bestimmt. Die Bibliothekskasse erhob in dem Rechnungsjahr vom 1. April 1865 bis 31. März 1866 von zehn Dispensirten 100 Rthlr. Cour.

---

[1]) Chronolog. Samml. der Verordnungen 1811 S. 71.

Durch die Aufhebung dieser Recognition wegen des Dispenses a biennio hat die Universitätsbibliothek also eine nicht ganz unbedeutende Einbusse erlitten.

In dem Budget und dem Normalreglement für 1841, durch welche zuerst öffentlich in's Einzelne gehende finanzielle Nachweisung gegeben wurde, ist S. 187 ausgesprochen, dass die bisher für die Kieler Universitätsbibliothek aus der Staatskasse gezahlten 1600 Rbthlr. (1200 Thlr Pr.) nicht genügten, die Summe ward, wie S. 188 zeigt, zu 2640 Rbthlr. erhöht, von denen auch die Besoldungen eines Gehülfen, eines Schreibers und eines Boten, zusammen 400 Rbthlr., abzuhalten. Aus der 1843 publicirten Rechnungsübersicht für das Jahr 1841 S. 183 und 184 ergiebt sich, dass für das letztere Jahr noch 200 Rbthlr. für einen ausserordentlichen Gehülfen und ausser den 2640 Rbthlr. noch 2020 Rbthlr. bewilligt wurden.

Das Budget für 1846 giebt S. 82 als das Ordinarium der Bibliothek, statt der früheren 2640 Rbthlr., 3200 Rbthlr. (2400 Thlr. Pr.) an. Von dem Fideicommiss der Professorin Fabricius geb. Ambrosius erhält die Bibliothek seit 1855 bis weiter 200 Rthlr. Cour. (240 Thlr. Pr.) jährlich. Im Jahre $18\frac{44}{45}$ erhielt die Bibliothek durch ein Vermächtniss von Ernst Hegewisch 200 Rthlr. Cour. zur Anschaffung englischer Werke. Das Capital der Bibliothek stieg durch den Verkauf von Doubletten zu 7500 ℳ oder 3000 Thlr. Pr. Zu 4 pCt. Zinsen belegt, giebt jährlich 120 Thlr. Pr. In dem Budget des Herzogthums Holstein $18\frac{44}{47}$ S. 149 und 154 hat die Universitätsbibliothek an Zinsen eines eigenen Capitals jährlich 120 Thlr. Pr. Zur Haltung eines Gehülfen erhielt der Bibliothekar vom Staat 500 ℳ, zur Haltung eines Boten 200 ℳ, für einen Copiisten waren ausgesetzt 300 ℳ, also die drei Pöste zusammen 400 Thlr. Pr. Durch die 1856 bestimmte Theurungszulage und zur Abrundung waren die ausgesetzten 400 Rbthlr. oder 300 Thlr. Pr. zu 400 Thlr. erhöht. Ein bestimmter Copiist wurde nicht gehalten. Zur Anschaffung von Büchern, Vollendung der Catalogarbeiten, zum Binden, Heizen u. s. w. sind in dem genannten Budget als Ordinarium die früher bestimmten 6000 ℳ oder 2400 Thlr., und als Extraordinarium 1000 ℳ oder 400 Thlr. ausgesetzt. Die Recognitionen bei Anstellungen von Professoren, bei Dispensationen vom Biennio, der Theilnahme an Inscriptions-

und Strafgeldern u. s. w. sind zu 225 Thlr. berechnet[1]), die jährlichen Zinsen des Fabricius'schen Fideicommisses zu 240 Thlr. Von einer russischen Eisenbahnactie, welche der Literat Schilling in Riga 1865 schenkte, erhält die Bibliothek an Zinsen 4 Thlr. Nach der Stiftungsacte des Kamla'schen Stipendii vom 19. Februar 1862 fällt eine Rate desselben, wenn der Betheiligte nicht das zweite Semester in Kiel studirt oder derselbe sich eine Rüge zuzieht, an die Bibliothekskasse. Das Stipendien-Capital beträgt 6400 Rbthlr. oder 4800 Thlr., die Zinsen zu 4 pCt., also 192 Thlr. Die Gesammt-Einnahme der Bibliothek ist hiernach also:

1) 120 Thlr. Zinsen,
2) 400 „ für Gehülfen, Copiisten und Boten,
3) 2400 „ Ordinarium aus der Staatskasse,
4) 400 „ Extraordinarium,
5) 225 „ Recognitionen etc.,
6) 240 „ Fabricius Fideicommiss,
7) 5 „ Schillings-Actie und Kamla's Stipendium.

3790 Thlr. Pr.

Zieht man die 400 Thlr. ab, welche für die Gehülfen, Copiisten und Boten ausgesetzt sind, so bleiben 3390 Thlr., oder, wenn Nr. 5 zu hoch berechnet sein sollte, 3300 Thlr.

Nach dem Budget pro 1868/69 (Anlagen zum Staatshaushalts-Etat für 1868 B. 3 Nr. 6 S. 76) hat die Kieler Universitätsbibliothek an Zuschüssen aus Staatsfonds jährlich 4306 Thlr. 12 Sgr. In dieser Summe werden wohl die Einnahmen von dem Capital der Bibliothek und von einigen Berechtigungen mit veranschlagt sein. Für den ersten Custos sind 500 Thlr., für den zweiten 400 Thlr., für den Boten 120 Thlr. ausgesetzt. Nach Abzug dieser 1020 Thlr. bleiben zur Anschaffung von Büchern, zum Binden, Heizen, zu Repositorien, zu Schreibmaterialien, zur Feuerversicherung u. s. w. 3286 Thlr. 12 Sgr.

Die etwanigen Mehreinnahmen an Zinsen, Recognitionsgebühren von neu angestellten Professoren, Inscriptionsgebühren und Brüchen, welche in den 4306 Thlr. 12 Sgr. veranschlagt sind,

---

[1]) Eben so in dem Budget des Herzogthums Holstein 1865/66 S 102 412 ♃ 8 β und 150 ♃.

werden der Bibliothek zukommen. Dass die Einnahme für Dispensationen vom Biennio wegfalle, ist schon erwähnt worden, und dürften deshalb die veranschlagten 225 Thlr. für Recognitionen u. s. w. verringert werden.

Seine Majestät der König geruhten am 27. December 1867, der hiesigen Königlichen Bibliothek ausserordentlich 500 Thlr. zu bewilligen.

2.

Nach dem Tode des sehr thätigen Bibliothekars Christiani im Jahre 1793 trat zuerst eine Bibliothekscommission ein. Bis dahin hatte einer der Professoren die Geschäfte verwaltet. Die Namen derselben stehen in N. H. Schwarze's Nachrichten von Kiel S. 257, nur ist daselbst wie in meinem Beitrag zur Geschichte der Kieler Universität irrig Ph. Fr. Hane Bibliothekar genannt. Vergl. Ratjen, Dreyer und Westphalen S. 38 und meinen Beitrag zur Geschichte der Kieler Universitätsbibliothek, Kiel 1863 S. 123—125. Das Verhältniss der Commission zu dem Bibliothekar ward erst durch ein Königl. Rescript vom 31. Mai 1817 (Systemat. Samml. IV S. 476—478) bestimmt. Mit Hülfe von Studirenden, denen dafür die Convikteinnahme bewilligt wurde, arbeitete der kenntnissreiche Bibliothekar B. Kordes mit unermüdlichem Fleiss, um die Bibliothek zu ordnen und zu catalogisiren. Eine Zeitlang leistete ihm Nic. Conrad Fr. Wittrock Hülfe und schrieb einen Theil des von Kordes gefertigten Zettelcatalogs in's Reine. Nach Kordes Tode, im Jahre 1823, fand ein Interimisticum statt, bis der Jurist Andr. Wilh. Cramer, der Verehrer des Cujacius und der juristischen Exegese im Gegensatz zur Systematik, 1826 zum Oberbibliothekar ernannt wurde.[1]) Ueber die Geschäfte der Bibliothekscommission, des Ober- und Unterbibliothekars erschienen in demselben Jahre ausführliche Vorschriften. (Systemat. Samml. IV S. 479—499.) Cramer arbeitete für die Bibliothek unermüdlich. Ueber die früher der Universitätsbibliothek zugewandte Schönborn'sche Sammlung schrieb er mit seiner schönen Sächsischen Hand einen eigenen alphabetischen Catalog, eben so catalogisirte

---

[1]) Nitzsch's memoria Crameri ist in den von mir herausgegebenen kleinen Schriften Cramer's, Leipzig 1837, wieder gedruckt.

er die philologisch-antiquarischen und die nicht unbedeutende Sammlung juristischer Dissertationen, von denen die ehemalige Wunderlich'sche systematisch gebunden war, ferner die medicinischen Dissertationen, welche von Professor Lüders geordnet waren. Cramer schrieb ferner ein alphabetisches Verzeichniss über die medicinischen, naturhistorischen und naturwissenschaftlichen Bücher und erleichterte dadurch die Benutzung derselben. Nicht blos in den Bibliotheksstunden arbeitete er für die Bibliothek, sondern ausserdem noch in seiner Wohnung. Zur Benutzung der Titelzettel, welche Kordes, freilich nicht immer äusserlich sauber, theils geschrieben hatte, theils hatte schreiben lassen, kam Cramer nicht, er starb am 23. Januar 1833. Zum Ankauf für die Universitätsbibliothek auf der Auction der Bücher des Verstorbenen wurden vom Könige 1000 Rbthlr. vorgeschossen und 250 Rbthlr. geschenkt. Der Vorschuss, welcher aus dem Verkauf der Doubletten ersetzt werden sollte, ward 1846 auch geschenkt.

Nach Cramer's Tode fiel die persönliche Hülfe, die ihm durch Anstellung seines Sohnes gegeben war, weg. Es wurde aber wiederholt von der Regierung auf einige Jahre Geld bewilligt zur Haltung eines ausserordentlichen Gehülfen, der neben dem Bibliothekar und dem ordentlichen Gehülfen die Bibliotheksarbeiten besorgte. Die Zeit des ordentlichen Gehülfen wird am Mittwochen und Sonnabend meist durch das Verleihen und Annehmen von Büchern, so wie das Protokollführen der Ausleiheregister in Anspruch genommen und kann oft an diesen Tagen nicht immer beschafft werden. Mehrere leisteten ohne Vergütung Hülfe, Professor J. Olshausen ordnete und schrieb mit seiner saubern Hand einen Catalog der orientalischen Sprachen. Von Doctor Klose wurde der allgemeine alphabetische Catalog durch Hülfe der von Kordes gefertigten Titelzettel vervollständigt und später von Verschiedenen, nach beschaffter Nachsicht der Bücher selbst, in's Reine geschrieben. Doctor K. G. Andresen verzeichnete die kleinen Schriften von inländischen Gelehrten, Doctor F. A. Wilda catalogisirte die technischen und landwirthschaftlichen Werke. Wegen der mir geleisteten Hülfe darf ich auf die Vorrede zu S. I. II B. 3 Abth. 2 meines Verzeichnisses der Handschriften der Kieler Universitätsbibliothek, die sich auf die Herzogthümer beziehen, verweisen, und zur Vervollständigung nur bemerken, dass P. H. Jessen, K. Müllenhoff, Ed. Volbehr und H. Volbehr theils kurze, theils längere Zeit als Gehülfen der Bibliothek arbeiteten.

3.

Ich darf kurz die Wohnungen unserer stillen Lehrer erwähnen. Bis zum Jahre 1759 war die Bibliothek in dem alten Universitätsgebäude bei der Klosterkirche; der Regen drang in den letztern Jahren ein, es hatte gebaut werden sollen, aber es fehlte an Geld. Es wurden 1759 in einem Hause beim Eingang zur Klosterkirche zwei Stuben für die Aufnahme der Bibliothek gemiethet, die nach Vollendung des neuen Universitätsgebäudes vor dem Schlosse im Jahre 1768 in dasselbe gebracht wurde. Einige Jahre später wurden ihr mehrere Säle oben im Schlosse eine Treppe hoch nach der Wasserseite eingeräumt. Von dem Druck der Bücher litten die untern Räume des Schlosses und zur Sicherung wurden die dort befindlichen Säulen verstärkt. Im Jahre 1834 wurden der Bibliothek die untern grösseren Räume des Schlosses, welche sie noch jetzt hat, angewiesen. Leider sind diese nicht alle gewölbt. Im Frühjahr 1838 ward das Kieler Schloss, dessen freie Räume Ihrer Königlichen Hoheit der Herzogin Wilhelmine von Glücksburg und deren hohem Gemahl zur Wohnung dienen sollten, restaurirt. In der Nacht vom 15. auf den 16. März 1838 brach oben in dem Flügel, dessen untere Räume noch jetzt die Bibliothek einnimmt, Feuer aus. Die Decke der nicht gewölbten untern Zimmer stürzte rasch ein, nachdem eiligst die in denselben befindlichen Bücher ausgeräumt worden. Um die Verbreitung des Feuers zu verhindern, wurde schnell die Verbindungsthür zwischen dem Zimmer, in welchem die Decke eingestürzt war, und den Bibliothekssälen vermauert. Weil das Feuer lange nicht beherrscht und mehrfach die Besorgniss laut wurde, dass auch das Gewölbe einstürzen werde, ward der grösste Theil der Bücher in das Universitätsgebäude gebracht. Bei diesem eiligen Flüchten leisteten Studirende, Bürger und Militär bereitwilligst Hülfe. Das Gewölbe hielt sich, es ward möglichst schnell interimistisch wieder überdacht, und die Bibliothek kehrte zurück in die seit 1834 innegehabten Räume. So wie die Regierung bereitwilligst 1834 die Kosten des Umzugs von oben nach unten bewilligt hatte, gewährte sie auch die Kosten des neuen Umzugs. Folgende Inschrift in dem Schlossflügel nach dem Hafen, eine Treppe hoch, erinnert an dieses Unglück des 12. März 1838 und den Wiederaufbau:

Hanc arcis partem
media nocte dierum XV et XVI
m. Martii a. MDCCCXXXVIII
igne funesto consumtam
restituit Fridericus sextus
Dan. Vand. Goth. rex
dux Slesv. Holsat. Storm.
Dithm. Lauenb. Olbdenb. rel.
Opus absolutum die XXX Sept.
e. a.

Dass der jetzige Bibliotheksraum zur gehörigen Aufstellung der Bücher nicht ausreicht, wird Jeder, der die Säle ansieht, einräumen.[1]) Die Repositorien gehen bis zum Gewölbe, an mehreren Stellen stehen doppelte Reihen. Dass das jetzige Universitätsgebäude, wenn ein neues an die Stelle tritt, mit für die Bibliothek benutzt werde, halte ich, wie ich schon in dem Bericht über das Jahr 1867 ausgesprochen habe, nicht für angemessen. Eine Theilung der Bibliothek in zwei nicht so ganz nahe Gebäude, im Schlosse und dem jetzigen Universitätsgebäude, würde die Benutzung sehr erschweren, die Anstellung eines grossen Personals nöthig machen. Bekanntlich ist vor mehreren Jahren der Plan gefasst, es solle zu dem Jahr 1865 ein neues Universitätsgebäude gebaut werden. Der Bauplatz, welchen die Stadt auf dem Raum des ehemaligen Schullehrer-Seminars hinter dem früheren Gebärhause anbot, ward von der Majorität der Betheiligten nicht angenommen, obgleich der sogen. Hortus medicus, an den als Bauplatz gedacht wurde, nicht ohne Entschädigung des Convikts zum Universitätsbau genommen werden kann. Hoffentlich wird der Plan Sr. Majestät des hochseligen Königs Friedrich VI., ein eignes Bibliotheksgebäude zu bauen, wieder aufgenommen. Die Bibliothek hatte nach einer Zählung, die Doctor Vöge im Jahr 1861 vor-

---

[1]) In der Chronik der Universität 18 28/29 S. 17 ist die Nothwendigkeit eines neuen Baues oder der Erweiterung des damaligen Lokals der Bibliothek dargelegt. Vergl. die Chronik der Jahre 1866 S. 13, 1867 S. 12, 1868 S. 17.

nahm, ungefähr 134,070 Bände, es sind jährlich wenigstens 2000 Bände hinzugekommen, also jetzt seit 1862 14,000 Bände. Durch das Vermächtniss meines Freundes Doctor Blohm, der mir in seinem Testament gestattete, aus seiner Sammlung das für die Universitätsbibliothek Passende auszuwählen, erhielt diese reichlich 2000 Bände. Blohm war von der Philologie zur Medicin übergegangen und hatte lebhaftes Interesse an der deutschen schönen Literatur und deren Geschichte, worin seine Sammlung viele nicht unwichtige Werke darbot.

4.

Die Bibliothekscommission, deren Mitglied seit 1826 der Bibliothekar ist, besteht ausserdem aus einem Professor jeder der vier Fakultäten. Die Allerhöchste Ernennung erfolgt auf Vorschlag des Curators. Die Commission, welche zunächst unter der Curatel steht, hat für zweckmässige Vermehrung der Bibliothek zu sorgen und dazu namentlich Auctionen zu benutzen. Die Commission hat von den vier Fakultäten Vorschläge über die Bücher, welche anzuschaffen sein möchten, einzuziehen, sowie die Wünsche aller Professoren und Docenten über die Anschaffung zu berücksichtigen. Die Besorgung des Ankaufs geschieht allein durch den Bibliothekar.

„Während der Zeit der Vorlesungen soll die Bibliothek an allen Werktagen zwei Stunden geöffnet werden und zwar am Mittwochen und Sonnabend in zwei Nachmittagsstunden, damit in denselben Bücher geliehen und zurückgeliefert werden, welches letztere auch in den Ferien Statt hat. An den übrigen Tagen ist die Bibliothek während zweier Vormittagsstunden für Diejenigen offen, welche auf der Bibliothek excerpiren und arbeiten wollen." An akademische Docenten können auch an diesen Tagen Bücher verliehen werden. „Diese Vormittagsstunden fallen während der Ferien weg."[1]

---

[1] Die Bibliothek ist, wenn dies auch nicht vorgeschrieben ist, auch in den Ferien regelmässig täglich geöffnet. Statt der vorgeschriebenen zwei Nachmittagsstunden ist die Bibliothek Mittwochen und Sonnabend von XI—II, also drei Stunden, und an den andern Tagen von XI—I offen. Im Winter konnte man in zwei Nachmittagsstunden auf der Bibliothek nicht immer gehörig sehen, und sind deshalb auf Professor Roth's Vorschlag die Stunden verlegt worden. Um Bibliotheksarbeiten zu besorgen, werden selbstverständlich auch andere Stunden benutzt.

„Für jedes verliehene Werk hat der Empfänger einen Empfangsschein auszustellen." „Angesehene Bürger und Gelehrte der Stadt Kiel bedürfen keiner Bürgschaft."

„Es ist Keinem erlaubt, Bücher, die er verlangt, selbst aufzusuchen und aus den Fächern zu nehmen." „Länger als sechs Wochen darf kein Buch verliehen werden. Zu einem Gebrauch der Bücher auf längere Zeit ist, nach dessen Vorzeigung, die Erneuerung des Empfangsscheins erforderlich. Niemand darf ein von der Bibliothek geliehenes Buch weiter verleihen. Jeder Inhaber von Bibliotheksbüchern soll, wenn er verreisst oder die Stadt verlässt, vorher die Zurücklieferung derselben besorgen." „Halbjährlich werden sechs Wochen vor Ablauf des Semesters sämmtliche Inhaber von akademischen Bibliotheksbüchern am schwarzen Bretto und im Kieler Wochenblatt aufgefordert, die geliehenen Bücher zurückzuliefern." Der Bibliothekar kann an Auswärtige (nicht in Kiel Wohnende) Bücher verleihen, wenn der Leiher einen qualificirten Bürgen in der Stadt Kiel stellt.[1]

Die Vermehrung der Bibliothek erfolgt theils durch Ankauf aus Buchläden, von antiquarischen Handlungen und Auctionen, theils werden Zeitschriften von hiesigen theologischen, juristischen, medicinischen und allgemeinen Lesezirkeln zu geringerm Preise erstanden. Durch den 1819 begonnenen Austausch von Schriften der Universitäten und anderer gelehrten Institute erhielt die Bibliothek sehr werthvolle Schriften, besonders von der Smithsoman institution in Washington. Ich darf wegen der einzelnen Institute, denen die Bibliothek werthvolle Gaben verdankt, auf meine Berichte über die Universitätsbibliothek in der Chronik der Universität der Jahre 1866—1868 verweisen. Die Kieler Universitätsschriften — Programme, Verzeichnisse der Vorlesungen, der Behörden und Studenten, sowie der Dissertationen — werden seit 1854, nach dem erweiterten Muster von Tübingen, in gleichem Formate gedruckt, und jeder Jahrgang bildet ein Ganzes. Unsere Gegengabe ist gering im Vergleich zu dem,

---

[1] Die neuesten Bestimmungen über die Bibliothek, aus welcher ich obige Auszüge gemacht habe, sind gedruckt in der Systemat. Samml. der Verordnungen B. IV S. 479—499. Der Bibliothekar ist, nach dem Tode des Oberbibliothekars Cramer, auf diese Anordnungen vom Jahre 1826 verwiesen worden.

was uns mehrere gelehrte Gesellschaften gütigst zuwenden. Die Druckschriften-Commission, zu welcher der Bibliothekar gehört, hat sich bestrebt, die Verbindungen zu erhalten und neue anzuknüpfen. Von Sr. Majestät und den Königlichen Ministerien sind der Bibliothek in den letztern Jahren werthvolle Geschenke gesandt worden. Von Sr. Kaiserlichen Hoheit dem Prinzen Napoleon erhielten wir die Correspondenz Napoleon I., von dem Grossherzog von Oldenburg die Landtagsverhandlungen und die Druckschriften des Oldenburgischen statistischen Bureaus.

Die hiesige Forstlehranstalt hatte durch Beiträge der Eleven eine forstwirthschaftliche Bibliothek gesammelt, we' 'e in der jetzigen Baumschule in dem Lokal, welches auch zum Unterricht der Eleven benutzt wurde, aufgestellt war. Die Büchersammlung war nach Professor Niemann's Plan — er und Reimer waren die Hauptlehrer der Anstalt — angelegt und fortgeführt. Als im Jahr 1835 diese Bibliothek nach Kopenhagen gebracht werden sollte, bemühte ·'ch das Königl. Forst- ι Jagdamt in Plön vergebens die Sammlung mit der Kieler Universitätsbibliothek zu vereinigen.

л mehreren Privaten hat die Bibliothek früher und in den letzteren Jahren werthvolle Gaben erhalten. Mein Freund, der Kammerherr Carl von Warnstedt, vermachte der Bibliothek mehrere auf Schleswig, Holstein und Lauenburg sich beziehende Hand- und Druckschriften, Regierungsrath von Rosen schenkte vor seinem Weggang nach Schleswig mehrere statistische Handschriften aus dem Nachlass seines Vaters. Die beiden Doctoren Heseler in Lütjenburg schenkten in diesem Jahr eine Reihe von Büchern. Die Doctorin Steindorff, geb. Callisen, gab der Bibliothek, dem Beispiele ihres Vaters folgend, mit Zustimmung ihrer Söhne, eine Reihe medicinischer Werke, Fräulein Fanny Hansen schenkte mehrere Druckschriften aus dem Nachlass ihres Vaters, so wie Frau von Cronstern zwei botanische Werke aus dem Nachlass ihres verstorbenen Bruders. Gedenken darf ich noch der Geschenke aus dem literarischen Nachlass meines Freundes Doctor J. W. Gaye, Verfassers des Carteggio inedito d'artisti, so wie, dass der Präsident der geographischen Gesellschaft[1]) in Florenz, Christof. Negri, und Doctor C. F. A. Ohlsen in Florenz mehrere Schriften schenkten.

---

[1]) Vergl. Ausland 1869. Nr. 14. S. 336

5.

Die Universitätsbibliothek wird rücksichtlich der Studirenden am meisten von Philologen und Theologen benutzt. Im Januar 1867 wurden 296, im Januar 1868 424, im Mai 1867 513, im Mai 1868 625 Leihzettel ausgestellt. Das Lesezimmer wird wenig besucht, da nach hiesiger Sitte die Meisten die Bücher lieber zu Hause brauchen wollen.

XV.
Institute der Universität.

Die drei hier bestehenden Seminare sind schon XIII erwähnt worden.

1) Das von dem Professor G. H. Weber [1]) im Jahre 1788 „durch rühmlichen Gemeingeist und seltenen Eifer zu Stande gebrachte Krankenhaus" [1]) ward nach Königlichem Rescript vom 12. Mai 1802 (Systemat. Samml. IV S. 508—510) der Universität übergeben, so wie 1811, als Professor Brandis nach Kopenhagen gegangen war, das in dem angekauften Brandis'schen Hause in der Flämischen Strasse errichtete, Friedrichs - Hospital (l. c. p. 508 - 510). Seit 1833 war dasselbe nur für Chirurgisch-Kranke

---

[1]) Professor Georg Heinrich Weber hat über die von ihm gestiftete Krankenanstalt Nachricht gegeben in seinen dreizehn Berichten vom Jahr 1785 bis 1804. Anfangs bezweckte Weber ein klinisches Institut zum Besten der Armen, er vereinigte sich mit der Gesellschaft freiwilliger Armenfreunde und mit dem Apotheker Christiani, welcher die Arzneien billig lieferte. Durch freiwillige Beiträge ward es möglich, ein Haus zu kaufen und zur Krankenanstalt einzurichten. Se. Durchlaucht der Herzog von Holstein-Oldenburg schenkte 1787 Tausend Rthlr., der Verwalter Neddermeyer sicherte 1787 der Anstalt drei Tausend Rthlr., die 1790 nach seinem Tode gezahlt wurden. Die Gräfin zu Rantzau-Oppendorff vermachte 1792 funfzehn Hundert Rthlr. Der Kronprinz schenkte jährlich ein Hundert Rthlr., der König 1798 fünf Hundert Rthlr., der Curator der Universität gab einen jährlichen Beitrag von ein Hundert Rthlr., Kammerherr von Gössel schenkte 1799 zwei Tausend Rthlr., die Ritterschaft gab 1801 fünf Hundert Rthlr., die nicht zum Corps gehörenden Besitzer adliger Güter drei Hundert und funfzig. Der Kaufpreis des Krankenhauses ward bezahlt und ein Kapital zurückgelegt. Es war die Zeit der Humanität.

bestimmt.[1] Für die Hebammenanstalt, welche 1805 in dem Conviktgebäude auf dem Klosterkirchhof war, ward 1811 in der Fleethörn ein Haus mit Garten eingerichtet. Im Jahre 1854 wurde von dem Ministerium der Bau neuer akademischer Heilanstalten beabsichtigt. Der Plan ward später nach manchen Verhandlungen ausgeführt. Im Jahre 1862 wurden die Anstalten: das medicinisch-chirurgische Krankenhaus, die Hebammenlehr- und Gebäranstalt, so wie die Wohnung für den Direktor der letzteren bezogen. Später wurden auch für die Vorsteher der medicinischen und chirurgischen Klinik eigene Wohnhäuser gebaut. In der Nähe dieser Anstalten, auf der Feldmark der jetzt mit der Stadt vereinigten Brunswyk, ward 1862 auch ein Pocken- und ein Leichenhaus erbaut. Das Gebäude der alten Hebammenanstalt in der Fleethörn ward verkauft. Vergl. Chronik der Universität 1862 S. 12—26. Für Augenklinik ward im Jahre 1868 ein Haus in der Nähe der Heilsanstalten gemiethet. Chronik der Universität 1868 S. 34. 39.

Der Apotheker Schübeler in Kellinghusen vermachte nach dem Amtsblatt für die Herzogthümer 1850 Stück 19 Nr. 68 der Kieler Universität ein Kapital von 20,000 ℳ Cour. für inländische Pharmaceuten zur Unterstützung in ihren Studien. Die Statthalterschaft bestätigte das l. c. abgedruckte Regulativ, nach welchem zwei in den Herzogthümern gebornen, wie auch solchen in Dänemark gebornen Pharmaceuten, die in den Herzogthümern conditionirt haben oder conditioniren, nach bestandener Prüfung bei dem Sanitätscollegio, ein Stipendium verliehen werde für weitere Ausbildung auf der Universität Kiel, nach Umständen auch zu einer wissenschaftlichen Reise. Nach eingeholter höherer Genehmigung können Abänderungen des Regulativs getroffen werden.

In dem Budget des Herzogthums Holstein vom 1. April 1865—66 S. 105 heisst es: Die medicinische Abtheilung besitzt ausserdem von dem im Jahr 1858 verstorbenen Justizrath Schübeler eine Schenkung von 20,000 ℳ, deren Zinsen zu Lehr- und Heilzwecken zu verwenden sind. Auf S. 98 heisst es: Ausserdem besitzt die Universität das Schübeler'sche Legat von reichlich

---

[1] Chronolog. Samml. 1888 1. October Nr. 92, 1840 21. December Nr. 189.

20,000 ℳ, dessen Zinsen (800 ℳ) von dem Direktor des akademischen Krankenhauses auf Vorschlag event. mit Genehmigung des Sanitätscollegiums zu verwenden sind. Ebenso lautet das Budget des Herzogthums Holstein für das Finanzjahr vom 1. April 1866—67 S. 144 und S. 153. Schübeler hat nach der Chronik der Universität 1855 S. 54 und Paulsen Stipendien S. 155. 156 zwei Anordnungen gemacht: 1) 20,000 ℳ zum Besten des akademischen Krankenhauses bestimmt, und 2) 20,000 ℳ zu Stipendien für Pharmaceuten. Diese zweite Anordnung wird später dahin geändert sein, dass diese 20,000 ℳ zum künftigen Bau eines chemischen Laboratorii belegt sind.

Das physiologische Laboratorium, welches 1853 auf den Antrag des Professor Panum angeordnet wurde, war mehrere Jahre in einem gemietheten Lokal, ward 1863 in das alte verlassene Krankenhaus in der Prüne am botanischen Garten verlegt.[1] Bis Professor Panum 1853 für die Physiologie berufen wurde, hatte Professor Behn neben der Anatomie und Zoologie auch dieses Fach.

Die Anatomie war bis zum Jahre 1839 in dem 1768 gebauten Universitätsgebäude, welches so Vieles enthalten hatte. Es ward in dem genannten Jahr ein Gebäude mit Garten, der sogen. Warleberger Hof, in der Dänischen Strasse für das naturhistorische Museum und die Anatomie zu dem Preise von 14,000 Rthlr. Cour. gekauft und in demselben auch dem Vorsteher beider Institute gegen Entschädigung eine Wohnung eingeräumt.

Im Jahre 1855 wurden aus dem Extraordinario der Universität 150 Rbthlr. zu einer pharmacognostischen Sammlung bewilligt. Chronik der Universität 1855 S. 36. 37, 1857 S. 33.

Die Kieler Universität hatte durch Professor Fabricius Bemühung mehrere Mineralien aus Norwegen erhalten. Doctor Zipser hatte dem Könige mit seinem 1817 erschienenen mineralogischen Handbuch von Ungarn einige Kisten ungarischer Mineralien geschenkt, welche Se. Majestät der hiesigen Universität zuwandte. Dazu kamen später mehrere Geschenke von Privaten.

---

[1] Chronik der Universität 1854 S. 80. 81, 1855 S. 80. 81, 1862 S. 10—12, 1868 S. 19. Der Fond ist nach Bericht des Professor Hensen von 480 auf 1100 Thlr. erhöht.

Die hinterlassene Mineralien-Sammlung des Kieler Professors Wiedemann [1]) liess König Christian VIII., der für die Naturwissenschaften grosses Interesse bethätigte, 1841 für die Kieler Universität ankaufen. Die Sammlung ward in das 1839 für die Anatomie und das naturhistorische Museum gekaufte Gebäude aufgenommen. Wiedemann hatte neben seiner Professur der Geburtshülfe über Mineralogie und Geologie Vorlesungen gehalten. [2]) Der König schenkte später eine Anzahl Nordischer Mineralien, liess 1847 die Sammlung des Kieler Professors Chr. Heinrich Pfaff für 500 Rthlr. (600 Thlr. Pr.) kaufen. Für die elfte Versammlung deutscher Land- und Forstwirthe, die im September 1847 in Kiel gehalten wurde, hatte Doctor L. Meyn auf Kosten der Besitzer adeliger Güter eine vaterländische Sammlung von Mineralien beschafft und im Universitätsgebäude ausgestellt, sie ward nachher der Universität geschenkt. Alle der Universität gehörenden Mineralien waren 1846 in einigen Zimmern des dem Universitätsgebäude nahen Schiff'schen Hause, 1848 wurden dieselben in die obere Etage des Nebengebäudes zum Schloss gebracht.

Im Jahre 1854 ward für das **mineralogische Museum** und das **physikalische Institut** ein geräumiges Gebäude in der Küterstrasse gekauft und zur Aufnahme beider Institute, die bis 1868, bis zur Ernennung des Professors Zirkel für die Mineralogie, **einen** Vorsteher, Professor Karsten, dem eine Wohnung in diesem Gebäude eingeräumt wurde, hatten, eingerichtet. [3]) Letzterer war 1848 als Professor der Physik und Mineralogie berufen worden. Nach Professor Behn's Abgang wurden im Jahre 1868 die beiden

---

[1]) Wiedemann starb am 31. Decbr. 1840, Nitzsch's memoria Wiedemanni erschien 1841.

[2]) Lebenserinnerungen Chr. H. Pfaff's mit Nitzch's memoria Pfaffii von mir 1854 herausgegeben 276 und 278. Pfaff las über Physik, Chemie und Physiologe 1845 ward er von dem Halten von Vorlesungen entbunden. Die Chemie übernahm 1846 Professor Himly.

[3]) Chronik der Universität 1854 S. 85—88, 1855 S. 43, 1856 S. 36 und 37, und Professor Karsten's Anlage 1 zur Chronik 1856 über das physikalische Institut und die mineralogische Samml., Chronik 1868 S. 39. Nach der Chronik von 1854 S. 88 wurde 1811 Pfaff's Sammlung physikalischer Instrumente für 2000 Rthlr. Cour. angekauft.

Fächer der Anatomie und Zoologie, welche er, nachdem die Physiologie an Professor Panum übertragen war, behalten hatte, getrennt, erstere ward Professor Kupffer, die zweite Professor K. Möbius übertragen. Die Universität hat nun in dem 1839 gekauften Gebäude die Anatomie und ein zoologisch-zootomisches Museum. Das letztere ist auch dem Publikum zugänglich gemacht worden.

Das chemische Laboratorium, welches Professor Pfaff's Thätigkeit seine Entstehung verdankt, ist in dem Nebengebäude des Schlosses (Küchen- und Waschgebäude), welches Pfaff zur Wohnung und zu physikalisch-chemischen Arbeiten überlassen war. Dieser lobt in den Kieler Beiträgen B. 1 Schleswig 1820 S. 342 das Kieler Laboratorium sehr, er setzt es den am besten ausgerüsteten an die Seite. Ein Theil des zu dem Gebäude gehörenden Gartens ward 1856 dem 1843 entstandenen Kunstverein zum Bau der Kunsthalle überlassen. Berichte dieses Vereins sind Anhänge zur Chronik der Universität 1855 und 1856.

Der botanische Garten, Münz- und Kunstsammlung.

Nach der ersten Visitation der Universität im Jahre 1668 ward von der Regierung an einen botanischen Garten für die errichtete Universität gedacht. Ein ausführliches Herzogliches Rescript vom 21. October 1669 bestimmt, dass der vierte Theil des Herzoglichen Gartens beim Schlosse dem Professor der Botanik J. D. Major eingeräumt werde. Ob dieses Rescript wirklich zur Ausführung gekommen ist, lässt sich wohl nicht ermitteln. Später hatte die Universität einen hortus medicus in der Nähe der Universitätsgebäude bei der Klosterkirche. Dieser Garten war jedoch eine Zeitlang vermiethet, ward aber 1727 an den Rathsapotheker Christiani überlassen, welcher gegen jährliche Zahlung an ihn von 10 Rthlr. die Verpflichtung übernahm, den Platz zum medicinischen Garten einzurichten. Diese Verpflichtung sollte übergehen auf die spätern Besitzer der Rathsapotheke. Im Fall die Regierung das Verhältniss aufhöbe, sollten dem Apotheker 200 Rthlr. gezahlt werden. Als 1802 ein botanischer Garten bei dem Weber'schen Krankenhause eingerichtet wurde, hörte die Zahlung von 10 Rthlr. jährlich an den Rathsapotheker auf, aber diese Apotheke blieb im Genuss des

Gartens. Das historische Verhältniss war wohl vergessen, aber nach Aufklärung der Sache ward 1855 der Garten gegen die Erlegung von 200 Rthlr. und einer billigen Entschädigung wegen der auf dem Grundstück befindlichen Baulichkeiten der Universität übergeben, welche ihn verpachtet hat.[1]) Nach dem Budget Holsteins pro 18⅔⅔ S. 145 bezieht die Universität an Miethe des horti medici 300 ₰ oder 120 Thlr.

Im Jahre 1868 ward von der Regierung an die Universität das Herbarium des Doctor Lucä geschenkt, dieser hatte seine reichhaltige Sammlung von 40,000 Species einer vaterländischen Universität bestimmt.[2])

Der Münz- und Kunstsammlung ist die ehemalige Schlosskirche, welche nach dem 1838 erfolgten Brande des nach dem Hafen liegenden Schlossflügels nicht wieder zur Kirche eingerichtet wurde, eingeräumt worden. Die Münzsammlung befindet sich in einem der ungewölbten Bibliothekszimmer. Der Vorsteher beider Sammlungen ist Professor Forchhammer.[3])

Museum vaterländischer Alterthümer.

Die Schleswig - Holstein - Lauenburgische Gesellschaft für die Sammlung und Erhaltung vaterländischer Alterthümer.

Diese Gesellschaft ward 1834 auf Aufforderung des Oberlandweg-Inspectors Kammerherrn F. von Warnstedt gestiftet. Der König bestätigte am 27. Mai 1834 ihre Statuten. Die Sammlung soll darnach als Pertinenz der Kieler Universitätsbibliothek angesehen werden, ihr ward am 15. November 1834 im Nebengebäude des Appellationsgerichts von dem Könige ein Lokal eingeräumt. Nach den Statuten soll einer der in Kiel wohnenden Vorstandsmitglieder das Vorzeigen der Sammlung besorgen. Mehrere Jahre haben Professor Flor, Müllenhoff, Groth und Handelmann diese Mühe übernommen. Letzterer, der seit mehreren Jahren die jährlichen Berichte über dieses Museum verfasste, ward am 10. Novbr. 1866 zum Conservator der vater-

---

[1]) Chronik der Universität 1854 S. 35 und 1856 S. 24—27.
[2]) Chronik 1868 S. 12.
[3]) Chronik der Universität 1854 S. 82.

ländischen Alterthümer mit der Verpflichtung ernannt, an der Universität Vorlesungen über vaterländische Geschichte zu halten. Verordnungsblatt für Schleswig-Holstein 1866 Octbr. bis Decbr. S. 8 und Chronik der Universität 1866 S. 42. Die Flensburger Sammlung von Alterthümern, welche 1864 geflüchtet wurde, ist im Jahre 1868 durch die Bemühung des Königlichen Ministerii und des Königlichen Oberpräsidii in 24 Kisten nach Kiel gebracht worden. Chronik 1868 S. 42.

Anhang.
Die pecuniären Verhältnisse der Institute.

Nach den Anlagen des Staatshaushalts-Etat für 1868 B. 3 Nr. 6 Etat S. 76 erhalten Zuschuss aus Staatsfonds:

1) Bibliothek .... 4306 Thlr. 12 Sgr.
2) Botanischer Garten .... 1418 „ — „
3) Homiletisches Seminar .... 166 „ 20 „
4) Anatomie .... 1350 „ — „
5) Zoologisch-zootomische Sammlung 1200 „ — „
6) Physikalisch-mineralog. Sammlung 1400 „ — „
7) Chemischer Apparat .... 1100 „ — „
8) Physiologisches Institut ...... 1100 „ — „
9) Münz- und Kunstsammlung .... 225 „ — „
10) Pharmakognostische Sammlung ... 30 „ — „
11) Pathologisches Institut .... 160 „ — „
12) Museum vaterländischer Alterthümer 600 „ — „
13) Philologisches Seminar .... 40 „ — „
14) Akademische Heilanstalten und Hebammen-Lehrinstitute .... 12910 „ — „

Diese Summen-Angaben an Zuschüssen aus Staatsfonds stimmen nicht alle mit dem Budget des Herzogthums Holstein für das Finanzjahr vom 1. April 1866—67, welches mit dem Verordnungsblatt gedruckt wurde, überein.[1]) Wegen der Bibliothek darf ich auf S. 97 oben verweisen. 3) Das homiletische Seminar erhält darnach (S. 149) einen Zuschuss von 150 Thlr., es hat an Zinsen zweier Capitalien

---

[1]) Auch die auf S. 80 der Anlagen angegebenen Einnahmen von Berechtigungen, Zinsen u. s. w. geben keine Uebereinstimmung mit Obigem.

4? ⅄ 4 β oder 16 Thlr. 27 Sgr. 4) Die Anatomie erhält 2604 ⅄ 4¹/₈ β, 5) das zoologische Museum 2000 ⅄ 2 β, 6) die physikalisch-mineralogische Sammlung 2789 ⅄ 11¹/₂ β, 7) der chemische Apparat 2395 ⅄ 3¹/₂ β, 8) das physiologische Institut 1200 ⅄, 12) das Museum vaterländischer Alterthümer fehlt in dem Budget, die in den Anlagen genannten 600 Thlr. sind wohl die für den Conservator ausgesetzte Summe. 13) Das philologische Seminar fehlt in dem Budget, die in den Anlagen genannten 40 Thlr. werden die zur Bibliothek dieses Seminars bewilligten Summen sein. 14) Für die akademischen Heilanstalten und Hebammenanstalt sind in dem Budget 19,000 Thlr. angegeben und ausserdem als eigenes Vermögen der medicinischen Abtheilung ein Capital von 26,775 ⅄, der Hebammen- und Gebäranstalt ein Capital von 21,562 ⅄ 8 β. Die medicinische Abtheilung hat ferner nach dem genannten Budget die Zinsen des Schübeler'schen Legats von 20,000 ⅄. Die Zinsen dieses Capitals sollen zu Lehr- und Heilzwecken verwandt werden. Nr. 2, 9, 10 und 11 sind in beiden Angaben gleich. Die Einnahme des physiologischen Instituts ist, wie schon oben S. 107 in der Anmerkung bemerkt wurde, 1868, also nach dem erwähnten Budget, zu 1100 Thlr. erhöht.

XVI.
Stipendien für Studirende.
1) Im Allgemeinen.

Ueber die im Herzogthum Schleswig und die im Herzogthum Holstein vorhandenen Stipendien für Studirende enthalten die neuen Provinzialberichte Jahrg. 1 1811 S. 181—190 440—447 Verzeichnisse, in denen der Betrag jedes Stipendii, die Collatoren oder Administratoren angegeben sind. Die Verfügungen vom 8. August 1775 und 25. August 1810 (Systemat. Samml. B. 4 567. 568. 583) bestimmten, dass dem akademischen Consistorio Nachricht gegeben werden solle über die Verleihung der Stipendien. Die Fundationsacten sollten nach der Vorschrift von 1810 eingezogen werden. Die in den Provinzialberichten von 1811 enthaltenen

Nachrichten beruhen auf amtlichen Mittheilungen und sind, dem Wesen nach, die dem akademischen Consistorio zugesandten Berichte über die 1810 verliehenen Stipendien. Auch in spätern Jahren sind dem akademischen Consistorio über die Verleihung von Stipendien Mittheilungen gemacht worden, was für die Verleihung des Convikts nach der Verordnung vom 23. Juli 1790 und 13. December 1796 und für das Creditiren der Honorare an Unbemittelte einflussreich ist. Im Jahre 1823 gab S. P. (Seestern Pauly), damals Obergerichtsrath in Glückstadt, einen aktenmässigen Bericht über die in Holstein vorhandenen Stipendien für Studirende, Schleswig 1823. In der Chronik der Universität Kiel 1855 habe ich S. 45—57 eine Uebersicht der Stipendien in beiden Herzogthümern gegeben, und namentlich Seestern Pauly's Bericht zu ergänzen gesucht. Doctor Paulsen's Schrift: die Stipendien in den Herzogthümern Schleswig, Holstein und Lauenburg erschien Schleswig 1863. Die am 19. October 1867 eingeführte Vorschrift (Verordnungsblatt für Schleswig-Holstein S. 1369), „dass öffentliche Stipendien für Studirende, worin immer sie bestehen mögen, ob sie Königlich oder von Communen oder anderen Corporationen abhängen, nur an solche Studirende conferirt werden, welche das Zeugniss der Reife besitzen", kann auf mehrere Stipendien der Herzogthümer nicht wohl angewandt werden, weil sie nicht öffentliche Beneficien sind. Auch heisst es l. c. S. 1369 nach den oben angeführten Worten: „Privat- oder Familien-Stiftungen können hierdurch nicht beschränkt werden." Im Jahr 1778 am 2. Januar[1]) ward verfügt, dass bei der Wahl der Stipendiaten auf ihre in den Schulen oder im Privatunterricht erlangte Geschicklichkeit Rücksicht genommen und das Beneficium Niemanden ertheilt werden solle, der nicht vorher geprüft und zur Akademie gehörig vorbereitet befunden worden, und dass den Stipendiaten anzudeuten sei, dass sie, bei entdecktem Unfleiss auf der Universität, als wesfalls die Administratoren der Stipendien, sich nach Beschaffenheit der Umstände selbst bei den akademischen Lehrern zu erkundigen verbunden sind, ihr Stipendium gewiss wieder verlieren sollen. Diese Verfügung ist wohl nicht immer zur Anwendung gebracht worden. Nach einem in den leges studiosis

---

[1]) Systemat. Samml. IV S. 595.

etc. Kiliae 1869 S. 7 abgedrucktem Rescript vom 17. August 1867 haben sich in jedem Semester alle Studirende, welche ein akademisches Beneficium geniessen, vor der 1861 vom Consistorio gewählten Stipendien-Commission an einem von dieser bestimmten Tage zu stellen und ein Verzeichniss der im laufenden Semester bezogenen akademischen und nicht akademischen Stipendien mit Angabe der Höhe und Dauer der Geldbezüge zu übergeben. Wer ohne dringende Gründe, deren Beurtheilung der Stipendien-Commission obliegt, fehlt und die Meldung nicht binnen den nächsten drei Tagen nachholt, verliert die akademischen Beneficien.

2) Wer sich um ein von dem Consistorium oder einer Fakultät zu verleihendes Beneficium bewirbt, hat in seinem Gesuche eine genaue Angabe über alle Stipendien, die er seither genoss oder noch geniesst, zu machen.

Bewerbungen ohne diese Angaben bleiben unberücksichtigt. Ausgenommen bleiben hiervon die Bewerbungen um die ordentliche Mitgliedschaft des philologischen Seminars und um das Schassianum.

3) Ergiebt sich, dass bei der Meldung oder bei einer Bewerbung falsche Angaben gemacht wurden, so tritt die Strafe der Relegation ein.

Auf alle einzelnen Stipendien hier einzugehen, würde nicht angemessen sein, ich darf deshalb auf Paulsen's Schrift verweisen, dieselbe würde viel verdienstlicher sein, wenn der Verfasser angegeben hätte, wo die von ihm theils abgedruckten, theils benutzten Urkunden über die Stipendien zu finden seien. Auf seine in der Vorrede S. VIII geäusserte Ansicht über den Einfluss des Convikteksamens auf die Verleihung von andern Stipendien als das Convikt, werde ich später eingehen. Ich will nur die vom akademischen Consistorio und einer der Fakultäten zu verleihenden Stipendien, zu denen auch das Knickbein'sche von Paulsen noch nicht besprochene gehört, darlegen. Für die akademischen Stipendien sind zum Theil neuere Anordnungen erlassen worden. Wenn in der Chronik der Universität 1868 S. 8 angenommen sein sollte, dass nur das Conviktstipendium durch das Studium auf der Kieler Universität bedingt ist, so dürfte dies ein Irrthum sein Für das philologische, das Schassianum, das Richardi'sche, Oldenburgische, Kamla'sche, Knickbein'sche und von Qualen'sche Stipendium gilt dasselbe.

2) **Stipendien für Studirende, so weit sie vom akademischen Consistorio oder einer der Fakultäten verliehen werden.**

a) Convikt.

Zur Geschichte des Convikts geben Materialien die mehrfach veränderten leges mensae gratuitae, mehrere Handschriften der Kieler Universitäts-Bibliothek (Verzeichniss B. 1 S. 279 bis 284, B. 2 S. 253 - 256, B. 3 S. 536), das Statutenbuch der Kieler Universität und von 1775 an die halbjährlichen Berichte der philosophischen Fakultät über das Conviktexamen. Eine allgemeine historische Darstellung gab Niemann in seinen Nebenstunden, Altona 1823, S. 211--240, so wie ich in der Chronik der Kieler Universität für 1854 S. 41 - 44. Einzelnes findet sich ferner in dem Archiv der Schleswig - Holstein - Lauenburgischen Gesellschaft B. 1 S. 339 - 340 und 369 über die Stiftung, in den neuen Schleswig - Holsteinischen Provinzialberichten 1813 S. 65 bis 75: „Uebersicht der von der philosophischen Fakultät in Kiel vom Jahre 1801 bis Michaelis 1812 examinirten Studirenden, die sich um akademische Beneficien beworben haben, nebst verschiedenen daraus hervorgehenden Bemerkungen." Darauf bezieht sich Struve's, Direktor des Altonaischen Gymnasii, Sendschreiben an Professor Müller in Kiel, Altona 1813, so wie des Conrektors Schumacher in Schleswig: Worte, veranlasst durch die von Professor Müller mitgetheilte Uebersicht in den Provinzialberichten 1813 S. 312 - 322, und Müller's Erklärung gegen Struve daselbst S. 717 - 739. Auf der 1566 gegründeten Bordesholmer Schule hatten 36 Schüler auf Herzogliche Kosten einen freien Tisch, und die abgegangenen Alumnen wurden, wie schon S. 4 erwähnt, auf der Universität, namentlich in Rostock, mit Stipendien unterstützt. Der Universität Kiel wurden bei ihrer Errichtung die Einkünfte aus Bordesholm zugewiesen. Der Herzog errichtete in Kiel ein ducale convictorium für 48 Studirende, zu deren Unterhaltung, wie es in dem Veranlassungsentwurf [1]), warumb Christian Albrecht

---

[1]) Chronik der Universität von 1854 S. 11—19. Nordstrand ist wohl aus Irthum genannt. In der Quästurinstruction von 1783 § 2 stehen Pellworm und Husum als contribuirend.

aus der Bordesholmer Schule eine Akademie gestiftet 3. April 1667, heisst, Eiderstedt 600 Rthlr., Norder-Dithmarschen 500 Rthlr., Tondern 500 Rthlr., Nordstrand 60 Rthlr. auf Michaelis freiwillig hergeben. Schon 1664 verhandelte der Herzog Christian Albrecht mit Norderdithmarschen wegen eines Beitrages zur Communität und erklärte am 1. December 1665, dass „wegen der von dieser Landschaft versprochenen 500 Rthlr. zwölf Norderdithmarscher für allen andern, gegen Erlegung der verordneten Zubusse, die Speisung geniessen, und im Fall dieser Tisch abgestellt werden mögte, die Landschaft von der Zahlung der eingewilligten 500 Rthlr. gänzlich befreit sein sollte." (Niemann, l. c. S. 228—231 und Statut. I 395. 448.) Bedingung für den Genuss des Convikts, für welches ein Oekonom [1]) und Inspektoren bestellt wurden, war ein Aufnahmeexamen. Der Examinirte ward in ein besonderes Album eingetragen, und erhielt das Recht, drei Jahre an einem der vier Tische des Convikts zu Mittag, um elf, und zu Abend, um sechs Uhr, zu essen. Wöchentlich erhielt der Oekonom aus der Conviktkasse für jeden Alumnus 1 ℳ 12 β, der Studirende musste wöchentlich 12 β zulegen, wenn ihm nicht ausnahmsweise ein ganz freier Tisch bewilligt war. Diejenigen, welche das Bordesholmische Stipendium genossen, waren von der Zulage befreit, so wie, nach Rescript vom 3. Februar 1748, auch die Norderdithmarscher inter gratuitos aufzunehmen. [2]) Nach einem Rescript vom 6. Juni 1697 (S. H. 175 A 513) soll ein Studirender, der in der Musik erfahren, einen locus gratuitus im Convikt haben. Unter mehreren Concurrenten des Convikts sollen indigenae den exteris vorgehen, und unter den ersteren die aus den zur Conviktkasse contribuirenden Landschaften Stammenden den Vorzug vor den übrigen haben. Das Aufnahmeexamen ward nach dem Reglement vom 27. Januar 1707 §§ XI und XII von dem Generalsuperintendenten in Schleswig abgehalten. Nur Unbemittelten sollte nach § XIII das Convikt bewilligt werden. Alle halbe Jahr sollen ferner die Conviktoristen von der ganzen theologischen Fakultät, mit Zuziehung der philosophischen und, wenn einige juris oder medicinae studiosi vorhanden, auch der decanorum

---

[1]) Handschrift S. H. 179 A Bl. 38 b. 39. 42. 46. Statut. I 173. 201.
[2]) Niemann l. c. S. 239—240.

übriger Fakultäten, examinirt werden. Wer in der Prüfung nicht gehörig besteht, kann nach Befinden bestraft oder gar ex beneficio excludirt werden. Die Alumnen waren auch befreit von den kleinen Zahlungen von 4 oder 6 β an die Pedellen, welche die übrigen studiosi entrichten mussten. (Statut. I 86. 112.) Im Jahre 1709 ward die Essenszeit zu 12 Uhr gesetzt. (Statut. I 576.)
Der Herzogliche Präsident Kielmann hatte in seinem Testament ein Legat zum Besten des Convikts angeordnet. Hane erzählt in seiner zehnjährigen Glückseligkeit der Cimbrischen Musen, Kiel 1772 S. 27 und 88, das Testament sei aufgefunden, aber der Prozess gegen die Erben sei nicht beendigt. Das Legat betrug 10,000 Rthlr. Der Streit kam nach Wetzlar und ward am 26. Oktober 1773 durch einen Vergleich geschlichtet. Die Universität gab ihre Ansprüche gegen Zahlung von 5500 Rthlr. auf, von dieser Summe wurden 1400 Rthlr. an die Erben des Consulenten der Universität, Saldern, bezahlt, 3000 Rthlr. sollten zinsbar belegt werden zu zwei neuen Convikstellen, 1100 Rthlr. sollten belegt und die Zinsen Kieler Studirenden als Stipendium gegeben werden, wie das Schassische Stipendium.¹) In der Instruction für den Quästor der Universität vom 17. Septbr. 1783 (Systemat. Samml. B. 4 S. 412) werden Kielmannseggische dem Convikt gehörende Capitalien ohne Summenangabe genannt.
Als die Uneinigkeit der beiden regierenden Landesherren zur Occupation des Herzoglich Schleswigschen Antheils führte, cessirten die Zahlungen aus den Schleswigschen Distrikten. (Statut. I 362 und 450.) Im Jahre 1726 ward die Zahl der Convikstellen auf 26 reducirt, die Zulage von 16 β auf 24 β erhöht. (S. H. 173 A S. 491. 492.) 1735 war die Zahl der Alumnen 18, und der Genuss auf zwei Jahre beschränkt. (Statut. I 443.)
Nach erfolgter Einigung der beiden regierenden Häuser erklärte ein grossfürstliches Rescript vom 26. Januar 1768 (Statut. I 547): „Wir lassen Euch hierdurch unverhalten sein, was massen zur Aufnahme unserer hiesigen Universität in Zukunft eine grössere Anzahl Freitische im Convictorio für die hieselbst Studirenden

---

¹) Ratjen, Beitrag zur Geschichte der Kieler Universität, Kiel 1859, S. 35—39.

errichtet, und zu solchem Behuf von Anfang dieses Jahres eine Summe von 1100 Rthlr., welche ehe dessen vor denen Troubles aus dem Amte Tondern und denen Landschaften Eiderstedt und Nordstrand (Pelworm) dazu bestimmt gewesen, an die jedesmaligen deputatos fisci Unserer Universität baar ausgezahlet, und damit nächsthin alle Jahr im Umschlag ununterbrochen fortgefahren werden solle." Von der Beitragssumme der Schleswigschen Landschaften sollten zwei neue Tische, jeder zu zwölf Personen, vorzüglich für Studiosen aus diesen Landschaften, errichtet werden. Vier Alumnen sollten ganz freien Tisch haben, die übrigen wöchentlich zwölf Schillinge zahlen. (Rescript vom 1. März 1768 Statut. I 554.) An die Stelle der deputati fisci trat später der Quästor der Universität. (Statut. 1. 658.) Die alten Tische wurden auf zehn Personen reducirt, von denen acht wöchentlich zwölf Schillinge zulegen sollten. Die Zahl der Conviktoristen war also vier und dreissig, zehn an dem alten Tisch und zweimal zwölf an den neuen. Nach dem leges mensae gratuitae von 1768 sollen die Dürftigen, wenn sie es wünschen, frei sein von dem Einschreibegeld in das album alumnorum. Nach den leges von 1790 betrug das Einschreibegeld einen Rthlr. Durch Verfügung vom 19. Juli 1775 (Statut. II 95) ward der Abendtisch, so wie der von den Studirenden zu zahlende Zuschuss aufgehoben, der Oekonom soll jährlich für jeden Alumnen 43 Rthlr. haben, zwei von dem Consistorio zu wählende Studirende erhielten die Aussicht auf eine Belohnung von zehn Rthlr. jährlich. Die Studirenden, welche nicht aus einer contribuirenden Landschaft stammen, sollen regelmässig, wenn sie nicht vorzügliche specimina beibringen, erst, nachdem sie ein Vierteljahr die Universität besucht und ein Dürftigkeitszeugniss vorgelegt, zum Genuss des Convikts gelangen. Der philosophischen Fakultät ward aufgegeben, unentgeltlich halbjährlich das Conviktexamen abzuhalten und über den Ausfall der Prüfung an das akademische Consistorium, unter Anlegung der lateinischen specimina, zu berichten. Nach dem Reglement vom 27. Januar 1707 § XII war zur Bewilligung des Convikts ein Herzogliches Rescript erforderlich; 1775 erhielt das Consistorium die Verleihung. Die Beneficiaten wurden verpflichtet, halbjährliche Zeugnisse über ihren Fleiss beizubringen und bei Gelegenheit der hohen Feste öffentlich lateinische Reden zu halten. Nach einer Verfügung vom 25. Juli 1775 (Niemann l. c. S. 222) ward bestimmt, dass Eingeborne der contribuirenden Commünen, ohne besondere Bescheinigung ihres Unvermögens, zum Convikt zuzulassen sein. Die Alumnen hatten häufig Streit über das Mittagsessen mit dem Oekonomen. Dies veranlasste wohl hauptsächlich die Veränderung des gemeinsamen Tisches in Tischgeld. Die Königl. Verfügung vom 23. Juli 1790 (Systemat. Sammlung IV 533—539) und die leges mensae gratuitae vom 11. December 1790 (daselbst S. 539 bis 541 und in der Chronol. Sammlung 1790 S. 101) bestimmen, dass die Inspektoren den Alumnen, welche selbst den Speisewirth wählen, einen Speisezettel auf zehn Mark monatlich geben, die zehn Mark werden von der Inspection an die Wirthe bezahlt, oder, wenn der Studirende sich ganz oder theilweise einen unentgeltlichen Tisch verschafft oder verdient, an diesen (§ 13 vom 23. Juli 1790) ganz oder theilweise gegeben. Inspektor des Freitisches ist der jedesmalige Dekan der philosophischen Fakultät in Verbindung mit den beiden ihm zunächst folgenden Collegen. Die Inspection hat das album alumnorum zu führen und erhält von jedem Conviktoristen bei der Einschreibung einen Rthlr., den jetzt die Quästur bezieht.

Bedingung der Aufnahme ist ein testimonium idoneitatis von den Lehrern der Schule, und dass der Bewerber in dem Examen der philosophischen Fakultät, welches in der dritten Woche nach Ostern und Michaelis abzuhalten ist, den Charakter dignus erhalten hat. Wenn ein Student aus einer contribuirenden Landschaft freilich in Kiel ist, aber nach Bescheinigung des Arztes sich nicht zu dem Examen hat stellen können, kann die Fakultät ihn privatim hinterher examiniren. Die Verleihung des Tischgeldes hat das Consistorium, es ist zunächst (§ 3) zu sehen auf die Abkunft aus einer contribuirenden Landschaft, sodann auf die grössere Dürftigkeit, und drittens auf den vorzüglicheren Examens-Charakter, wobei jedoch zu bemerken, dass die Studirenden aus concurrirenden Commünen, soweit Stellen vacant sind, zugelassen werden müssen, wenn sie nur fähig und nicht über 200 Rthlr. einzunehmen haben, und dass bei der Concurrenz unter den übrigen Competenten von gleichem Charakter die grössere Dürftigkeit schlechterdings den Vorzug gebe; über diese soll man sich mit Sorgfalt Gewissheit verschaffen. Wer bei seinen Aeltern oder nahen Anverwandten den freien Tisch hat (§ 3 1790 23. Juli), soll nicht zum Genuss des beneficii gelangen. Wer während des Genusses durch Erbschaft oder sonst ein „Einkommen"[1]) von mehr als 200 Rthlr. jährlich acquirirt, soll nicht weiter an dem Freitisch Theil nehmen. In einem einzelnen Fall ward 1796 durch den König zwei gebornen Norderdithmarschern, die keine Dürftigkeits-Zeugnisse beigebracht hatten, das Conviktgeld bewilligt (Niemann, l. c. S. 224—226). Der Genuss dauert nach den leges von 1790 nur zwei Jahre, wenn der Beneficiat nicht aus einer contribuirenden Landschaft ist. Bei der Rechnungsablegung über Einnahme und Ausgabe des Convikts im Consistorio ist über den Fleiss der Alumnen zu referiren, Unfleissige sind zu vermahnen und bei fortdauernder Unordnung vom beneficio auszuschliessen; dies soll auch stattfinden, wenn der Beneficiat sich mit dem Speisewirth zu einem betrügerischen Gebrauch des Speisezettels vereinigt. Statt der früher am Tage vor jedem der drei hohen kirchlichen Feste gehaltenen Reden der Alumnen, soll mitten im Semester einer der Beneficiaten eine Rede halten. Wenn der Dekan der Fakultät, zu der das Thema gehört, die Ausarbeitung der Rede einer Belohnung würdig erklärt, werden sechs Rthlr. an den Concipienten bezahlt. Die Veränderung des Convikts in Tischgeld gestattete, das Conviktgebäude, welches aus der allgemeinen Universitätskasse unterhalten wurde, und den dazu gehörenden Garten, zum Besten des Beneficiums zu vermiethen. Die Form der Dürftigkeits-Zeugnisse ward am 13. December 1796, am 26. Mai 1818 und am 19. März 1859 (Systemat. Samml. B. 4 S. 542. 543 u. 547, Gesetz- u. Ministerialblatt 1859 St. 5 Nr. 10) genau vorgeschrieben, es ist eine specificirte Berechnung sämmtlicher Einnahmen des Studirenden erforderlich. Der Beamte hat diese Zeugnisse unent-

---

[1]) Das Capital soll also nicht etwa nach den Studienjahren berechnet werden, sondern nur die Zinsen in Betracht kommen. In dem Patent vom 10. August 1817 (Systemat. Samml. IV S. 427) heisst es rücksichtlich des Creditirens der Honorare, dass nicht bloss alle jährlichen Einkünfte, sondern auch der Bestand des ganzen Vermögens in Betracht gezogen werden soll. Wer nicht über 150 Rthlr. Cour. jährliche Einnahme hat, dem können auf seinen Wunsch die Honorare ganz creditirt werden, wer 150—200 Rthlr. Cour. hat, kann halben Credit erhalten.

geltlich und auf ungestempeltem Papier auszustellen. Bei Bewerbern aus einer contribuirenden Landschaft ist nur zu bescheinigen, dass sie jährlich nicht über 200 Rthlr. Cour. gleich 240 Thlr. Pr. einzunehmen haben. (Verfügungen vom 13. Decbr. 1796 und 17. Mai 1823 in Systemat. Samml. B. 4 S. 543 u. Statut. II 351.) Die Prüfung ward unterm 3. Febr. 1798 näher regulirt. Schriftlich soll ein kleiner Aufsatz aus dem Deutschen in's Lateinische übersetzt, eine kleine deutsche Ausarbeitung gemacht und einige historische, geographische und rhetorische Fragen beantwortet werden. Diese schriftlichen Arbeiten, die unter Aufsicht zu machen sind, sollen in höchstens drei Stunden vollendet werden; jetzt wird mehr Zeit dazu vergönnt. Mündlich sollen Stellen aus lateinischen und griechischen Schriftstellern, und von Denen, die sich dem Predigt- oder Schulamt widmen wollen, ein Paar Stellen aus der Grundsprache des alten Testaments übersetzt werden. Diejenigen, welche Gelegenheit gehabt haben, in der Mathematik unterrichtet zu werden, sollen über die Anfangsgründe dieser Wissenschaft befragt werden. Auch ist nach dem Zweck und der Einrichtung der Studien zu fragen. Wer bereits ein Jahr und darüber auf der Kieler oder einer andern Universität studirt hat, soll zugleich von den Lehrern derjenigen Wissenschaften, die er bisher getrieben, mit geprüft werden. Am 18. October 1803 wurden die Freitischgelder von 40 Rthlr. Cour. auf 48 Rthlr. erhöht. Es sind vier Stufen der Resultate der Prüfung angegeben: vorzüglich würdig, würdig, nicht unwürdig, noch nicht würdig, die vierte oder letzte Stufe giebt kein Anrecht zum Genuss des Tischgeldes. Auf die Bitte Norderdithmarschens um Befreiung von der Zahlung zum Convikt event. dass die aus dieser Landschaft Stammenden frei sein von der Vorlegung eines Dürftigkeits-Zeugnisses, wenn nicht mehr als zwölf Norderdithmarscher im Genuss befindlich, erfolgte am 17. Mai 1823 ein abschlägiger Bescheid (Statut. II S. 249). Durch das Patent vom 6. Septbr. 1825 (Systemat. Samml. IV S. 547) ward bestimmt, dass „der Genuss des Convikts mit Ausnahme der aus den dazu contribuirenden Landschaften gebürtigen Studenten, nur Denjenigen zuerkannt werden soll, die im Conviktexamen wenigstens den Charakter w ü r d i g erhalten haben." Diese Ausnahme ward am 22. Januar 1828 aufgehoben und der zweite Charakter oder das

Prädikat „würdig" für Alle erforderlich. Nach dem Regulativ für das philologische Stipendium vom 10. April 1810 (Systemat. Samml. IV S. 77 u. 78) hat Derjenige, welcher dieses Stipendii würdig erklärt ist, ohne Freitisch-Examen, wenn er dessen bedarf, die Wohlthat des Freitisches. Von der am 6. September 1825 wiederholten Vorschrift, dass, wer bei Aeltern oder Angehörigen seinen Tisch hat, zum Convikt nicht zuzulassen, kann nach Patent vom 18. Januar 1828 (Systemat. Samml. IV S. 548) der Curator der Universität Dispensation ertheilen, wenn die Verhältnisse des Studirenden der Art sind, dass sie dieser Unterstützung bedürfen. Diejenigen, welche von einer auswärtigen Universität nach Kiel zurückkehren, haben keinen Anspruch auf das Convikt, selbst nicht, wenn es ihnen früher verliehen war und die zwei Jahre des Genusses nicht abgelaufen sind; die Copenhagener Universität soll jedoch nicht als auswärtige angesehen werden nach Bestimmung von 1830 (Statut. II 279). Diese Bestimmung über den Ausschluss vom Convikt wegen des Besuchs einer andern Universität ward durch Schreiben des Königl. Ministerii vom 6. Novbr. 1858 (Gesetz- und Ministerialblatt 1858 Nr. 155 S. 309) aufgehoben.

Den Conviktoristen wurde, wenn sie verreisten, ein Abzug des Tischgeldes gemacht, und zwar für einen Monat 4 Rthlr., für 15 Tage 2 Rthlr., für 7 Tage 45 β, für 6 Tage 38¹/₂ β, für 2 Tage 15 β, für einen Tag 6¹/₂ β. Durch diese Abzüge, zu deren Behuf die Conviktoristen die Tage der Abwesenheit von Kiel gewissenhaft anzugeben hatten, war die Rechnungsführung des Quästors und die Revision der Rechnung erschwert. Auf Antrag des akademischen Consistorio ward durch Königl. Rescript vom 15. August 1837 (Chronolog. Samml. 1837 Nr. 116 S. 171) das alte Convikt und das 1799 angeordnete Tischgeld wesentlich geändert. Der Quästor zahlt quartaliter an jeden Percipienten, dem das Beneficium bewilligt ist, 10 Rthlr. Cour. oder 12 Thlr. Pr. ohne allen Abzug. Jeder Beneficiat hat sich innerhalb der ersten acht Tage nach dem gesetzlichen Anfang der Vorlesungen in jedem Semester bei dem Quästor zu melden. Wer dies versäumt, hat für das Semester keinen Anspruch, wenn nicht das zu späte Eintreffen durch Krankheit oder auf andere Weise genügend entschuldigt wird, in welchem Fall der Curator die auf den noch übrigen Theil des Semesters von der Ankunft in Kiel an fallende Summe bewilligen kann. Der Speisewirth kann auf das Conviktgeld derjenigen Beneficiaten, welche ihn für den Mittagstisch nicht bezahlt haben, Arrest empetriren. Für die Einschreibung eines neu eintretenden Beneficiaten erhält der Quästor 1 Rthlr. Cour. aus der Freitischkasse, ohne dass der Studirende einen Abzug erleidet; ausserdem bezieht der Quästor nach Königl. Resolution von 1854 (Gesetz- und Ministerialblatt für Holstein S. 592) für die Administration des Conviktorii 16 Rbthlr. oder 10 Rthlr. Cour., also 12 Thlr. Pr. Im Jahre 1858 ward das Stipendium von 10 Rthlr. Cour. auf 12½ Rthlr. erhöht, und dem Curator gestattet, solchen Beneficiaten, die dessen besonders bedürftig und würdig sind, für das laufende Rechnungsjahr event. das laufende Semester die Summo auf 26 Rbthlr. oder 46 ℳ 14 β Cour. zu erhöhen. Als gewöhnliche Zeit der Dauer des Stipendii wurden 1858 drei Jahre festgesetzt. Durch Allerhöchste Resolution vom 26. April 1863 ward das Stipendium für neu Eintretende wieder auf 10 Rthlr. Cour. gesetzt. (Gesetz- und Ministerialblatt 1863 St. 11 Nr. 37.)

Nach der Rechnung der Conviktkasse bezieht dieselbe jetzt (1869) jährlich:

aus Norderdithmarschen	500 Rthlr. Cour.[1])	—	β
„ dem Amte Apenrade	38	„ „	36	„
„ der Landschaft Eiderstedt	600	„ „	—	„
„ der Insel Föhr	27	„ „	36	„
„ Pelworm	60	„ „	—	„
„ der Insel Sylt seit 1868	16	„ „	12	„
(früher 26 Rthlr.)				
„ dem Amt Tondern Geest	230	„ „	—	„
„ „ „ „ Marsch	163	„ „	22	„
	1636 Rthlr. Cour.	10	β
an Zinsen und Miethe	1518	„ „	—	„
	3154 Rthlr. Cour.	10	β
Es gehen ab an Abgaben circa	20	„ „	—	„
	3134 Rthlr. 10 β Cour.		

---

[1]) 5 Rthlr. Cour. sind gleich 6 Thlr. Pr.

In dem Budget des Herzogthums Holstein vom 1. April 1866—67 sind S. 152 8756 ℳ 12½ ß, gleich 3502 Thlr. 21 Gr. 4¼ Pf., in den oben S. 97 erwähnten Anlagen sind S. 80 3502 Thlr. 22 Gr. 6 Pf. angegeben. Die Zinsen sind seit Anfang 1869 erhöht, die Miethe seit Ostern 1867. Die Verfügung des Königs vom 9. November 1739 [1]) bestimmt, dass von der Summe, welche die Schleswigschen Commünen zum Convikt contribuiren, so viel an das Altonaer Gymnasium gegeben werden solle, dass zehn Freitische in Altona errichtet werden könnten. Diese Verfügung wird nicht zur Ausführung gekommen sein. [1])

In den Provinzialberichten 1813 S. 65—75 gab der Kieler Professor Möller eine Uebersicht der von 1801 bis 1812 für den Genuss des Convikts von der philosophischen Fakultät Examinirten. In demselben Journal antwortete Möller S. 717-739 auf ein Schreiben des Altonaer Direktors Struve, welches gegen einige Aeusserungen der Uebersicht gerichtet war. Die Gesammtzahl der Geprüften war 158, nämlich: 76 Theologen, 6 Philologen, 50 Juristen, 22 Mediciner und 4 Mathematiker. Von den 158 waren 28 wiederholt geprüft. Nur 51 waren auf Holsteinischen, 13 auf auswärtigen Schulen gewesen, 22 hatten nur Privatunterricht gehabt, also waren 72 von Schleswigschen Schulen. Zehn der Geprüften waren ganz abgewiesen, 105 erhielten den dritten Charakter. Seit dieser Zeit hat sich der Schulunterricht der Schleswig-Holsteinischen Schulen sehr gebessert, solche traurige Resultate kommen jetzt beim Conviktexamen nicht mehr vor. Früher besuchten, namentlich im Schleswigschen, Manche erst vom sechszehnten, die Söhne von Landpredigern etwa vom zwölften Jahre an die gelehrte Schule. Professor Möller empfiehlt die Einrichtung, dass alle diejenigen Sshüler, welche zur Universität abgehen wollen, sich vorher einem Examen der Reife zu unterwerfen haben. Solche Prüfungen, sagt er, müssen nicht bis zur Ankunft auf der Universität verschoben, sondern an einem

---

[1]) Schmid, Versuch einer historischen Beschreibung der Stadt Altona, Altona 1747, S. 244. Frandsen giebt in der Säcularfeier des Christianums in Altona, Altona 1839, S. 36, an, dass jährlich 1500 ℳ an das Christianum gezahlt werden. Nach freundlicher Mittheilung des Direktors Lucht sind nur einmal 1500 ℳ von Schleswigschen Commünen an das Altonaer Gymnasium gezahlt worden.

Ort ausserhalb der Universität von einer dazu ernannten Commission angestellt werden; Schumacher (Provinzialberichte 1813 S. 331) stimmt ihm bei. Was Müller 1813 vorschlug, ist, freilich nicht so, wie er wünschte, durch Rescript vom 19. Octbr. 1867, welches das Preussische Reglement vom 4. Juni 1834 einführte, vorgeschrieben worden. Nach diesem Rescript sollen regelmässig nur die mit dem Zeugniss der Reife von der Schule Entlassenen als Studirende der Theologie, Jurisprudenz und Cameralwissenschaften, der Medicin und Chirurgie, und Philologie auf inländischen Universitäten angenommen und inscribirt werden. Oeffentliche Beneficien für Studirende sollen nur an Solche conferirt werden, welche das Zeugniss der Reife erlangt haben, Privat- oder Familien-Stiftungen dagegen können, nach dem 1867 eingeführten Reglement vom 4. Juni 1834, hierdurch nicht beschränkt werden. (Verordnungsblatt für Schleswig-Holstein 1867 S. 1368—1372.)

Man kann wohl nicht daran zweifeln, dass das Tischgeld des Convikts ein öffentliches Beneficium ist. Die Gegenstände und Anforderungen des Conviktexamens werden zusammentreffen mit denen der Abgangsprüfungen auf den gelehrten Schulen. Man kann fragen, ob die Prüfung der philosophischen Fakultät noch nothwendig oder doch zweckmässig erscheint. Bis jetzt ist die Aufhebung der Conviktprüfung nicht erfolgt. Zur Controle der Schulprüfungen sollte das 1775 angeordnete Examen der philosophischen Fakultät, welches halbjährlich abgehalten wird, ursprünglich nicht dienen. Wäre dies der Zweck, so müssten alle neu eintretenden Studirenden, nicht bloss die das Convikt suchenden unbemittelten geprüft werden. Die Resultate der Schulzeugnisse und der Conviktprüfung weichen freilich nicht selten von einander ab. Die Schulmänner Struve und Schumacher haben wohl nicht mit Unrecht hervorgehoben, dass zum Examen Glück gehöre, dass nicht ungeschickte Schüler häufig in schriftlichen und mündlichen Prüfungen handgreiflich grobe Fehler begehen. Die Lehrer glauben ihre regelmässig mehrjährigen Schüler besser zu kennen, als die Fakultät sie durch eine Prüfung kennen lernt.

Für den Fall, dass viele Bewerber da sind, und die Conviktkasse nicht gestattet, alle mit dem Zeugniss der Reife von der Schule Entlassenen den Genuss des Convikts zu zahlen, ist allerdings festzustellen, wer zu bevorzugen ist. Da indessen nach dem Rescript vom 23. Juli 1790 (Systemat. Sammlung IV 535) die Abkunft aus einer contribuirenden Landschaft und darnach die grössere Dürftigkeit entscheidet, und erst als drittes Moment der vorzüglichere Charakter genannt ist, so würde das Resultat des Conviktexamens wohl selten die Entscheidung zu geben haben. Nach Koch, die Preussischen Universitäten B. 1. S. 548 bestand wenigstens in Königsberg ein Freitisch, dessen Genuss nicht bloss von der Reife zum Universitätsstudio abhing, sondern, wenn ich die Worte recht verstehe, ausserdem nach § 4 von einer besondern Prüfung.

Doctor Paulsen sagt in der Vorrede S. VIII zu seiner Schrift: „Die Stipendien in den Herzogthümern, Schleswig 1863": „Ueber die Vertheilung der Stipendien enthalten die einzelnen Fundationen die näheren Bestimmungen. Im Allgemeinen wird der Grundsatz festgehalten, dass der Stipendiat im Conviktexamen den Charakter würdig erlangen muss." Wäre der letztere Satz begründet, so läge darin wegen der vielen Stipendien, die hiernach von der Conviktprüfung abhängig sein müssten, ein Grund zur Beibehaltung dieses Examens. Der Charakter würdig ist aber erst am 3. Februar 1798 bestimmt worden (Paulsen l. c. S. 129), die meisten oder doch viele Stipendien dagegen sind aus früherer Zeit. So viel ich weiss, ist nur bei dem Stipendium meines Freundes Kamla (Paulsen l. c. S. 158) und bei dem Knickbein'schen Legat der zweite Conviktcharakter als Erforderniss von den Testatoren vorgeschrieben. Das bedeutendste Stipendium wenigstens der neueren Zeit ist wohl das Leidersdorf'sche vom 1. Juni 1852, jährlich 500 Rthlr. Cour. oder 600 Thlr. Pr. auf zwei Jahre, der Genuss ist davon abhängig gemacht. dass ein Altonaer Gymnasiast sein Abgangs- oder Maturitätsexamen wohl bestanden habe. Dass der Beneficiat das Conviktexamen bestehe, ist vom Testator nicht bestimmt worden. Für das Krück'sche Stipendium ist in der Fundation vom 16. Decbr. 1825 eine Prüfung vorgeschrieben, welche bis 1852 von einem Mitgliede des Obergerichts und dem Rector der Domschule in Schleswig abgehalten wurde. Im Jahre 1852 ward die Verwaltung des Stipendii dem Appellationsgericht in Flensburg übertragen. Durch ein Ministerialrescript vom 25. März 1868 ist die Prüfung für dieses Stipendium aufgehoben worden und bestimmt, „dass an deren Stelle eine Prüfung der von den Bewerbern beizubringenden Maturitäts-Zeugnisse, unter besonderer Berücksichtigung der ihnen über die Kenntnisse der lateinischen und griechischen Sprache, so wie in den philosophischen, mathematischen und historischen Wissenschaften ertheilten Zeugnisse, den von dem Rector der Schleswiger Domschule in Gemeinschaft mit dem zur speciellen Verwaltung der Stiftung kommittirten Regierungsmitglied einzureichenden Vorschlägen für die Verleihung des Stipendiums zum Grund gelegt wird." (Verordnungsblatt für Schleswig-Holstein 1868 St. 51 S. 595.)

In dem Rescript des Ministers der geistlichen, Medicinal- und Unterrichts-Angelegenheiten an den Oberpräsidenten vom 9. April 1868 (Stiehl, Centralblatt 1868 S. 329) heisst es: „Die Frage endlich, wegen Zulassung von Studirenden, die kein Maturitäts-Zeugniss vorlegen können, zum Genusse des Freitisches und gewisser Stipendien, erledigt sich durch die Bestimmung in der Verfügung vom 19. Februar 1778 (Systemat. Sammlung der Verordnungen IV S. 595 u. folg.), wonach die Behuf des Studirens zu verwendenden öffentlichen Wohlthaten Solchen nicht zugetheilt werden sollen, die nicht vorher geprüft und zur Akademie gehörig vorbereitet befunden werden. Es versteht sich von selbst, dass die Staatsregierung befugt ist, zu bestimmen, auf welche Weise die gehörige Vorbereitung zu documentiren ist, und dazu eignet sich künftig nur das Maturitäts-Zeugniss von einem Gymnasium. Hinsichtlich des Oldenburgischen Stipendiums sind überdies die Bewerber nach dem Rescript vom 9. Januar 1816 verpflichtet, über ihren Fleiss und erlangte Reife zu den akademischen Studien Atteste vorzulegen. An der Einrichtung des Freitisch-Examens wird für jetzt nichts geändert. — Sollte der Uebergang in die neue Ordnung der Dinge Veranlassung zu Dispensationsgesuchen in Bezug auf die Verleihung akademischer Beneficien geben, so ermächtige ich Sie hierdurch, darüber zu befinden."

Für die Lehrer der philosophischen Fakultät ist es allerdings von Interesse, wenigstens einen Theil der neu eintretenden Studirenden kennen zu lernen und sie werden auch gewiss ferner Zeit und Mühe daran wenden, um die halbjährlichen Prüfungen abzuhalten. Für die Kopenhagener Universität genügt das Schulzeugniss nicht, die Universität hat eine Prüfung abzuhalten. Sollte die Conviktprüfung wegfallen, so müssten für diejenigen Stipendien, welche, wie das Kamla'sche und Knickbein'sche, vom Bestehen dieser Prüfung abhängen, modificirt werden. In Falck's Staatsbürg. Magazin, B. 9, Schleswig 1829, wird S. 381 u. folg. in einer Abhandlung über den Andrang junger Leute zum Studiren S. 402 die Härte hervorgehoben, welche darin liege, dass die Söhne der Bürger, Beamten und Gutsbesitzer von der Militärpflicht befreit und ohne Prüfung immatriculirt werden könnten, dagegen die Landmilitärpflichtigen sich einer Prüfung zu unterwerfen haben, um wenigstens vorläufig übergangen zu werden. Durch die Anordnung der allgemeinen Militärpflicht ist eine der beiden Härten, die der Verfasser rügt, Militärpflicht und Prüfung, weggefallen. Der Verfasser räth, die Prüfung, welche die Conviktoristen zu bestehen haben, auf alle Diejenigen auszudehnen, welche kein Maturitäts-Zeugniss von der Schule mitbringen. Die Zahl der in Kiel Studirenden war nach den Angaben auf S. 385 im Winter 18$^{18}/_{19}$ 222, im Winter 18$^{28}/_{29}$ 330. Nach Twesten's Angabe in den Kieler Beiträgen B. 1 Schleswig 1820 S. 324 betrug die Zahl der in Kiel Studirenden im Winter 18$^{11}/_{12}$ 111. Seit 1801 zeigte sich eine Abnahme der Studirenden, die Zahl der Mediciner nahm jedoch seit 1800 auffallend zu, 1802 im Sommer studirten in Kiel 9 Mediciner, 1817 39. Im Sommer 1819 betrug die Gesammtzahl 230, unter denen 68 Theologen, 103 Juristen, 52 Mediciner. Nach den Verzeichnissen der Studirenden hatte Kiel im Sommer 1854 144 Studirende, unter denen 58 Juristen und 46 Mediciner; 1869 im Sommer 156 Hörer, von denen 5 nicht immatrikulirt waren, unter den 156 waren 20 Juristen und 60 Mediciner. Vergl. Chronik der Universität 1857 S. 24, 1859 S. 75.

b) das philologische Stipendium und die Prüfung der Candidaten des höheren Lehramts.

Ueber dasselbe hat Professor G. Curtius in der Chronik 1855 S. 37—41 Nachricht gegeben, indem er über das philologische Seminar berichtete. Das Rescript vom 29. October 1777, durch welches dieses Stipendium gestiftet wurde, ist leider weder in der chronologischen noch systematischen Sammlung abgedruckt, sondern in dem Jahrgang der Verordnungen von 1777 auf den früher gedruckten Jahrgang von 1789, auf die Rescripte vom 20. u. 21. März 1789 (Chronol. Samml. 1789 S. 14—17) verwiesen. Diese Rescripte, an den Kieler Kirchenrath Geyser in Kiel gerichtet, sagen, dass der König aus seiner Chatullkasse jährlich 200 Rthlr. in zwei Terminen werde zahlen lassen, damit dieselben „unter vier eingeborne studiosos, die Du nach Deiner gewissenhaften Auswahl zu Schullehrern tüchtig erachtest und vier oder wenigstens drei Jahre [1]) dort studiren, dergestalt vertheilt werden sollen, dass jeder derselben jährlich funfzig Rthlr. Cour. geniesse". Des Erbprinzen Friedrich Königliche Hoheit vermehrte dieses Stipendium „für vier eingeborne studiosos, die auf dortiger Universität sich den Schulwissenschaften widmen," mit hundert Rthlr. Die Stipendiaten „sollen in den ersten zwei oder anderthalb Jahren sich eigentlich der philologischen und historischen und in den beiden oder anderthalb letzten Jahren der philosophischen und theologischen Studien befleissigen." „Gedachte Studiosi sollen dieses Stipendium in der letzten Hälfte ihres vier- oder dreijährigen Aufenthalts zu Kiel nicht eher geniessen, als bis sie von den professoribus linguarum und historiae in Deiner Gegenwart examinirt und ihnen — ein Zeugniss ihres Fleisses und Fortgangs in den Studien ertheilt worden. Nach völlig geendigtem Cursus auf dortiger Universität sind die Stipendiaten von den professoribus theologiae und philosophiae, deren Vorlesungen sie beigewohnt haben, auf gleiche Weise zu examiniren —." Die von dem Erbprinzen bewilligten ein Hundert Rthlr. jährlich sollten zu Prämien unter diejenigen Stipendiaten vertheilt werden, welche die beste Probe von ihrem Fortgang in den Studien ablegen —. Die Bewilligung der 100 Rthlr. von dem Erbprinzen wird später sistirt sein. Nach einem dritten Rescript vom 21. März 1789 waren damals von den ausgesetzten Geldern der 200 Rthlr. und 100 Rthlr.

---

[1]) Durch ein Rescript vom 27. Januar 1778 (Systemat. Samml. IV S. 568) war bestimmt worden, dass das zur Aufmunterung der studiosorum philologiae gestiftete Stipendium solchen Studirenden, welche die sonst erforderlichen Eigenschaften besitzen, verliehen werden möge, wenn diese sich auch nicht länger als 3 Jahre auf der Universität aufhalten können.

ein Capital von fünf Hundert und einigen Zwanzig Rthlr. S.-H. Cour. erübrigt. Die Zinsen von 500 Rthlr. sollte Kirchenrath Geyser dem einen oder andern der dortigen Philologen, die das Stipendium geniessen, zur Verbesserung desselben nach seinem gewissenhaften Befinden beilegen. Wichtige Aenderungen erhielt das philologische Stipendium durch das Regulativ vom 10. April 1810 (Systemat. Samml. IV S. 577—582). Das Stipendium von 200 Rthlr. jährlich für arme eingeborne Studirende auf der Universität Kiel, die sich den Schulwissenschaften widmen und zu dem Ende drei oder vier Jahre in Kiel studiren wollen, ward unter die Direction des akademischen Consistorii gestellt, also war ein früher vorgeschriebener Bericht und die Entscheidung der Kanzlei nicht mehr erforderlich. Das Stipendium soll das erste Mal nur auf zwei Jahre ertheilt werden, sind weniger als vier Stipendiaten, so kann dies Stipendium bis auf 100 Rthlr. erhöht werden. Um zum Genuss zugelassen zu werden, muss der Bewerber, nach Einlieferung einer Probeschrift an das Consistorium, sich in den alten Sprachen und der Geschichte prüfen lassen. Wer würdig erklärt ist, erhält auch, wenn er dessen bedarf, ohne Freitisch-Examen die Wohlthat des Freitisches. Nach zwei Jahren wird der Stipendiat abermals in den alten Sprachen, der Geschichte und Mathematik examinirt. Ergiebt sich, dass der Stipendiat gute Fortschritte gemacht, so wird ihm das Stipendium noch auf ein oder zwei Jahre verliehen. Die Prüfungen hält eine Commission, bestehend aus einem Professor ordinarius der Philologie und der Geschichte. An dem zweiten Examen nimmt ein Professor ordinarius der Mathematik Theil. Nach Beendigung der Studien auf der Universität findet eine Schlussprüfung statt über die Kenntnisse in der Philologie, Philosophie, der philosophischen und bürgerlichen Geschichte und Mathematik, der Anfangsgründe der hebräischen Sprache, der Exegese[1] und Dogmatik[2]). An dieser Schlussprüfung nehmen ausser den Mitgliedern der zweiten Prüfung

---

[1]) In dem sonst sorgfältigen Bericht in der Chronik 1855 S. 38 ist die Exegese ausgelassen.

[2]) Nach Rescript vom 8. Juli 1820 soll auch in der Pädagogik geprüft werden (Systemat. Samml. IV S. 582.)

noch Theil: ein Professor der Theologie, ein oder zwei Professoren der Philosophie, welche vom Consistorium dazu deputirt werden. Zu der Schlussprüfung können auch Studirende zugelassen werden, welche sich dem Schulunterricht gewidmet haben, obgleich sie an dem Genuss des Stipendiums keinen Theil genommen. Der Professor der Philologie hat ein Protokoll über das Institut zu halten und dasselbe dem Consistorio beim Rectoratswechsel vorzuzeigen, ein ausführlicher Bericht über das Institut ist jährlich an die Schleswig - Holsteinische Kanzelei einzusenden. Nach Rescript vom 8. Juli 1820 soll neben der Würdigkeit auch auf die Bedürftigkeit gesehen werden, und bei gleicher Würdigkeit dem Bedürftigern der Vorzug eingeräumt werden. Es können auch ausserordentliche Mitglieder des philologischen Seminars aufgenommen werden, welche durch bewiesenen Fleiss und Eifer das Recht erwerben, unter übrigens gleichen Umständen und Ansprüchen, im Fall der Vacanz eines Stipendii, in der Ertheilung desselben Anderen vorgezogen zu werden. Die Bestimmung des Regulativs vom 10. April 1810, dass die Zinsen des erübrigten Capitals von 500 Rthlr. dem Stipendiaten bezahlt werden sollten, der sich im zweiten Examen vorzüglich auszeichnet, ward durch Ministerialschreiben vom 16. Septbr. 1857 (Gesetz- u. Ministerialblatt für Holstein und Lauenburg 1857 S. 270) aufgehoben und verfügt, dass aus den Zinseneinnahmen zwei ordentliche Stipendien-Portionen von jährlich 80 Rbthlr. (60 Thlr. Pr.) vergeben werden, wie die vier schon bestehenden Stipendien.

Hiernach bestehen also sechs Stipendien für eingeborne Studiosi, die sich auf der Kieler Universität den Schulwissenschaften widmen. Nach Curatelschreiben vom 4. Februar 1869 ist „die Proceptionsfähigkeit der Bewerber um das philologische Stipendium bei der hiesigen Universität an den Besitz des Preussischen Indigenats gebunden." Es ist also nicht mehr auf Eingeborne der Herzogthümer Schleswig - Holsteins beschränkt.

Die Schleswig-Holsteinische Regierung auf Gottorf brachte durch eine Bekanntmachung vom 1. Februar 1844 die §§ 11 und 12 des Regulativs vom 12. April 1810, die Schlussprüfung betreffend, in Erinnerung. „Wer sich in der Schlussprüfung auszeichnet, kommt bei Besetzung der Schullehrerstellen vorzüglich in Betracht," heisst es in § 12. Das Normativ des Königlichen

Ministerii für die Herzogthümer Holstein und Lauenburg vom 10. August 1857 (Gesetz- und Ministerialblatt 1857 Stück 27 S. 245—251) schrieb ein Examen für die Schulamts-Candidaten vor, durch welches §§ 11. 12 des Regulativs von 1810 geändert wurden. Die Prüfung soll einmal im Jahr von einer Commission von Universitätslehrern abgehalten werden, und zwar von vier bis fünf ordentlichen Mitgliedern aus der philosophischen und einem ordentlichen Mitgliede aus der theologischen Fakultät. Nach Bedürfniss können für bestimmte einzelne Prüfungsfächer auch ausserordentliche Mitglieder zugeordnet werden. Auf Bericht des Curators werden die Commissionsmitglieder durch die vorgesetzten Ministerien für einen Turnus von je 3 Jahren bestellt, indem einem ordentlichen Mitglied als Dirigenten die Leitung zugewiesen wird. Zum Examen werden, wenn nicht eine Dispensation erwirkt ist, nur Diejenigen zugelassen, welche von einer Gelehrtenschule des Inlandes als reif zur Universität entlassen oder das Conviktexamen bestanden und während eines akademischen triennii sich dem Studium der für das höhere Schulfach vorbildenden Wissenschaften gewidmet, so wie wenigstens zwei Jahre als immatriculirte Studenten an der Universität Kiel zugebracht haben. Die Fächer, in denen zu prüfen ist, sind genau angegeben. Der Candidat hat in der Gelehrtenschule der Stadt Kiel einige Probelectionen zu geben. Für das Examenszeugniss sind 20 Rbthlr. zu entrichten. Dieses Normativ von 1857 ist aufgehoben worden durch die Verordnung, betreffend die Prüfung der Candidaten des höhern Schulamts in den neu erworbenen Landestheilen vom 13. März 1867 (Gesetz-Sammlung für die Preussischen Staaten 1867 S. 395, Stiehl, Centralblatt 1867 S. 218, und Verordnungsblatt für Schleswig-Holstein 1867 S. 578 Nr. 208). Die Prüfung ist nach den in den älteren Provinzen deshalb bestehenden Grundsätzen zu regeln und fernerhin in Uebereinstimmung damit zu erhalten.

c) **Das Schassianum stipendium oder praemium.**

Nähere Nachricht über das von dem Holländer Samuel Schass, dem Zögling des gebornen Rendsburgers Marquard Gude, 1675 gestiftete Stipendium habe ich in dem Archiv für Staats-

und Kirchengeschichte der Herzogthümer B. 5 S. 564—580 [1]) gegeben und auch die von meinem Collegen Nitzsch mir gegebenen Nachrichten über die den Bewerbern um dieses Stipendium in einer Reihe von Jahren gestellten Aufgaben mitgetheilt. Eine kürzere Nachricht gab ich in meinem Beitrag zur Geschichte der Kieler Universität Kiel 1859 S. 34—35. Die von S. Schass zu einem stipendium optimarum literarum für studiosi humaniorum literarum in Kiel legirten 100,000 fl. wurden durch einen Prozess gegen die Brüder des Stifters etwas verringert. Durch das Kielmannseggische Legat wurde der Fond des Schassischen etwas vergrössert. Durch das Rescript vom 13. November 1804, welches als Anhang zu der chronologischen Sammlung der Verordnungen des Jahres 1840 Seite 379—382 gedruckt wurde, ward bestimmt, dass jährlich 300 Rthlr. Courant zu drei Stipendien von 120, 100 und 80 Rthlr. vergeben werden. Nothwendige Bedingung ist, dass die Percipienten sich während des Genusses auf der Universität Kiel aufhalten. Die Bewerber haben eine Abhandlung über eins der von der Examinationscommission bekannt zu machenden Themata einzureichen und eine mündliche Prüfung zu bestehen. Ausser dem ordentlichen Lehrer der Beredsamkeit soll die Prüfungsbehörde aus einem Mitglied jeder der vier Fakultäten bestehen, welches von dem Könige auf Vorschlag des Curators ernannt wird. Die Commission entscheidet allein über die Würdigkeit, das akademische Consistorium hat nach Vergleichung der persönlichen Rücksichten und Bedürfnisse die Verleihung. Der Genuss kann ein, zwei, höchstens drei Jahre dauern. „Die Bewilligung eines Stipendii für das erste Jahr soll zwar den Anspruch und ein Vorrecht zur Fortdauer desselben für das nächste Jahr geben, aber sie setzt nothwendig eine zweck-

---

[1]) Bei dieser Nachricht habe ich die handschriftlichen Data des Professors Kleuker über dieses Stipendium, welche er 1802 für den Curator Reventlow geschrieben, und Twesten's Nachricht über dieses Stipendium in den Kieler Beiträgen B. 1 S. 331 u. folg. benutzt. Die Handschrift des Professors Kerstens, Historia et rationes stipendii schassiani, welches Kleuker benutzte, ist nicht wieder aufgefunden. Ueber Kleuker's Data und Nitzsch's Nachrichten vergl. Verzeichniss der Handschriften B. 1 S. 283. Nachrichten über das Stipendium giebt das handschriftliche Statutenbuch I 486, 95, II 229. 307. und Professor Heinrich in der Zeitung für Literatur und Kunst in den dänischen Staaten B. 1 Intellig. Nr. 3.

mässige Anwendung der genossenen Wohlthat und gemachte Fortschritte in den Wissenschaften, deren Studium dadurch befördert werden sollen, voraus. Es müssen also Diejenigen, welche sich dazu Hoffnung machen wollen, sich den alljährlich zu wiederholenden und fortschreitenden Prüfungen unterwerfen und darin jedesmal würdig befunden werden. Insonderheit ist die Fortsetzung des Stipendii für das dritte Jahr nur dem vorzüglichsten Verdienste und der gegründeten Hoffnung künftiger Auszeichnung zuzustehen."

Das Rescript von 1804 will die frühere Prämienaustheilung in Stipendienverleihung ändern, hat aber doch theils den Charakter der Prämien behalten. In der Bekanntmachung des akademischen Consistorii vom 1. Decbr. 1804 in den akadem. Gesetzen ist hervorgehoben, dass das Schassische Stipendium nicht bloss den Humanisten von Profession, sondern auch den Studirenden der Theologie, Jurisprudenz und Medicin verliehen werden kann und darnach die Aufgaben der Abhandlungen und die Prüfungen, welche dem Zweck der Stiftung nach humanistisch sein sollen, einzurichten sind. Jeder der Examinatoren erhält aus der Kasse des Stipendiums 4 Rthlr. Cour. jährlich für seine Bemühung. Die Namen Derer, welchen das Stipendium bewilligt ist, sollen in den Schleswig-Holsteinischen Anzeigen oder sonst in einem öffentlichen Blatt bekannt gemacht werden.[1]) In dem Amtsblatt für die Herzogthümer 1850 St. 70 S. 523-525 erschien von der Statthalterschaft ein Regulativ, betreffend die Verleihung der akademischen Beneficien der Schassischen Stiftung, deren Einkünfte damals jährlich 1200 ₥ Cour., also 480 Thlr. Pr. betrugen. Die Preissummen sollen nicht unter 240 ₥ und nicht über 360 ₥ Cour. betragen.

Nach dem Budget für Holstein vom 1. April 1865-66 S. 104 hat das Schassianum an Zinsen vom eigenen Vermögen
2020 ₥ 13 β,
an Landhäuer nebst Miethe für einen Kirchenstuhl 545 „ 7 „
Jährliche Einnahme 2566 ₥ 4 β.

---

[1]) Twesten theilte in den Kieler Beiträgen B. 1 S. 334 die im Jahr 1819 gestellten Aufgaben und die gewonnenen Preise mit, Niemann berichtete in der von ihm 1826—1831 herausgegebenen Chronik über das Schassianum, in der seit 1854 erscheinenden Chronik der Universität ist regelmässig Nachricht über dieses Stipendium gegeben worden, in der Chronik von 1868 S. 44.

Nach dem Budget des Herzogthums Holstein vom 1. April 1866-67 S. 152 hat das Schassianum jährliche Einnahme 2707 ℳ 3 β. — Nach den Anlagen zum Staatshaushalts-Etat für 1868 Nr. 6 S. 80 hat das Stipendium Schassianum vom Grundeigenthum 211 Thlr. 2 Sgr. 8 Pf., Zinsen 917 Thlr. 13 Sgr. und sonstige Einnahmen 7 Thlr. 6 Sgr., nach Abzug der Verwaltungskosten und Abgaben 1087 Thlr. 8 Sgr. 11 Pf.

d) Das Richardische Stipendium.[1]

Etatsrath Carl Friedrich Richardi gab 1785 2000 Rthlr. Cour. an die Amtskasse zn Reinbeck gegen die Königliche Versicherung, dass ihm auf seine Lebenszeit aus den redesten Einflüssen dieses Amts jährlich fünf Prozent von diesem Capital, also 100 Rthlr. Holst. gr. Cour., ausgezahlt, nach seinem Ableben bis zu ewigen Tagen mit gleichmässiger Auszahlung dieser 100 Rthlr. zum Behuf eines Stipendii für die Kielische Universität fortgefahren werde. Diese Zinsen von 100 Rthlr. sollen an zwei unbemittelte auf der Universität zu Kiel studirende Personen, jede mit 50 Rthlr., als ein Stipendium gereicht werden. Jeder Stipendiat soll dieses Beneficium nur zwei Jahre, wenn er in Kiel zwei Jahre studirt, geniessen. Ob ein hülfsbedürftiger Studiosus Theologie, Jura, Medicin oder bloss philosophische Wissenschaften studirt, ist für die Verleihung des Stipendii gleich. Der Stifter des Stipendii sagt § 4: „Dass unter solchen Stipendiaten die eingebornen Hamburger, wenn sie in Kiel zwei Jahre studiren und über ihren auf Schulen bewiesenen Fleiss, Application und geführten guten Lebenswandel das Zeugniss ihrer Lehrer sowohl als auch wegen ihrer bedürftigen Umstände sonstige beglaubigte Atteste beigebracht haben werden, den Vorzug vor andern Competenten haben, nach den Hamburgern die eingebornen Kieler, und wenn keiner dieser beiden Stadtkinder auf der Universität sich befinden möchten, die anderen Landeskinder, ihren Verdiensten nach, folgen sollen." Jeder Stipendiat soll vor seinem

---

[1] Systemat. Samml. der Verordnungen IV S. 570—572, Chronol. Samml. 1831 S. 21, Interpretation vom 23. März 1831, Statut. Vol. I S. 820. 837. II S. 284.

Abgang von der Universität eine öffentliche Oration oder Disputation ohne grosse Kosten und Aufwand halten. Die Conferirung des stipendii hat das consistorium academicum. Expectanzen auf ein Jahr voraus sollen nicht ertheilt, zu ewigen Tagen soll keine willkührliche Abänderung in dieser Fundation statt haben noch gemacht werden, sondern es dabei sein unabänderliches Verbleiben behalten.

Der König bestätigte am 6. Januar 1786 Richardi's Fundation. Durch Kanzleischreiben vom 22. März 1831 ward erklärt, dass die in § 4 der Fundation enthaltenen Ausdrücke „eingeborne Hamburger und Kieler" nach dem nicht zweifelhaften Wortsinn zu verstehen, mithin bei Verleihung des Richardischen Stipendiums auf die blosse Geburt zu sehen.

e) **Das Herzoglich Oldenburgische Stipendium.** [1]

Der Herzog von Oldenburg schenkte 1789 der Kieler Universität ein Capital von 2500 Rthlr. Schlesw.-Holst. Cour., dessen Zinsen die Landräthin von Gusmann bis zu ihrem Tode (gegen Ende des Jahres 1814) geniessen sollte. Nach dem Rescript vom 12. Novbr. 1814 (Chronol. Samml. 1814 S. 177) sollen die Zinsen des genannten Capitals, der Absicht des Stifters gemäss, an zwei in Kiel Studirende auf drei nach einander folgende Jahre verliehen werden, mit vorzüglicher Berücksichtigung der Eutiner und Oldenburger Landeskinder, wenn solche auf der Akademie zu Kiel vorhanden sind.

Durch das Rescript vom 9. Januar 1816 (Chronol. Samml. der Verordnungen 1816 Nr. 3 S. 2—4) sind die von dem akademischen Consistorio bei Verleihung des Herzoglich Oldenburgischen Stipendii zu beobachtenden Grundsätze näher angegeben. Die Bewerber, Theologen, Juristen, Mediciner, Philosophen, müssen bereits auf der Kieler Universität immatriculirt sein und Vorlesungen besuchen. Dem lateinischen Memorial zur Bewerbung hat der sich Bewerbende glaubhafte Zeugnisse seiner Schul- und akademischen Lehrer über seine bisher bewiesene gute Aufführung,

---

[1] Statut. Vol. II S. 213—216. 283—284.

über seinen Fleiss und erlangte Reife zu akademischen Studien, ausserdem aber beglaubte Atteste, dass er Unterstützung bedürfe, beizulegen. Vorkommenden Umständen nach kann der akademische Senat noch eine besondere Prüfung durch die philosophische Fakultät verordnen. Bei gleicher Würdigkeit entscheidet die grössere Bedürftigkeit. „Die Oldenburger und Eutiner Landeskinder", heisst es in § 3, „gehen bei Ertheilung dieser Stipendien allen andern vor, wenn sie zur Zeit der Vertheilung derselben auf der Kieler Universität wirklich studiren und mit befriedigenden Zeugnissen ihrer Bedürftigkeit und ihres Fleisses versehen sind. Uebrigens dürfen eigentliche Anwartschaften weder an Abwesende noch an Gegenwärtige im Voraus ertheilt werden.

Die beiden Stipendien, jedes jährlich 50 Rthlr. S.-H. Cour., können auf 3 Jahre vergeben werden, vorausgesetzt, dass die Percipienten die drei Jahre auf der Kieler Universität wirklich studiren. Indess sind die, welche selbige auf kürzere Zeit zu erhalten wünschen, von der Theilnahme davon, während der Zeit, wo sie in Kiel studiren, nicht auszuschliessen. Die Auszahlung des Stipendii geschieht in zwei halbjährigen Terminen, Umschlag und Johannis, jedesmal mit 25 Rthlr. Cour. Die zweite halbjährige Auszahlung erfolgt nur dann, wenn das Wohlverhalten und der fortgesetzte zweckmässige Fleiss des Percipienten von den Lehrern desselben dem akademischen Senat und dem Administrator (dem Quästor) bezeugt worden sind.

Jeder Percipient ist verpflichtet, im letzten Jahre seiner dreijährigen Genusszeit, zum Beweise, dass er die genossene Wohlthat gewissenhaft angewandt habe, über ein selbstgewähltes Thema eine lateinische Abhandlung auszuarbeiten und solche dem akademischen Senat zur Beurtheilung zu übergeben. Erst nachdem er diese Abhandlung eingeliefert und dieselbe hinlänglich befunden worden, erfolgt die Auszahlung der letzten Jahreshälfte des Stipendiums."

Das Kanzleischreiben vom 22. März 1831 erklärt die Ausdrücke in § 3 des Normativs: „Oldenburger und Eutiner Landeskinder" dahin, dass auf das Unterthanenverhältniss und zugleich auf die Geburt des Competenten zu sehen ist.

f) **Das Kamla'sche Stipendium.**[1]

Der Literat Hans Christian Friedrich Kamla, ein geborner Kieler, und seine Ehefrau Margaretha Christiane Elisabeth geb. Haltermann, haben ihrem 1855 am 29. März errichteten Testament eine Stiftungsurkunde über ein der Kieler Universität vermachtes Kapital von sechs Tausend vier Hundert Rbthlr. angelegt. Die Zinsen desselben sollen an die würdigsten und der Unterstützung bedürfenden in Kiel Studirenden vertheilt werden. Das Kapital soll vom Vollzieher des Testaments nach dem Tode des letztlebenden der beiden Eheleute dem consistorio academico überliefert und auf folgende Weise verwandt werden. (Kamla starb 1857, seine Ehefrau am 2. Mai 1860.)

„Durch den § 3, 1. unseres am 29. März 1855 errichteten und vom hiesigen hochlöblichen Magistrat solennisirten Testamentes haben wir, unterzeichnete Eheleute resp. cum cur., als ich F. Kamla (Hans Christian Friedrich Kamla), gebürtig in Kiel, und ich M. Kamla (Margaretha Christina Elisabeth Kamla) geborne Haltermann, ein Legat für die Kieler Universität errichtet, um ein Stipendium für auf obengenannter Universität Studirende zu stiften.

Das dazu bestimmte Capital von **Sechs Tausend Vier Hundert Thalern Reichsmünze** soll vom Vollzieher unseres Testamentes, nach dem Tode des Letztlebenden von uns Beiden, dem Consistorio academico überliefert werden und soll auf folgende Weise verwandt werden:

§ a.

Aus der obigen Summe werde ein Stipendium gebildet zur Unterstützung würdiger und hülfsbedürftiger, hier in Kiel Studirender, ohne Unterschied, für welche Fakultät sie sich bestimmt haben.

§ b.

Das Capital selber darf nicht angegriffen, sondern die jährlichen Zinsen desselben dürfen nur verbraucht werden.

---

[1] Die Fundation ist einzeln und in den 1863 und 1869 gedruckten leges gedruckt, auch in Paulsen Stipendien S. 158.

§ c.

Wer Stipendiat werden will, muss sich zum Convikt-Examen stellen dürfen und stellen, und in demselben wenigstens den zweiten Charakter erhalten. Ob derselbe im Herzogthum Lauenburg, Holstein oder Schleswig geboren sei, ist ganz gleich, ebenfalls, wenn er ausserhalb der Herzogthümer geboren ist, aber seine Eltern in demselben wohnen, hat er gleiches Recht, sich um das Stipendium zu bewerben, wenn er in Kiel studirt. Wer Stipendiat werden will, muss sich mit einem selbst verfassten Gesuche in lateinischer Sprache an den jedesmaligen Rektor der Christiana Albertina wenden.

§ d.

Das Stipendium gilt nur für ein Jahr. Wenn aber vor dem Ablaufe dieses Jahres ein neues Gesuch, begleitet von einer kleinen, nicht über drei Bogen starken, wissenschaftlichen in lateinischer Sprache geschriebenen Abhandlung, an den Rektor eingesandt wird und der frühere Stipendiat sich wiederum zum Beweise, dass er keine Rückschritte gemacht habe, dem Convikt-Examen unterzieht, so bleibt dem Stipendiaten ebenfalls die Einnahme des zweiten Jahres.

§ e.

Die Summe des erlangten Stipendiums wird halbjährlich an den Betreffenden ausgezahlt, damit er nicht, den Betrag für das zweite Semester in Besitz habend, ausserhalb Kiels die Einnahme verwende oder verschwende.

Sollte der Betheiligte im zweiten Semester hier nicht studiren, so fällt seine Portion an die Kasse der Kieler Universitätsbibliothek. Ebenfalls wenn die moralische Aufführung des Stipendiaten ihm eine akademische Rüge zuziehen sollte, so fällt das, worauf er sonst Anspruch aus diesem Legat haben könnte, an die Bibliothekskasse.

§ f.

Das Stipendium wird an vier Studirende vertheilt; — wenn aber mehr als vier gleichberechtigte Ansuchende vorhanden sind, so haben die künftigen Participienten sich darin so zu theilen: dass die den ersten Charakter im Convikt erhaltenden, sondern auch vorzugsweise die in meiner Vaterstadt Kiel gebornen, immer pro persona jeder ¼ der fälligen Zinsen erhalten, der Rest der jährlichen Zinsen aber unter die übrigen Mitbewerber, die im Convictexamen würdig befunden sind (siehe § c), gleichmässig vertheilt wird.

§ g.

Das Consistorium academicum erhält die Oberaufsicht und Verwaltung des zu diesem Zwecke ausgesetzten und zu einem Stipendium bestimmten Legates, welches den Namen „Kamla's Stipendium" erhalten möge und als solches abgesondert verwaltet werden soll."

Indem das Consistorium diese Stiftung zur allgemeinen Kunde bringt, verordnet es zugleich zur Ausführung der wohlthätigen Absicht der Stifter, was folgt:

§ 1.

Die Auszahlung des Stipendiums erfolgt zur Hälfte um Johannis, zur Hälfte um Weihnachten.

§ 2.

Die Bewerber um eine Portion des Stipendiums haben sich im Beginn des Sommersemesters mit einem Ansuchen in lateinischer Sprache an den Rektor innerhalb einer von diesem am schwarzen Brett zu veröffentlichenden Frist zu wenden. Dem Gesuch ist das Zeugniss über das bestandene Convictexamen beizufügen.

§ 3.

Wer sich um den Fortgenuss des Stipendiums im zweiten Jahr beworben will, hat vor Ablauf des Wintersemesters ein neues Gesuch, begleitet von einer kleinen, nicht über 3 Bogen starken wissenschaftlichen in lateinischer Sprache geschriebenen Abhandlung an den Rektor einzusenden und sich dem im Anfang des Sommersemesters stattfindenden Convictexamen wiederum zu unterziehen.

Beschlossen im akademischen Consistorium
den 19. Februar 1862.
J. W, Planck, d. Z. Rektor.

C. Meyersahm.

g) Das Knickbein'sche Legat.

Das Regulativ für dieses Legat ist in den akademischen Gesetzen 1869 S. 27—28 abgedruckt. Es lautet:

§ 1.

Der Pastor emeritus Johann Hinrich Knickbein zu Steinburg hat durch Testament, datirt Steinburg den 29. Januar 1860, im § 2 bestimmt, wie folgt:

„Der Universität zu Kiel vermache ich die Summe von 8000 Thlr. R.-M. [= 6000 Thlr. Pr. Cour.], wozu ich folgende Capitalien bestimme:

a) ein Capital protokollirt auf dem Gehöft Brammer bei Neumünster..........2400 Thlr. [= 1800 Thlr. P. C.],
b) ein dito bei der Stadt Kiel 2000 „ [= 1500 „ „ „],
c) ein dito bei Frahm in Schleswig............2000 „ [= 1500 „ „ „],
d) ein dito bei der Universität Kiel............1600 „ [= 1200 „ „ „],
_____
8000 Thlr. [= 6000 Thlr. P. C.]

Die jährlichen Zinsen dieser Summe fallen zur Hälfte an 3 Studirende der Theologie auf der Universität Kiel, welche der Unterstützung bedürftig und würdig sind und im Convictexamen den zweiten Charakter bekommen haben, als Stipendium, jedoch gehen die Hülfsbedürftigen aus den Familien meiner Lehrer und einiger anderen Leute, namentlich der Professoren der Theologie Geyser, Hensler und Müller, sowie des Kaufmanns Lorentzen, Holstenstrasse in Kiel, welchen Personen ich während meiner Studienjahre von 1794—1799 vieles verdanke, vor.

Die Hälfte der Zinsen fällt an hülfsbedürftige Mitglieder meiner Familie, sie mögen näher oder entfernter verwandt sein."

§ 2.

Die Verwaltung des Legats ist bei der akademischen Quästur, welche für möglichst sichere und vortheilhafte Belegung desselben Sorge trägt.

§ 3.

Etwaige in Folge Mangels qualificirter Bewerber sich ergebende Ueberschüsse des Zinsenertrags werden nach dem Ermessen des akademischen Consistoriums entweder zum Capital geschlagen oder nach Maasgabe der Stiftung unter die Bewerber der späteren Jahre vertheilt.

§ 4.

Die Quotenvertheilung unter den 3 Studirenden, welche das Legat geniessen sollen, steht bei dem Ermessen des akademischen Consistoriums. Ebenso bezüglich der hülfsbedürftigen Familie des Testators.

§ 5.

Die etwaigen Ueberschüsse (§ 3) kommen nur derjenigen Hälfte des Capitals zu Gute, bei welcher sie erspart worden sind.

§ 6.

Die Verleihung des Legats für Studirende der Theologie erfolgt jährlich zu Anfang des Sommersemesters auf Vorschlag der theologischen Fakultät, nachdem im Umschlage vorher die Aufforderung zur Bewerbung bis zum officiellen Schlusstage des Wintersemesters am schwarzen Brett erlassen worden ist. Die Auszahlung findet zur Hälfte um Johannis und zur anderen Hälfte um Weihnachten statt, jedoch fällt die letztere Zahlung bei denjenigen Stipendiaten weg, welche im Wintersemester nicht auf der hiesigen Universität studiren.

Das Legat für hülfsbedürftige Verwandte des Testators wird gleichfalls zu Anfang des Sommersemesters, nachdem vorher mittelst Bekanntmachung in geeigneten öffentlichen Blättern zur Bewerbung aufgefordert worden, verliehen und um Johannis an Beikommende ausbezahlt.

§ 7.

Die Studirenden der Theologie auf der Universität Kiel, welche sich um das Legat bewerben wollen, haben ihren an das akademische Consistorium zu richtenden Bewerbungen ein Dürftigkeitszeugniss, die Fleisszeugnisse, den Beleg des im Conviktexamen mindestens erlangten zweiten Charakters, sowie betreffenden Falls den Nachweis ihrer Abkunft aus den in § 1 aufgeführten bevorzugten Familien beizulegen.

§ 8.

Die Mitglieder der Familie des Testators, welche sich um das Legat bewerben wollen, haben ihrem Gesuche bei dem akademischen Consistorium ausser einem Dürftigkeitszeugnisse die Beglaubigung ihrer Verwandtschaft mit dem Testator anzufügen.
Kiel, im akademischen Consistorium, den 6. Juni 1865.
Dr. Behn, d. Z. Rektor.
C. Meyersahm.

h) Die Callisensche Prämie.

Der Generalsuperintendent C. Callisen stiftete am 15. Januar 1853 und 28. April 1859 eine Prämie theils für eine theologisch-praktisch-wissenschaftliche Arbeit, theils für eine Predigt. Der Fond der Stiftung beträgt 750 ℳ oder 300 Thlr. Pr., die theologische Fakultät in Kiel hat die Verleihung der Prämie von 30 ℳ oder 12 Thlr. Pr., welche jährlich am 20. Februar, dem Geburtstage des Stifters, erfolgen soll. Dieser hat sich und seinen Nachkommen in direkter Linie die Rückforderung des Fonds für den Fall vorbehalten, wenn das Capital anderweitig als zu dem angegebenen Zweck verwandt oder sonst den gemachten Bedingungen nicht nachgekommen werden sollte. (Vergl. Paulsen, Stipendien S. 157. 158.)

i) Das Tilemann Müllersche Stipendium.

Es ist gestiftet von der Wittwe Tilemann Müllers, der gebornen Christiane von Qualen, am 22. October 1829. Der Fond beträgt 1000 Rthlr. Cour. oder 1200 Thlr. Pr. Die Zinsen der ersten beiden Jahre sollen nicht verliehen, sondern zur Bildung eines Extrafonds verwandt werden, um nöthigenfalls die Druckkosten der Predigt eines Stipendiaten davon abzuhalten. Die Söhne des Klosterpredigers Friderici in Preetz und des Doctor Hensler in Cappeln haben ohne Rücksicht auf das Studienfach ein Anrecht auf das Stipendium von 40 Rthlr. Cour. oder 48 Thlr. Pr. Sollte ein junger Theolog aus Franken, dem Geburtslande T. Müllers, in Kiel studiren, so ist derselbe bei Verleihung des Stipendii vorzüglich zu berücksichtigen. Sonst sollen die Zinsen des Fonds zur Unterstützung unbemittelter Studirender aus den Herzogthümern Schleswig und Holstein verwandt werden, die nach beigebrachten Beweisen dürftig, rücksichtlich ihres sittlichen Lebens würdig sind und durch ein Abhandlung über theologische und philosophische Gegenstände ihre guten Anlagen und Fortschritte in den Wissenschaften bekundet haben. Die Entscheidung über die Würdigkeit und Bedürftigkeit hat die Kieler theologische Fakultät. Das Stipendium kann nur Einem auf zwei Jahre verliehen werden, in dem zweiten und dritten akademischen Studienjahr des Bewerbers, mag er sich in dieser Zeit in Kiel oder ein Jahr auf einer auswärtigen Universität aufhalten. Die Verleihung erfolgt am 22. October, dem Geburtstage des Stifters, die Auszahlung in halbjährigen Raten, jedesmal mit 20 Rthlr. Cour. (Paulsen, Stipendien S. 150—152.)

k) Die Ansgarius Prämie.

Diese Prämie wird freilich weder vom akademischen Consistorio noch von einer Fakultät, sondern von dem Direktor des homiletischen Seminars verliehen, ich will sie jedoch hier kurz erwähnen. Sie ward 1826 bei der Jubelfeier der Einführung des Christenthums in Veranlassung des Professors Fr. C. Köster, damaligen Direktors des homiletischen Seminars, gestiftet. Die Regierung bewilligte für 1826 zwei Preise von 40 und 30 Species oder 50 und 37½ Rthlr. Cour. (Köster, Geschichte des Studiums der praktischen Theologie auf der Universität zu Kiel, Altona 1825 S. 58, und Niemann's Chronik 1826 S. 17, 18$\frac{27}{28}$ S. 9, 1830 S. 6, 1831 S. 6). Auf Köster's Anregung ward eine jährliche Prämie von Schleswiger Predigervereinen gestiftet. Die Beiträge fielen später weg, aber aus den gewonnenen Ueberschüssen der Einnahmen des Seminars ward die homiletische Prämie von 16 Rbthlr. oder 10 Rthlr. Cour. nach Ministerialschreiben vom 21. Juli 1854 gesichert. Die Bewerbung besteht in der Einlieferung einer Predigt (vgl. Chronik der Kieler Universität 1854 S. 22, 1859 S. 79).

Tabellarische Uebersichten

der

wissenschaftlichen Lehrer

der

Kieler Universität.

Theologie.	Jurisprudenz.	Medicin.	Philosophie.
Peter Musäus, theol. prof. ord., auch Prokanzler 1665—1675.	Erich Mauritius, pand. profess. ord. 1665—1671, dann Assessor d. Reichskammergerichts.	Casp. March, prof. ord. 1665 bis 1673 in Berlin Archiator † 1677.	Nicol. Mauritius (Moritz), moral. prof. extr. 1666 bis 1668 entlassen.
Christ. Kortholt, theol. prof. ord., auch Prokanzler 1665—1694.	Samuel Rachel, juris nat. et gent. prof. ord. 1665 bis 1680, dann Staller in Eiderstedt.	Joh. Dan. Major, prof. ord. 1665 bis 1693 nach Schweden † 1694.	Nicol. Martini, polit. oder philos. civilis prof. ord. 1665—1704, ihm folgte Amthor (S. die Juristen).
Paul Sperling, 1665—1679.	Sim. Heinrich Sannemann, prof. ord. inst. 1665 bis 68 entlassen.	Joh. Nic. Pechlin, prof. ord. 1673 bis 1682, Leibarzt, von 1685—1690 wieder im index, †1706 in Schweden.	Christ. Franck, metaphys. et log. prof. extr. 1665. 1666 ord. — 1675. (S. die Theologen.)
Matth. Wasmuth, 1665 ling. hebr. et or. prof. ord., th. extr., 1675 auch theol. ord. (1679 l. hebr. et or. an Opitz übertragen) — 1688.	Heinr. Michaelis, prof. ord. cod. 1666 bis 1668, ward Syndikus in Lübeck.	Wilhelm Huld. Waldschmidt, prof. ord. 1691—1731, seit 1697 auch ordin. phys. experim.	Georg E. Heldberg, moral. prof. extr. 1672, ord. 1673, auch log. ord. 1675—88.
Christoph Franck, 1665 log. et metaph. prof. ord., 1675 theol. prof. ord. — 1704.	Joh. Schwenck, prof. ord. novell. 1666—69 ging ab.	Bernh. Matth. Franck, ausserord. Professor 1694 bis 1701.	Sim. Heinrich Musäus, juris nat. et gent. prof. ord. 1689—92. (Siehe die Juristen.)

Mathematik und Physik.	Geschichte, Beredsamkeit, Homiletik.	Hebräische u. andere orient. Sprachen. (S. Theolog.)	Griechische u. lateinische Sprache.	Neuere Sprachen.
Sam. Reyher, 1665—1714 mathem. prof. (S. Juristen.)	Mich. Watson. hist. sacrae et prof. ord. 1665 † 1665.	Matt. Wasmuth, l. hebr. et cet. oriental. prof. ord. 1665-1679.	Caeso Gramm, gr. ling. et physiol. prof. 1665—1673 (S. Phys.)	Nic. Carl Curtius, Dr. jur. et med., Lehrer d. occident. Sprachen 1665 bis 1668 entlassen.
C. Gramm, phys. et gr. ling. prof. ord. 1665-1673.	Ad. Tribbechovius, moral. prof. extr. 1665, seit 1666 auch histor. s. et prof. extr., 1669—1673 ord. ging nach Gotha.	Heinr. Opitz, bis 1689. (S. Theologen.)	Heinrich Opitz, l. gr. prof. 1675 bis 1683. (S. Theologen.)	Ducroy, Lehrer der französischen Sprache 1668
Johann L. Hannemann, phys. prof. ord. 1675—1712 emeritus et honor.- 1724.	Dan. G. Morhof, eloq. et poes. prof. 1665, seit 1673 nach Tribbechovius Weggang auch hist. prof. bis 1691.	Dan. Hasenmüller, l. gr. et ling. orient. prof. 1683—1691.	Dan. Hasenmüller, l. gr. prof. 1683, 1688 homil. orient. et gr. l. — 1691.	Jean Friedberger, Lehrer der französischen Sprache 1675 entlassen.
Wilh. H. Waldschmidt, med. et phys. experim. prof. ord. 1697 bis 1731. (S. die Mediciner.)	Joachim Justus Breithaupt, homil. prof. extr. 1684 bis 1685.	Heinr. Muhlius, 16⁹¹/₉₂ hebr. et cet. ling. or., homil. et poes. prof. (S. die Theologen.)	Heinr. Muhlius, 1691 bis 1699. (Siehe Theologen.)	Franc. le Houx, Lehrer der französ. Sprache 1701
	Joh. Ge. Wasmuth, homil. prof. extr. 1687—88.	Theodor Dassov, ling. or. prof. 1699 bis 1709. (S. Theologen.)		Gio. Bapt. di Vergerio, Lehrer der italienischen Sprache 1702

Theologie.	Jurisprudenz.	Medicin.	Philosophie.
Heinrich Opitz, 1675 gr. l. prof. ord., 1677 auch l. hebr. et ling. orient. 1689 theol. prof. ord. — 1712.	Magn. Wedderkopff (auch Wedderkopp), prof.ord. cod. 1669—1680 Rath des Herzogs.	Gnth. Christoph Schelhammer, prof. ord. 1695—1716.	Joh. Claussen, methaphys.profess. ordin. 1676, 1689 auch logic. prof. — 1699 Herzogl. Rath. Schenkte seine Bibliothek der Universität.
Heinrich Muhlius, 16¾ gr., hebr., or.l., homil. et poes. prof. ord., 1695 auch theol. prof. ord., 1698 auch Prediger. (Seit 1699 nicht mehr in der philos. Fakult.) 1700 auch Superintendent — 1734.	Nicol. Martini, 1665 polit. prof. in der philosoph. Fakultät, seit 1671 auch institutt., 1672 novell. prof. — 1713. Die Professur der polit. 1704 an Amthor.	Carl Friedr. Luther, ausserordentl. Prof. 1702—1705 nach Stettin in Schwed. Dienste, 1726 ord. Prof. der Botanik und Medicin in Kiel und als prof. philos. nat. auch in der philosoph. Fakultät † 1744, fehlt im Index 17¾ und im Sommersem. 1743, wo Lischwitz als primar. steht.	Georg Pasch, moral. prof. ord. 1689, seit 1702 auch artis ration. et philos. primae profess. — 1707. (S. die Theologen.)
Joh. Friedr. Mayer. 1687 prof. honor., dann ordinar., meist absens, da er Prediger in Hamburg bei der Jakobikirche war; auf Befehl 1699 Dekan und im index scholar. als theol. prof. ord. — 1703. Professor in Greifswald — 1712.	Mich. Joh. Phil. Rosmann, institutt. prof. extr. 1672 bis 1680.	Christoph Martin Burchardi, ausserordentl. Professor 1708-1716, dann in Rostock † 1742.	Christ. Heinrich Amthor, philos.civ. prof. ordentl., juris extr. 1704—1712 ordentl. juris, 1714 Präsident in Rendsburg. (Siehe die Juristen).

Mathematik und Physik.	Geschichte, Beredsamkeit, Homiletik.	Hebräische u. andere orient. Sprachen. (S. Theolog.)	Griechische u. lateinische Sprache.	Neuere Sprachen.
Frieder. Koes, mathemat. prof. 1712 vocirt, trat 1721 ein -- 1766.	Daniel Hasenmüller, homil. prof. 1688. (S. griech. u. latein. Sprache.)	Paul Friedrich Opitz, l. gr. et oriental. prof. ord. 1721—1725 auch theol. ord. — 1747.	Paul Friedr. Opitz, l. gr. et oriental. prof. 1721 - 1747. (S. Theolog.)	Carl Heinr. d'Arbemon, d. französischen Sprache prof. ord. 1710 bis 1725.
Friedr. Gentzke, phys. et polit. prof. 1721 - 25. (Siehe die Philosophen.)	Heinr. Mublius, 168½ gr. et orient. ling., homil. et poes. prof. ord. und 1695 auch theol. prof. ord. (S. Theologen.)	Just. Friedr. Zacharia, ling. or. prof. extr. 1735—1743 auch antiquitt. sacr. ord. — 1748 auch theolog. ord. — 1770.	Joh. Bernh. Koehler, phil. et histor. prof. ext. 1766-69 n. Göttingen, Königsberg, las auch über griech. u. lat. Classiker.	Jean Franc. Millet, Lehrer der französ. Sprache, † 1746.
Joh. Christoph Hennings, phys. et methaphys. profess. ordentl. und Bibliothekar 1738 – 63 entlassen.	Joh. Burch. May (Majus), eloq. et hist. prof. 1693 bis 1725 emerit. et honor. Die Professur der Eloquenz erhielt S. Kortholt.	Joh. Ernst Faber, philos. et ling. orient. professor ord. 1769 – 1772 ging nach Jena.	Carl Friedr. Cramer, der griech u. morgenl. Liter. prof. extrord. 1775, ord. 1780, 1794 entlassen.	Gargan, Lehrer der franz Sprache 1747 bis 1758 entlassen.

Theologie.	Jurisprudenz.	Medicin.	Philosophie.
Th. Dassov, theol. prof. ord., als ling. orient. prof. auch in der philos. Fakultät und Prediger 1699—1709 Kgl. Superintendent — 1721.	Samuel Reyher, 1665 math. prof. ord., 1675 auch juris extr., 1683 juris et mathem. ord. — 1714.	Ernst Wilhelm Prangen, 1713 Leibarzt des Lübecker Bischofs, ausserordentl. Prof. 1716—17.	Matth. Lobetanz, Privatdocent und Assessor d. philos. Fakultät 1704—6 Prediger i. Haselau.
G. Pasch, 1689 philos. mor., 1702 auch metaphys. et log. philos. prof. ord., 1706 auch theol. prof. extr. (S. Kortholt 1706 ph. mor. prof.) † 1707.	Bernh. Schulz, prof. ord. 1674 bis 1687.	Georg Franck, med. prof. extr., 1726 — 1736 in bischöfl. Eutinisch. Dienste.	Johann Gerhardt Meuschen, Privatdocent und facult. philos. ass. 1704, ging nach Osnabrück.

Mathematik und Physik.	Geschichte, Beredsamkeit, Homiletik.	Hebräische u. andere orient. Sprachen. (S. Theolog.)	Griechische u. lateinische Sprache.	Neuere Sprachen.
Jöns M. Liungberg, philos. et mathemat. prof. ord. 1770—80 nach Copenhag. in das Commerzcolleg. † 1812.	M. Moeller, antiquitt. prof. extr.1694,1696 ord., auch hist. eccles. 1724 emerit. et honor.	Carl Friedr. Cramer, der griechisch. u. morgenl. Literatur ausserordentl. Prof. 1775—1780 ord. Prof. — 1794 entlass.	Dan. Gotth. Moldenhawer philos. prof. extr. 1777 u. Adjunkt der theolog. Fak., 1778 philos. et theol. prof. extr., 1779 theol. ord. — 1784 Bibliothekar in Kopenhag. Moldenhaverkündigte in Kiel auch philolog. Vorles. an.	Hermann Raim. Rossal, gall. l. prof. extr. 1761 bis 1767.
Joh. Fr. Ackermann, med. prof. extr. 1760, med. et phys. prof. ord. 1763-1804. (S.d.Mediciner.)	Seb. Kortholt, poes. prof. extr. 1701, ord. 1702 1705 auch Bibliothekar, 1706 auch moral. prof. — 1725. Die Bibliothek sollte 1725 an Hane übergeben; — Kortholt war von 1725 an poes. et eloq. prof., nicht mehr moral., — 1760.		F. Skow, Privatdocent, 17$\frac{5}{7}$ philol. Vorles., dann Prediger in Odensee.	Dan. Heeslingh, ling. gall. et ital. profess. extr. 1767—69.

Theologie.	Jurisprudenz.	Medicin.	Philosophie.
Albert zum Felde, theol. prof. o. d. und log. et metaphys. prof. ord. in der philosoph. Fakultät 1709—1720. Seit 1712 auch Prediger.	Sim. Heinr. Musäus, 1682 prof. extr. des Natur- und Völkerrechts, 1688 juris prof. extr. et ass., 1689 des Natur- und Völkerrechts prof. ord., 1692 institutt. prof. ord. — 1711.	G. G. Richter, Privatdocent und Assessor der Fakultät 1722—28 nach Eutin, 1735 nach Göttingen.	Sebast. Kortholt, moral. prof. 1706 bis 1725. (Siehe die Professoren der Beredsamkeit.)
Wolfg. Christoph Franck, Prediger und Prof. ord. 1712 bis 1716, Prediger in Kiel schon 1694.	El. Aug. Stryk, juris prof. extr. 1688, ord. 1693 bis 1697 nach Hannover † 1733.	Joh. Christoph Lischwitz, med. prof. 1732—1743.	Andreas Ludwig Königsmann, phil. prof. extr. 1708 bis 1713 nach Osnabrück u. Kopenhagen.
Martin Frise, vom Könige 1719 zum Prof. theol. ord. ernannt, vom Herzog bestätigt 1721 bis 1750.	Johann Joachim Schöpffer, codicis prof. ord. 1712 bis 1714 ging fort † 1719.	Michael Gottlieb Kannegiesser, prof. extr. 1736, ord. 1742—92.	Fr. Gentzke, philos. prof. extr. 1708, polit. et phys. prof. ord. 1721—1725, dann philos. prim. et art. ration. — 1739, philos. rat., mor. et civil. prof. — 1757.
Paul Friedr. Opitz, l. gr. et orient. prof. ord. in der philos. Fak. 1721, 1725 auch theol. ord. — 1747.	Chr. H. Amthor, 1704 philos. civil. prof. ord. in der philos. Fakultät, jur. extr., 1712 jur. patrii prof. ord. — 1714 in Königl. Dienste † 1721.	Ernst Gotthardt Struve, prof. extr. 1737, 1738 ord. — 1742 nach Petersburg.	Alb. zum Felde, log. metaph. et theol. prof. 1709 bis 1721. (Siehe die Theologen.)

Mathematik und Physik.	Geschichte, Beredsamkeit, Homiletik.	Hebräische u. andere orient. Sprachen. (S. Theolog.)	Griechische u. lateinische Sprache.	Neuere Sprachen.
Wilh. E. Christiani, juris nat., polit. et eloq. prof. Kündigte 1768—70 auch mathemat. Vorlesungen an. (S. die Historiker.)	Phil. Friedr. Hane, histor. eccles. et prof. ord. 1725, 1753 auch hist. patr. prof.; theol. extr. 1730, ord. 1759 bis 1769, emerit. — 1774. (S. die Theologen.)		Joh. Wilb. Fuhrmann, th. profess. extr. 1778, ord. 1779-1780. Künd. auch philolog. Vorlesungen an.	Jean Bart. Touchain, L. d. franz. Spr. 1770—81.
Johann Christ. Kerstens erbot sich zu Vorles. über Chemie und Naturgeschichte (S. d. Mediciner.)	Ad. Heinrich Lackmann, hist. prof. extr. 1733 und 1740 auch hist. patriae ord. — 1753.		Joh. Georg Wiggers, philos. prof. extr. 1782-1787, philol. Vorl., nach Petersburg.	Etienne Fumars, l. gall. profess. extr. 1779—83.
Joh. Christ. Fabricius, der Oeconomie, Cameral wissensch. und Naturgesch. Professor 1775 bis 1808.	J. M. Kaeuffelin, 1733 d. deutsch. Beredsamk. prof. ord., 1735 jur. univ. et philos. pract. eloq. et poes. Teuton. prof. und Bibliothekar — 1738 entlassen u. verwiesen.		Christ. Gotthilf Hensler, Privatdoc. u. Adjunkt der philos. Fak. 1784—1789 auss., 1792 ord. Prof. der Theol., 1809 auf Wunsch entl. Auch philol. Vorl. (S. Theolog.)	G. Percin, l. gall. lector 1781—90.
Joh. Nic. Tetens, philos. et math. prof. ord. 1777 bis 1789 nach Copenhagen in das Finanzcolleg.	Joh. Michael Schwaniz, als eloq. prof. extr., dem Seb. Kortholt adjungirt 1759—64 entlassen.			H. de Fine Olivarius, prof. extr. l. d. 1783-1825. (S. Juristen.)

Theologie.	Jurisprudenz.	Medicin.	Philosophie.
Gust. Christoph Hosmann, 1729 Prediger in Kiel, 1730 auch theol. prof. extr., 1748 prof. ord., dazu 1749 Generalsuperintend. —1766.	Franz Ernst Vogt, juris prof. ord. 1712—1724 entlassen, 1730 zurückgerufen — 1736.	Peter Petersen, Physikus, für anatomische Demonstrationen angestellt 1744.	J. Lor. Mosheim, Privatdocent und Assessor d. philos. Fakultät 1718 bis 1723 nach Helmstädt.
Phil. Friedr. Hane, histor. eccl. et civ. prof. ord. in der philosoph. Fakultät 1725, 1730 auch theol. extr., 1759 ord. — 1769 emer. † 1774.	Pet. Friedr. Arpe, jur. publici et patrii prof. 1721—1724 entlassen.	Friedr. Christian Struve, prof. extr. 1748, ord. 1751 bis 1780.	Joh. Christ. Hennings, phys. et metaphys. prof. ord. 1738—1763 entlassen.
Joach. Oporin, theol. et homilet. prof. extr. 1734 bis 1735 nach Göttingen.	Johann Heinrich Heubel, juris prof. ord. 1722—1723 entlassen, † circa 1746.	Joh. v. Poletyka, med. prof. extr. et fac. med. adjunctus 1754—55.	Seb. Jac. Quistorp, philos. extr. prof. 1743—1747 nach Rostock.
Ingw. Gottl. Ingwersen, theol. prof. extr. 1737—41.	Steph. Christoph Harpprecht von Harpprechtstein, jur. prof. ord. 1721 bis 1728 auf Ansuchen entlassen, † 1735.	Johann Friedrich Ackermann, med. prof. extr. 1760, 1763 med. prof. ord. und prof. phys. theor. et experim. in der philos. Fak. — 1804.	Casp. Fr. Lange, Privatdocent 1752 —53 nach Lübeck.

Mathematik, Physik und Naturgeschichte	Geschichte, Beredsamkeit, Cameralwissenschaft.	Hebräische u. andere orient. Sprachen. (S. Theolog.)	Griechische u. lateinische Sprache.	Neuere Sprachen.
Friedr. Valentiner, Privatdoc. 1783, ausserord. Prof. d. Mathem. 1787, ord. 1797 bis 1813.	Johann Bernh. Koehler, philos. et histor. prof. extr. 1766—69 nach Göttingen. (S. die Lehrer der griechischen und lateinischen Sprache.)		A.W.Cramer, juris prof., las auch über lat. Classiker. (S. Juristen.)	J.Jac.Heinr. Schnauer, l. gall. lector 1788, 1790 l. angl. lector — 1824.
Joh. Heinrich Meyer, Privatdocent 1791— 1797 mathem. und philos. Vorlesungen.	Wilh. E. Christiani, 1761 juris nat. et polit.prof. extr., 1763 ord. u. Bibliothekar, 1766 auch eloq. et poes., 1770 auch histor. prof. — 1793.		B. Kordes, Privatdocent 1789, auss. Prof. 1792, 1793 auch Bibliothekar -1823.Philol. Vorlesungen.	Manenty, l. gall. lector 1790—97.
J.G.F. Schrader, Privatdoc.1790, professor extr. 1792—98, Mathem. u. Physik.	Joach. Pieter, Privatdoc. 1766 —72, las über Geschichte.		T. Baden, auss.Prof. der Eloq. u.Philologie 1794— 1802, entlass. 1804.	Nik. Ben. Lange, Diak. in Kiel u. Privatdoc. 1790 —91 lehrte die dänische Sprache.
J.J.P.Moldenhawer, auss.Professor 1792— 1827, las über griech. Classik., Obstzucht und Botanik.	J. Chr. Fabricius, Cameralw. (S. Naturgesch.)		J.J.P.Moldenhawer las auch über gr. Classiker. (S. Naturgesch.)	J.Cl.A.Marquet,ling.gall. lector 1798- 1800.

Theologie.	Jurisprudenz.	Medicin.	Philosophie.
Justus Friedrich Zacharia, ling. or. prof. extr. 1735, 1743 auch antiquitt. sacr. ord. in der philos. Fakult. und 1748 auch theol. ord. —1770.	Joh.Zachar.Hartmann, juris Rom. et patrii prof. 1725 bis 1740 in hannov. Dienste, † 1742.	Johann Christ. Kerstens aus Moskau berufen, prof. ord. 1770—1801.	J. B. Mielck, Privatdocent 1758— 1767, Diaconus in Neustadt.
Georg Joachim Mörk, theol. ord. 1758—1774.	Friedrich Gottl. Struve, juris prof. ord. 1726—52.	Christ. Johann Berger, prof. ord. 1775—1779 auf seinen Wunsch emerittirt † 1789. Seine Bibliothek an die Universität vermacht.	Joh. H. Tönnien (Tönnies), log. et moral. prof. 1759 —1761 entlassen. † 1784.
Joh.Nicol.Milow. (S. d.Philosophen.)	Am. Christ. Dorn, juris Germ. et Rom. prof. 1737—64.	Georg Heinrich Weber, med. prof. extr. und Prosector 1777, med. et bot. prof. ord. 1781— 1828.	J. Nic. Milow, philos. prof. extr. 1765—68 las über das alte und neue Testam. u. oriental. Sprachen.
Wilh.Christ.Just. Chrysander, theol. prof. ord. 1768 bis 1788.	Gottfr. Heinrich Elend (Ellendsheim), Privatdoc., 1734, juris prof. extr. 1738—45 in Staatsdienst.	Joh.Georg Royher, Privatdocent und Adjunct der med. Fakult. 1782—98, ausserord. Profess. der Med. — 1807.	Andreas Weber, philos. prof. ord. et theol. extr. 1769 —1781. (S. die Theologen.)
Andreas Weber, philos. ord., theol. extr. 1769—81.	Joh. Carl Heinr. Dreyer, juris Germ. et prax. prof. 1745 bis 1753 Syndicus Lübecks.		Chr. C. L. Hirschfeld, Secretär des Curatel collegii, philos. et elegant. liter. prof. extr. 1720—1773, ord. —1792.

Mathematik, Physik und Naturgeschichte	Geschichte, Beredsamkeit, Cameralwissenschaft.	Hebräische u. andere orient. Sprache. (S. Theolog.)	Griechische u. lateinische Sprache.	Neuere Sprachen.
J. W. Christiani, Privatdocent u. Adj. der philos. Fakult. 1793 – 1801 hielt mathem. u. statist. Vorlesungen.	Const. Herm. Hegewisch, hist. prof. extr. 1780, ord. 1782-1812.			Em. Br. de Saint Simon, l. gall. lector 1800—25.
N. Th. Reimer, Adj. der philos. Fakultät, 1801 auss. Professor, 1802 ord. Prof., 1810—32.	V. A. Heinze, Privatdoc. 1782, prof. extr. 1783, ord. 1787-1801.			
	Aug. Chr. H. Niemann, Privatdocent 1784, auss. Prof. 1787, ord. 1794-1832.			

Theologie.	Jurisprudenz.	Medicin.	Philosophie.
Joh. Andr. Cramer, theolog. prof. ord. 1774—1788.	Joh. Wilh. Gadendam (Gaden), juris prof. 1753—1756 in Untersuchung 1764 freigesproch. — 1771.	(Siehe die vorige Tabelle.)	J. Pieter, Privatdocent 1766—72 in Berlin Schulrector.
Gotth. Traugott Zachariä, theolog. prof. ord. 1775 bis 1777.	Carl Friedrich Winkler, jur. Germ. et prax. prof. 1753 bis 1784. Nachfolger Dreyer's.		Ad. Fr. Balemann, philos. prof. extr. u. Hofprediger mit Erlaubniss zu theol. Vorles. 1773—74 Pastor in Reinfeld.
Joh. Casp. Velthusen, theol. prof. ord. 1775—1778 nach Helmstädt.	Johann Diedrich Mellmann, 1771 Privatdocent, 1773 juris prof. ord. — 1801.		M. Ehlers, philos. prof. ord. 1778—1800.
Joh. Herm. Meyer, 1771 Prediger in Kiel, 1776 theol. prof. extr. —1795.	Johann Phil. von Carrach, jur. prof. prim. 1768—1769 entlassen.		G. Wiggers, philos. prof. extr. 1783—1787 nach Petersburg.
Samuel Gottfried Geyser, theol. prof. ord. 1777—1808.	Joh. Heinr. Fricke, jur. prof. ord. 1770 bis 73 nach Halle.		

Mathematik, Physik und Naturgeschichte	Geschichte, Beredsamkeit, Cameralwissenschaft.	Hebräische u. andere orient. Sprachen. (S. Theolog.)	Griechische u. lateinische Sprache.	Neuere Sprachen.

(Siehe die vorige Tabelle.)

Theologie.	Jurisprudenz.	Medicin.	Philosophie.
Dan. G. Moldenhawer, philos. prof. extr., theol. adj. 1777 theol. extr. 1778, ord. 1780—84 nach Kopenhagen, M. las auch über orientalische Sprachen.	G. Brökel, juris prof.ord. 1772-88.	Phil.Gabr.Hensler, ord. Prof. 1789—1805.	(s. M. Ehlers auf der vor. Tabelle.)
J. W. Fuhrmann, theol. prof. extr. 1778, ord. 1779 —1780.	Ad. F. Trendelenburg, ord. Prof. 1775—1803.	Hieron. Friedr. Philipp Hensler, Privatdocent 1791 Arzt des Herzogs von Augustenburg 1792.	
	J. Chr. Majer, ord. 1776—1777 nach Tübingen.		
Christ. Gotth. Hensler, Privatdocent u. Adjunct der philos. Fakult. 1784, auss. Prof. der Theol. 1789, ord. 1992—1809 auf seinen Wunsch entlassen.	Joh.D.H.Musäus, jur.prof.extr. 1776 -77 nach Giessen.	Fried.Ad.Heinze. Privatdocent 1791 —1797, Arzt, Besitzer von Niendorf.	
	Fr. Christoph Jensen, Privatdoc. 1779, auss. Prof. 1781, ord. 1785—1802 in d. Kanzlei.		
	H. de Fine Olivarius, des dänisch. Rechts u. der dän. Sprache ausserord. Prof. 1781—1825 auf seinen Wunsch entlassen.		

Mathematik, Physik, Chemie und Naturgeschichte.	Geschichte und Cameralwissenschaft.	Hebräische u. andere orient. Sprachen. (S. Theolog.)	Griechische u. lateinische Classiker.	Neuere Sprachen u. Literatur.
(s. N. Th. Reimer auf der vorigen Tabelle.)	(s. D. H. Hegewisch u. A. Niemann auf d. vor. Tabelle.)		J. A. Nasser, Privatdocent 1789, auss. Prof. 1789—1828, l. auch über deutsche Literatur und Kunst. T. Baden, s. vor. Tab.	

Theologie.	Jurisprudenz.	Medicin.	Philosophie.
J.C.R. Eckermann, ord. Prof. 1782—1837.	Ad.Dietr.Weber, ausserord. Prof. u. Syndic. 1784, ord. Prof. 1786—91, nach Rostock.	J. L. Fischer, ord. Prof. 1794—1832. Emeritirt † 1833.	C. L. Reinhold, ord. Prof. 1794—1823.
J. G. Schmidt, Privatdocent 1787—1789, theol. und philol. Vorlesung. Prediger in Hagen.	L. A. G. Schrader, ord. Prof. 1790—1815.	Chr. Fr. Hargens, Privatdoc. 1794—1829.	D. Fr. Bielfeld, Privatdoc. 1797—1835.
H. Müller, auss. Profess. der Theol. 1789—1805, ord. Profess. der Philos. —1814.	Andr. Wilhelm Cramer, Privatdoc. 1785, ausserord. Prof. 1786, ord. 1792-1833, 1826 Ober-Bibliothekar.	C. H. Pfaff, ausserord. Prof. der Medicin 1798—1801, ord.Prof. der philos. Fak., 1802 der medic. —1852. Pf. hielt auch Vorles. über Physik u. Chemie.	W. Mackensen, Privatdoc. 1796—1798.
J. O. Thiess, philos. et theol. Dr. Privatdocent 1792, ausserord. Prof. der Philos. 1795-1800 entlassen.	S.J.G. Behrens, Privatdoc. 1792—94. Amtsschreiber.	Joachim Dietr. Brandis, ord. Prof. 1803-1809. Leibarzt. Friedrichshospital.	C. F. Callisen, Privatdoc. 1800—1803. Prediger.
Jo. Fr. Kleuker, prof. ord. 1799—1827.	Anton Fr. J. Thibaut, Privatdoc. 1796, ausserord. Prof. 1798, ord. 1800—1802. Nach Jena.	Christ. Rud. W. Wiedemann, ord. Prof.1805—1840. Vorsteher der Hebammenanstalt, hielt auch naturhistor. Vorlesungen.	J. M. Schultz, hielt auch Vorles. über d. Geschichte der Philosophie.— S. Classiker.

Mathematik, Physik, Chemie und Naturgeschichte.	Geschichte und Cameralwissenschaft.	Hebräische u. andere orient. Sprachen. (S. Theolog.)	Griechische u. lateinische Sprache.	Neuere Sprachen u. Literatur.
G. Eimbke, Privatdoc. 1794 —97. Physik, Chemie.	Bis 1812 Prof. D.II.Hegewisch. A. Chr. H. Niemann bis 1832.		J.J.M.Valett, Privatdocent 1794—1799 Rector in Otterndorf.	
G. Coopmans, ausserord. Prof. d. Chemie 1794 —99, hielt auch medic. Vorles.			J.H.C.Eggers Privatdocent 1802-1809. Rector in Husum.	
(s. C. H. Pfaff.)			J. M. Schultz, auss. Profess. 1802-1846, emeritirt.	J. Baggesen, auss. Prof. der dän. Sprache und Literatur 1811—1814 nach Kopenhagen.
H. Steffens, Privatdoc. 1797 —1801, nach Halle. Vorles. über Zoologie u. Geologie.			C. Fr. Heinrich, ordentl. Prof. 1804— 1818 n. Bonn. Director des philol. Semin. in Kiel.	
Friedr Weber, Privatdocent der philos. Fakultät 1804, auss.Prof. 1805-11, auss. Prof. d. Medicin 1812—15, ord. 1815—23.			J.V. Francke, Privatdocent 1815—1819 Lehrer in Flensburg, Dorpat.	

Theologie.	Jurisprudenz.	Medicin.	Philosophie.
G. F. Jäger, Privatdoc. d. philos. Fak., exeget. Vorl. über das A. u. N. Test. 1807-1808.	P.J.A.Feuerbach, ord. Prof. 1802, 1804 n. Landshut.	A. J. J. Geyser, Privatdoc. 1806 - 1807.	Joh. Erich von Berger, ord. Prof. der Astron. 1814, der Philos. 1826 —1853.
G. T. Steger, Privatdoc. d. philos. Fak., exeget. Vorl. über das A. u. N. Test. 1808 Hauslehrer.	W. Patz, ausserord. Prof. 1802 — 1804 nach Heidelberg.	J. C. Ryge, Privatdoc. 1806, dann Arzt in Cappeln. 1813 Schauspieler.	
G. Sam. Francke, ordentl. Prof. 1810 —1840.	J. Fr. Reitemeier, ord. Prof. 1805— 1807, 1811 entlassen.	Fr. H. Hegewisch, ausserord. Profess. 1810-1865. Arzt am Friedrichshosp.	
		Albr. Schweppe, auss. Prof. 1805, ord. 1815—1818. Nach Göttingen.	
		J. C. Dümmler, Privatdoc. 1808— 1811.	
Joh. Christoph Schreiter, ordentl. Prof. 1814—18. Director d. homilet. Seminars. Aug. Twesten, ausserord. Prof. d. Theol. und Philos. 1814—1819 ord. Prof. der Theolog. 1835 nach Berlin. Tw. leitete auch 1813 u. 1825—27 das philol. Seminar in Kiel.	J. Chr. Hasse, Privatdoc. u. Syndicus 1811—13, nach Königsberg. Nicolaus Falck, auss. Prof. 1814, ord. 1815—50.		

Mathematik, Physik, Chemie und Naturgeschichte.	Geschichte und Cameralwissenschaft.	Hebräische u. andere orient. Sprachen. (S. Theolog.)	Griechische u. lateinische Sprache.	Neuere Sprachen u. Literatur.
(Siehe die vorige Tabelle.)				
			W. Wachsmuth, ord. Prof. 1819—25 n. Leipzig.	
			R. Brodersen, Privatdocent 1819-1821, Rector in Rendsburg.	

Theologie.	Jurisprudenz.	Medicin.	Philosophie.
	C. Th. Welcker, ord. Prof. 1815—1816, nach Heidelberg.		
	C. H. Reinhold, Privatdoc. u. Syndicus 1815—16.		
	M. Tönsen, ord. Prof. 1816—1851 pensionirt.		
	H. R. Brinkmann, auss. Prof. 1819, ord. 1823—1835, in's Oberappellat.-Gericht.		
	H. Ratjen, Privatdocent 1821, ausserord. Profess. 1830, ord. Prof. der philos. Fak. 1833.		
Fr. B. Köster, ord. Prof. 1822—1838. Director des homilet. u. katechet. Seminars. Nach Stade.	G. Chr. Burchardi, ord. Prof. 1823—1844 in's Ober-Appellat.-Gericht.	C. H. Maes, Privatdoc. 1813—14. Arzt i. Neumünster.	
K. R. W. Klose, Privatdoc. 1832—1842. Histor. u. exegetische Vorles. Nach Hamburg.	P. D. Chr. Paulsen, auss. Prof. 1826, ord. Prof. 1842—1848, ins Appellat.-Gericht in Flensburg.	H. C. Petersen, Privatdoc. 1823—26. Nach Eckernförde.	E. Reinhold, Privatdoc. 1822—24. Nach Jena.

Mathematik, Physik, Chemie und Naturgeschichte.	Geschichte und Cameralwissenschaft.	Hebräische u. andere orient. Sprachen. (S. Theolog.)	Griechische u. lateinische Sprache.	Neuere Sprachen u. Literatur.
D. M. H. Mohr, Adjunct 1805, auss. Prof. 1807 —1808. Zool. Botanik.	F. Chr. Dahlmann, beauftragt mit Vorles. über Geschich. 1812, auss. Prof. 1813 — 1829 nach Göttingen, 1837 entlassen, 1842 Bonn.		Joh. Classen, Privatdocent 1831—1832 Berlin.	F. C. Götzsche Lector d. dän. Sprache 1814 —1822.
	J. G. Droysen, ord. Prof. 1840 —52 nach Jena.	J. Olshausen, auss. 1823, ord. Profess. 1830—1852 entlass. 1853 Königsberg, 1858 Berlin.	L. Preller, Privatdocent 1833—1838 nach Dorpat.	

Theologie.	Jurisprudenz.	Medicin.	Philosophie.
Chr.N.Th.Thomsen, Privatdocent 1833, auss. Prof. 1841, ord. 1844—	F. Kierulf, Privatdoc. 1831, auss. Prof. 1834, ord. 1839—42, nach Rostock.	G.Ad.Michaelis. Privatdocent 1824, auss. Prof. 1839— 1848.	
J. Asmussen, Privatdoc. 1834— 1839, Director des Schullehrer-Semin. in Segeberg.	A.W.S. Francke, Privatdoc. 1831— 1833, in d. Ober-Appellat.-Gericht.	Chr.G.Deckmann, auss. Prof. d. Chir. u. Anatomie 1829, ord. Prof. u. Direct. des Friedr.-Hospit. 1833—1837.	
H A. Mau, Privatdoc. 1834, auss. Prof. 1836, ord. 1839—50.	Th.Fr.A.Petersen, Privatdocent 1831. Advokat.	Chr. H. K. Mabr. Privatdocent 1832 -36, Arzt in Oldenburg.	
Th. Schreiter, Privatdoc. 1834— 37, Lehrer der Gel. Schule in Rendsburg.	Joh. Christiansen, Privatdocent 1834, auss. Prof. 1843, ord. 1844—54.	A. L. A. Meyn, ord. Prof. u. Direct. des klin. Instituts 1833—1851. Das Director. an Prof. Frerichs. M. ward 1852 entlassen.	A.H.Ritter, ord. Prof. 1833—1837 nach Göttingen.
	Emil Herrmann, auss. Prof. 1836, ord. 1842—1847, nach Göttingen.	Fr. Kindt, Privatdoc. 1833—36. W.H.Valentiner, Privatdocent 1835 —56.	H. Mor. Chalybäus, ord. Prof. 1839— 52 entlassen, 1854 wieder angestellt, † 1862.

Mathematik, Physik, Chemie und Naturgeschichte.	Geschichte und Cameralwissenschaft.	Hebräische u. andere orient. Sprachen. (S. Theolog.)	Griechische u. lateinische Sprache.	Neuere Sprachen u. Literatur.
	A.L.J. Michelsen, auss. Prof. 1829, ord. Prof. 1837-42, nach Jena.	C. Th. Johannsen, Privatdoc. 1831 — 32, nach Kopenhagen.	J.F.M. Bendixen, Privatdoc. 1833 — 35, Lehrer in Flensburg.	
	G. Hanssen, Privatdoc. 1833 -34 nach Kopenhagen in die Zollkammer, ord. Prof. 1837-42, nach Leipzig.		Nissen, Privatdoc. 1835 —36.	
E. Ferd. Nolte, auss. Prof. u. Dir. d. botan. Gartens 1826 —.	F. A. Wilda, Privatdoc. 1840 — 45. Cameralwissenschaft.		v.d. Smissen, Privatdocent 1836 - 37.	Dr. J. L. Heiberg, Lector der dän. Sprache und Liter. 1822-26 n. Kopenhagen.
C. H. Tielle, Privatdoc. 1840 —45, hielt Vorl. über Chemie und Physik.	Kn. J. Clement, Privatdoc. 1841 —1847.		Ed. Osenbrüggen, 35 Doctor d. Philosophie, 41 d. Jurisprud. Privatdoc. u. Bibliotheksgehülfe —43. Nach Dorpat.	Chr. Flor, Doct. u. Prof. der dän. Spr. und Literatur 1826 — 45.
J. F. Sürsen, Privatdoc. 1841 -45. Mineralog., krystallograph., pharmakol. Vorlesungen.	G. Waitz, ord. Prof. 1842-48, nach Göttingen.		Otto Jahn, Privatdocent 1840—1842 nach Greifswalde.	H. v. Buchwald, Lector d. franz. Spr. 1829 —1848 nach Kopenhagen.

Theologie.	Jurisprudenz.	Medicin.	Philosophie.
K. P. M. Lüdemann, Privatdocent 1835, auss. Prof. u. Director d. homilet. Semin. 1839, 1841 ord. Prof. —	A. Christ. Joh. Schmid, Privatdoc. 1839—1848, ord. Prof. 1853—55, ins Ober-Appellat.-Gericht.	W. F. G. Behn, Privatdocent 1835, auss. Prof. 1837, 1848 ord. Prof. der Anatomie u. Zoolog. -1867. Pensionirt.	Fr. Harms, Privatdoc. 1842, auss. Prof. 1848, ord. 1858—1867 nach Berlin.
	Ed. Osenbrüggen, Privatdocent 1842, nach Dorpat.	G.Ph.E.Kirchner, Privatdocent 1837—53 auss. Prof. für Pharmakol.	Gust. Thaulow, Privatdocent 1845, auss. Prof. 1846, ord. 1854—.
Cl. Harms, Archidiac., 1835 theol. Vorles.	C. Christiansen, Privatdocent 1842, auss. Prof. 1848.	G. B. Günther, ord. Prof. der Chir. u. Dir. d. Friedrichs-Hospitals 1837—41. Nach Leipzig.	
	R. Ihering, ord. Prof. 1849—52, nach Giessen.	B. R. C. Langenbeck, ord. Prof. der Chir. u. Direct. des Friedr.-Hospitals 1841—49.	
A. L. F. Pelt, ord. Prof. 1835—52 entlassen. Prediger in Kemnitz.	A.W.Wolff, Privatdocent 1843. Advokat.	Ferdin. Weber, Privatdocent u. Prosector 1842, auss. Prof. 1851—60.	
Th. Alb. Liebun, ord. Prof. 1844—51. Nach Leipzig.	L. Stein, Privatdocent 1843, auss. Prof. 1846 der philosophischen Fak. 1852 nach Wien.	Th. Valentiner, Privatdocent 1845—1855. Arzt in Pyrmont.	

Mathematik, Physik, Chemie und Naturgeschichte.	Geschichte und Cameralwissenschaft.	Hebräische u. andere orient. Sprache. (S. Theolog.)	Griechische u. lateinische Sprache.	Neuere Sprachen u. Literatur.
	J. Chr. Ravit, ord. Prof. 1842 —52 entlassen.		Ed. Vollbehr, Privatdocent 1843—1847 Lehrer i. Plön, Glückstadt.	L. Wienbarg, Privatdocent 1833—34.
				S. Lubbren, Lect. d. engl. Sprache 1833 -64 emeritirt.
				J. C. Hauch, ord. Prof. der dän. Sprache u. Liter. 1846 —1848 nach Kopenhagen.
				K. V. Müllenhoff, Privatdoc. 1843— 46 auss. Prof. der deutschen Sprache und Literat., ord. Prof. 1854— 58, n. Berlin.
				J. A. Schwob-Dollé, Lector der französ. Sprache 1849 —56, nach Gotha.

Theologie.	Jurisprudenz.	Medicin.	Philosophie.
H. O. Fr. Fock, Privatdoc. 1844 – 1848.	C. O. V. Madai, ord. Prof. 1845 – 48, nach Freiburg.	P. Jessen, Arzt des Irrenhauses in Schleswig, n. Kiel 1845, liest über psychische Krankheiten.	K. Steffensen, Privatdocent 1852 – 54, nach Basel.
	T. C. A. Brinkmann, Privatdoc. 1848. Advokat.	Gust. Ross, Privatdoc. 1846 – 47. Arzt in Altona.	
A. Th. Sörensen, Privatdoc. 1847 – 53, hielt Vorles. über theologische Gegenstände und oriental. Sprachen.	E. Friedlieb, Privatdoc. 1848, auss. Prof. 1864 – 1866.	J. Thygesen, Privatdoc. 1846 – 49, Arzt in Rendsburg.	
	J. W. Planck, ord. Prof. 1850 – 67, nach München.	A. A. L. Stromeyer, ord. Prof. der Chirurgie, Dir. des Friedrichshosp. 1849 – 54, nach Hannover.	
K. G. J. Wieseler, ord. Prof. 1851 – 63, nach Greifswald.	C. F. Samwer, auss. Prof. 1850 – 52, nach Gotha.	K. C. Th. Litzmann, ord. Prof. und Vorsteber der Hebammen-Anst. 1849 –	Wilh. Dilthey, ord. Prof. 1868 –
G. A. Fricke, ord. Prof. 1851 – 65, nach Leipzig.	C. Neuner, ord. Prof. 1854 –	W. Griesinger, ord. Prof. 1849, nach Egypten.	

Mathematik, Physik, Chemie und Naturgeschichte.	Geschichte und Cameralwissenschaft.	Hebräische u. andere orient. Sprachen. (S. Theolog.)	Griechische u. lateinische Sprache.	Neuere Sprachen u. Literatur.
A.Fr.K.Himly, ord. Prof. der Chemie 1846—	K.W. Nitzsch, Privatdoc.1844, auss.Prof. 1848, ord. 1858—62, n. Königsberg.			R. de Liliencron, auss. Prof. 1850—1852, nach Meiningen.
L. Meyn, Privatdoc. 1846—48, hielt mineral. u. geolog. Vorles.	H.W. Ahlmann, Privatdoc. 1847—48, Secretär der provis. Regierung.			Chr. Aug. Fr. Molbech, auss.Prof. der dän. Sprache und Literatur 1853, ord. Prof. 1858—1864. Nach Kopenhagen.
A. N. Herrmannsen, Privatdoc. u. Gehülfe am zool. Museum 1848—54.	G. Zimmermann, ord. Prof. der Polizei- und Staatswissensch. 1853—54 nach Hannover.		K. Fr. Cl. Prien, Privatdocent 1848-51, Lehrer i. Meldorf, dann in Lübeck.	Kl. Groth, Privatdocent 1858, Prof. 1866—
G. Karsten, Prof. der Physik und Mineralogie 1848—	Wilh. Seelig, ord. Prof. der Nationalök. etc. 1854—	Christ. Fr. August Dillmann, auss. Prof. 1854, ord.1859-64, n. Giessen.	K. Lorenzen, Privatdocent 1851—53.	A. F. A. Manier, Lector d. französ. Spr,1859-62. nach England,
Bromeis, Privatdoc. 1851—52. Vorlesungen über Chemie.	G.H. Handelmann, Privatdoc. 1854, Professor 1868—	Th. Nöldeke, auss. Profess. 1864, ord. 1868—	Ed. Alberti, Privatdocent 1857 —	J. Sterroz, Lector d. französ. Sprache 1864—
Th. H. J. P. Buttel, Privatdoc. 1854—58, Lehrer in Rendsburg.	Wilh. Junghans, ord. Prof. der Geschichte 1862, † 1865.		Chr.P.Jessen, Privatdocent 1860 — 64, nach Hadersleben.	K.G. J. Weinhold, ordentl. Professor der deutsch. Spr. und Literatur 1861—

Theologie.	Jurisprudenz.	Medicin.	Philosophie.
	Th. R. Schütze, Privatdoc. 1854, und 1867—	F. Esmarch, Privatdoc. 1850, ord. Prof. der Chirurgie, Director der Klinik 1857—	
	A. Vöge, Privatdocent 1856—	Fr. Th. Frerichs, ord. Prof. Director der Klinik 1851-52, nach Breslau. K.H.Ch.Bartels, Privatdocent 1851, ord. Prof. u. Dir. d. Klinik 1859—	
	R. J. Burchardi, Privatdoc. 1856—64, Secretär des Ob.-Appellations-Gerichts.	J.H.H.Schwartz, Privatdoc. 1852—59, nach Marburg. Em. Fr. Götz, ord. Prof. Dir. der Klinik 1853—58. A.G.J.v.Thaden, Privatdoc. 1853—60 Arzt in Altona.	
	W. Seestern-Pauly, Privatdoc. 1859—62, Advokat.	W. Jessen, Privatdocent 1853— P. L. Panum, auss.Prof.d.Physiologie 1853, ord.	
	G. Dietzel, ord. Prof. 1862—64.	Prof. 1857—64, nach Kopenhagen. F. M. Claudius, Privatdoc. u. Prosector 1855—59, nach Marburg.	
K. Ph. B. Weiss, ord. Prof. 1863—	A. Hänel, ord. Prof. 1863—		
R. Ad. Lipsius, ord. Prof. 1865—	G. K. A. Bechmann, ord. Prof. 1864, 1870 nach Erlangen.	R. Dohrn, Privatdoc. 1859—62, nach Marburg. K. H. Seeger, Privatdoc. 1859— W. Hensen, Privatdoc. 1859, auss. Prof. 1864, ord. Prof. 1868—	

Mathematik, Physik, Chemie und Naturgeschichte.	Geschichte und Naturwissenschaft.	Hebräische u. andere orient. Sprachen. (S. Theolog.)	Griechische u. lateinische Sprache.	Neuere Sprachen u. Literatur.
K. Möbius, Prof. d. Zoologie 1868—	Alfr. Freiherr von Gutschmid, auss. Prof. 1863, ord. 1867·—		Ad. Th. Fr. Michaelis, Privatdocent 1861 — 62, nach Greifswald.	F. A. Heise, Lector d. engl. Spr. 1864—
O. Jacobsen, Privatdoc. 1868 —	H. v. Treitschke, ord. Prof. 1866, 1867 n. Heidelberg.		C. Volquardsen, Privatd. 1862 — 63, Lehrer am Gymnasium i. Schleswig.	Th. Möbius, ord. Prof. der nord. Spr. u. Liter. u. Lect. der dän. Spr. 1865—
J. C. C. Voss, Privatd. 1868 —	Rud. Usinger, ordentl. Profess. 1868—		J. K. O. Ribbeck, ord. Prof. 1862—	
R. v. Fischer-Benzon, Privatdoc. 1865 und nach einer Reise 1869 dann Lehrer in Meldorf.				
T. H. Behrens, Privatdoc. 1869 —				
Ferd. Zirkel, ord. Prof. der Mineral. 1869 —.				

Theologie.	Jurisprudenz.	Medicin.	Philosophie.
A. Klostermann, ord. Prof. 1868—	R. W. Dove, ord. Prof. 1866—68, nach Göttingen.	A. Ritter, Privatdoc. 1860—	(Siehe die vorige Tabelle.)
	K. Wieding, ord. Prof. 1867—	Wilh. Müller, auss. Prof. d. pathol. Anatomie 1861—63, nach Jena.	
	R. John, ord. Prof. 1868, nach Göttingen.	J. Bockendahl, Privatdocent 1861, auss. Prof. 1866—	
	H. F. C. P. Hinschius, ord. Prof. 1868 –	C. Völckers, Privatdoc. 1862, auss. Prof. 1866—	
		Th. H. Jürgensen, Privatdocent 1863, auss. Prof. 1869—	
		A. Colberg, auss. Prof. der patholog. Anatom. 1864, ord. Prof. 1865, starb 1868.	
		K. Kupffer, Privatdoc. 1866, ord. Prof. der Anatomie 1867—	
		J. Cohnheim, ord. Prof. d. pathol. Anatomie 1868—	
		L. H. Fr. Wenck, Privatdocent 1867-69, Arzt in Altona.	
		G. Edlefsen, Privatdocent 1869—	
		J. C. Dähnhardt, Privatdoc. 1869—	
		L. Zerssen, Privatdocent 1869—	

Register.

	Seite		Seite
Abgangszeugnisse	27. 87.	Baumschule	31.
J. Fr. Ackermann	XX. 27. 28. 71.	G. K. A. Bechmann	52.
Adjuncten	80.	W. Fr. G. Behn	42. 107.
Ed. Alberti	54.	T. H. Behrens	54.
Christian Albrecht	VI. 3.	Chr. J. Berger	XIX. 27.
Alterthümer	110. 111.	Er. v. Berger	XXIII. 36.
Altona Convikt	124.	A. P. v. Bernstorf	28. 43.
Altonaer Selectaner	74.	Bibliothek XXV. XXVI.	
Anatomie	107. 112.		91—105.
K. G. Andresen	99.	— Dispensationen	21. 95.
Ansgarius-Prämie	144.	— bei Habilitationen	83.
Antrittsreden	80.	— Neglectengeld	85.
Apotheker	66.	— bei Promotionen	76. 92.
Approbation zur Praxis	77.	Bibliothekare:	
Armenlast	19.	S. Rachel,	
P. Fr. Arpe	24.	D. G. Morhof,	
Augenklinik	106.	Chr. Franck,	
Ausländer Promotion	72. 73.	Seb. Kortholt,	
Austausch	VIII. 26.	Chr. Alb. Opitz,	
		J. M. Kaeuffelin,	
Badeanstalt	39. 40.	J. H. Hennings,	
T. Baden	XXV. 32.	W. E. Christiani,	
J. Jm. Baggesen	83.	B. Kordes,	
P. W. v. Balle	54.	A. W. Cramer,	
Ballmeister	16.	H. Ratjen.	
K.H.Chr.Bartels 1859	XXV. 52.	Bibliothekscommission	98. 102.
H. Fr. v. Bassewitz	VII. 23.	Biennium VIII. XXXI. 20. 21. 95.	
J. O. Bassewitz	24.	Chr. Fr. A. Blohm	102
M. Baumgarten	42.	J. Bockendahl	54

	Seite.
Bordesholm	3. 22.
J. D. Brandis	XX. 33. 66. 105.
Brandschatzung	17.
G. Brandt	54.
H. R. Brinkmann	37.
G. Brökel	XI.
Buchbinder	184.
Buchdrucker	16. 92.
Buchhändler	93.
Bundesversammlung	29.
G. Chr. Burchardi	40. 44.
Burschenschaft	40.
C. F. Callisen	32.
H. Callisen	104.
Catharina II.	VIII. 25.
H. M. Chalybäus	46. 47.
Christian VII.	XIII.
Christian VIII.	XXII. 44. 46. 108.
J. W. Christiani	32.
W. E. Christiani	VII. XIII. 29. 54. 70. 79.
Joh. Christiansen	42. 47.
J. Classen	XXIV. 42.
M. Claudius	35.
Cocarde lilla-weiss	26.
J. Cohnheim	52.
A. Colberg	52.
Colloquium der auswärts Promovirten	80.
Communalauflagen	20.
Consistorium, engeres	11. 27.
— plenum	32.
Conventionen mit anderen Universitäten	61.
Convikt	4. 26. 115.
Conviktexamen 1775	26.
— 1707 der General-superint.	X. 116.
— 1775 die philosoph. Fakultät	26. 118. 127.
— während der Studien	IX. 89.
Conviktgebäude	49.
Andr. Cramer	21.

	Seite.
A. W. Cramer	XVIII. 32. 98.
C. Fr. Cramer	28.
J. A. Cramer	XIV. 26. 27. 55.
v. Cronstern	104.
Creditedict	13. 31.
Curatellcollegium	25.
Curatoren:	
H. Fr. v. Bassewitz	23.
Geh. R. E. J. v. Westphalen	25
Graf D. Reventlow	26. 86.
Graf Fr. Reventlow	36. 86.
Graf Chr. zu Rantzau	36.
Graf von Brockdorff	40. 86.
J. F. Jensen	40.
Professor Olshausen	46.
Kammerh. Kauffmann	48. 86.
Graf A. v. Reventlow	48.
Professor Planck	50.
Baron v. Scheel-Plessen	50.
G. Curtius	XXV. 47. 70.
Custoden der Bibliothek:	
Doct. Vöge und Alberti	97.
J. C. Dähnhardt	54.
Chr. Dahlmann	XXIV. 36. 41. 52. 81.
Chr. G. Deckmann	41.
Dekane	64. 69.
— Consens für Docenten	81.
Deposition	59.
G. Dietzel	52
Chr. Fr. A. Dillmann	47. 50.
W. Dilthey	53.
Disciplinargewalt	12.
Dispensation vom Maturi-täts-Zeugniss	78.
Disputation	31. 88.
Dissertationen medicin. Deutsche	75.
A. Chr. Dorn	25. 55.
J. A. Dorner	XV. 42.
Dos academica	26.
P. W. Dove	53.
J. C. H. Dreyer	XII. 25. 90.
Dumouriez	XIV.

J. Chr. R. Eckermann XV. 42.
G. Edlefsen .... 54.
M. Ehlers ....XX. 69.
Ehrengericht ....XIV. 32.
Ehrenpromotion .... 72.
Eid der Mediciner ...... 71. 75.
Einkommensteuer ...... 19. 20.
Einweihung .... 6.
G. H. Elend .... XXXIV.
Entlassungen ...22. 28. 30. 47.
W. A. Ernesti ....25.
J. F. A. Esmarch .... 52.

J. E. Faber .... 26.
C. Fabricius geb. Ambrosius
  XXV. 96.
J. C. Fabricius....27. 30. 107.
Fakultäten............... 64.
N. Falck ..... XXIII. 37. 43.
Fechtmeister .... 16. 54.
Albert zum Folde ....IX. XI.
A. Feuerbach .... 32. 33.
J. L. Fischer ...... XIX. 41.
Fiskus, kleiner .... 58.
Flensburger Sammlung....111.
Chr. Flor. .... 110.
P. W. Forchhammer ....XXV.
  41. 110.
Forstlehr-Anstalt .... 104.
Christ. Franck .... 65. 67.
A. W. S. Francke ....42.
G. S. Francke ....XV. 42.
J. V. Francke .... 42.
Frequenz der Universität
  XXVII.—XXXI.
J. H. Fricke, Jurist .... ..26.
G. Fricke, Theolog ....53.
E. S. H. Friedlieb ....52.
Carl Friedrich ....VI.
Friedrich IV., Herzog .23. 88.
Friedrich VI..... XIII. XXII.
  43. 44. 101. 105.
Friedrich VII...XXII. XXIII.
  XXV.
Carl Friedrich ....25.
Friedrichs-Hospital....19. 105.

M. Frise .... 24.
N. Funk .... 34. 35.
Garten, botanischer....49. 109.
J. W. Gaye .... 104.
Gebühren der Promotion 72. 76.
Gehalt des Rektors .... 57.
Fr. Gentzke .... 24.
Gerichtsbarkeit ....10.
Gewerbeordnung .... 77.
S. G. Geyser...XIV. 27. 129.
W. Girtanner .... 52.
Görtz .... VII.
von Gössel .... 105.
E. Fr. Götz .... 47.
H. C. Götzsche, Lector ....84.
Caeso Gramm ...... IX. 5. 67.
W. Griesinger ....46.
Kl. Groth .... 54. 110.
Grundsteuer .... 18.
M. Gude .... XIII. 132.
G. W. Günther .... 41.
Gutsbesitzer .... 105. 108.
H. A. von Gutschmid .....53.

Habilitation 1869 ...... 81. 83.
Albert Hänel .... 53.
Halbprocentsteuer .... 18.
G. H. Handelmann ... 54. 110.
Ph. Fr. Hane VII. XXXIII. 24.
F. Hansen .... 104.
G. Hanssen .... 42.
Kl. Harms .... 43.
St. Christ. Harpprecht von
  Harpprechtstein. XII. 24. 55.
J. C. Hasse .... 37.
J. v. Hatten .... 22.
J. C. Hauch .... 46.
Hausfreiheit .... 14—16.
Hazardspiel .... 39.
Hebammen-Anstalt .... 106.
D. Hegewisch ... XIII. XXI.
  28. 36.
Fr. Hegewisch ....41.
Heilanstalten XXV. 105. 106. 111.
C. Fr. Heinrich .. XX. XXV.
  33. 35.

12*

	Seite.
V. A. Heinze	XXI.
A. Heise	54.
J. Hennings Syndikus	XXXII. 5. 7.
J. Chr. Hennings, Bibliothekar	70.
V. Hensen	53.
C. G. Hensler	XV. 32.
Ph. G. Hensler	XIX. 29.
F. D. Hermes	34.
Em. Herrmann	42.
H. E. Heseler	104.
J. Th. Heseler	104.
A. Fr. K. Himly	108.
P. Hinschius	53.
Chr. C. L. Hirschfeld	25.
Høgh-Guldberg	35.
Hortus medicus	109. 110.
Hospital	41.
Holsteiner, Neu-	45.
Honorare für Vorlesungen	59.
O. Jacobsen	54.
O. Jahn	42.
F. C. Jensen	XVIII. 32.
J. F. Jensen	40.
P. Jessen	54.
P. H. Jessen	100.
P. W. Jessen	54.
Immatrikulation	60. 61. 71.
— ohne Zeugniss	63.
Immatrikul.-Commiss. nicht	62.
Immunitäten	13.
Indices	XXXIII.
Indigenat	31.
Inscriptionsgeld gleich	58.
Institut, pathologisches	111.
— physiologisches	107. 112.
R. E. John	52.
Jubiläum	XXIV. 25.
W. Junghans	52.
H. Chr. Fr. Kamla	97. 138.
Kanzler J. A. Cramer	55.
G. Karsten	47. 108.
J. C. Kerstens	32.

	Seite.
Kiel, Pflugzahl	5.
J. A. Kielmann	VI. 8. 21.
J. Fr. Kierulf	41.
A. Ph. E. Kirchner	42.
J. F. Kleuker	XV. 27.
C. P. W. Klose	99.
Klosterkirche	88.
A. Klostermann	63.
J. H. Knickbein	141.
A. H. M. Kochen	79.
J. B. Koehler	VII.
Fr. Koës	24.
F. B. Koester	41. 144.
B. Kordes, Bibliothekar	32.
Chr. Kortholt, Prokanzler	8. 65.
Seb. Kortholt	24.
Kosten der Promotion	72.
Krankenhaus	66. 105.
Kriegssteuer	53.
Kunstverein	109.
C. Kupffer	53. 109.
Laboratorium	107. 109.
Leichenhaus	106.
K. C. Th. Litzmann	47.
J. M. Liungberg	26.
Fr. Loos	54.
K. P. M. Lüdemann	42.
Ad. Fr. Lüders	41. 99.
C. Fr. Luther	24.
J. D. Major	XII. 65. 109.
J. B. Majus, s. May.	
C. March	9. 65.
G. J. Mark	XXXIV.
N. Martini	9. 67.
Matrikel	58. 60.
H. A. Mau	42.
Er. Mauritius	8. 65.
Nicol. Mauritius	67.
J. B. May, Prof. der Eloquenz	68.
J. Fr. Mayer	IX. 68.
Mediciner, Studien	21. 86.
J. D. Mellmann	32.
A. L. A. Meyn	47.
L. Meyn	108.

	Seite.
G. A. Michaelis	41.
H. Michaelis	65.
A. L. J. Michelsen	41.
Militärpflichtige	60.
Mineralien	107.
K. Möbius	53. 109.
Th. Möbius	53.
Chr. K. Fr. Molbech	53.
D. G. Moldenhawer	27.
J. J. P. Moldenhawer	31. 32.
J. Moller	XXXIII.
Monatszettel	84.
D. G. Morhof	IX. XIII. 8. 9. 67.
J. L. Mosheim	XI.
K. W. Müllenhoff	48. 100. 110.
G. Müller	52.
H. Müller	34. 35.
Münzsammlung	110.
H. Muhlius	IX. 17. 23. 55. 57.
P. Musäus, erster Prorector	8. 9. 55.
Museum der Alterthümer	110.
Napoleon, Prinz	104.
J. A. Nasser	XXI. 32.
Neddermeyer	105.
Christ. Negri	104.
K. G. Neuner	47.
A. Niemann	XXI. 26. 51.
G. W. Nitzsch	XXV. 47.
K. W. Nitzsch	46. 47.
Th. Nöldeke	53.
E. F. Nolte	41.
Nostrifikation	79.
J. C. C. Oelrichs	VIII.
O. F. A. Ohlsen	104.
Oldenburg, Grossherzog	104. 105. 136.
H. de Fine Olivarius	32. 83.
J. Olshausen	4. 47. 99.
P. Fr. Opitz	24.
Ostfriesische Gelder	27. 28.
P. L. Panum	53. 107.
Ad. Pansch	54.

	Seite.
K. Paulsen	41.
P. Paulsen	113.
Nic. Pechlin	65.
Pedellen	16. 85.
A. L. F. Pelt	42. 47.
C. H. Pfaff	XIX. 32. 108. 109.
J. J. W. Planck	46. 47.
Pockenhaus	106.
Practica	88.
Privatdocenten	42. 54. 81. 86. 87.
Professoren sollen nicht advociren	85.
— nicht auswärts practiciren	85.
Professoren der Eloquenz	XXV.
Programme	XXXIII.
Promotion	9. 46. 56 – 58. 70—78.
— Kosten	72.
— Zeugniss der Reife nöthig	62. 75.
— Zustimmung des Landesherrn	72.
— ohne höhere Zustimmung 1867	74.
Prüfung	63. 70.
Quästor-Instruction	27.
Quinquennium	70.
S. Rachel	XXXII. 6. 8. 65.
Rang der Professoren	32.
Christian Rantzau	36.
Meta Rantzau	3.
Rantzau-Oppendorf	105.
H. Ratjen	41.
Recht, Deutsches	25.
— Römisches	25.
Rechtgläubigkeit	65. 79.
Rector, der Herzog, der König	8. 26. 56.
Rector, Professor	58.
Rectorgehalt	57.
Regierung, provisorische	46.
Reglement 1701 und 1707	IX. X. XVI. 8. 23. 67. 68. 88.
N. Th. Reimer	XXI. 32.

	Seite.
J. Reinboth	8.
C. L. Reinhold	XX.
J. Fr. Reitemeier	XVIII. 14.
Reitkunst	54.
D. Reventlow	26. 27.
Fr. Reventlow	XVIII. 32.
J. G. Reyher	32.
S. Reyher	67.
O. Ribbeck	XXV. 52.
C. F. Richardi	135.
A. Ritter	54.
G. H. Ritter	41.
Ritterschaft	105.
Rostock	4.
v. Rosen	104.
P. Roth	53. 102.
Sammlung, pharmakol.	111.
Samwer	47.
S. H. Sannemann	65.
Sanitätscollegium	66.
H.-F. Scherk	47.
R. Ph. Schilling in Riga	XXIV. 97.
Schlossbrand 1838	100. 101.
A. Th. J. Schmid	43.
G. Fr. Er. Schönborn, Bibliothek	98.
J. J. Schöpffer	57.
C. M. G. Schrader	XVIII.
L. A. G. Schrader	XVIII. 32. 37.
J. Chr. Schreiter	37.
Schübeler	106. 107. 112.
Th. R. Schütze	54.
B. Schultz	55.
J. M. Schultz	32.
Schullehrerseminar	XV. 34. 60.
J. M. Schwanitz	70.
J. Schwenck	65.
A. Schweppe	XVIII. 37.
K. Seeger	54.
W. Seelig	47.
Seminare:	
homiletisches	27. 89. 111.
katechetisches	90.
pädagogisches	90.
philologisches	37. 90. 112.

	Seite.
Siegel	7.
P. Sperling	9. 65.
Sportelfreiheit	12.
Sprachen, alte	31.
– dänische	32.
Spruchcollegium	90.
Staatsprüfung	75. 76.
Statthalterschaft	46.
Statuten	64.
H. Steffens	29. 32.
Steindorff	104.
Stempelpapierfreiheit	12.
J. Sterroz	54.
Stiftung der Universität	XXXII. 1.
Stipendien	112. 146.
Stipendium:	
Callisen's	143.
Convikt	115.
Kamla's	138.
Knickbein's	141.
Oldenburgisches	136.
philologisches	27.
Qualen's	57.
Richardi's	135.
Schassisches	132.
Tilemann-Müller's	143.
A. A. L. Stromeyer	46. 47.
Studienplan	87.
Studirende auf Preussischen Universitäten	21.
Studirende in Kiel	XXVI. 34.
Tanzmeister	16.
Tentamen phys.	75. 78.
J. N. Tetens	XXI. 27.
G. F. Thaulow	46. 48.
A. Fr. J. Thibaut	XVIII. 32. 81.
J. O. Thiess	XV. XVII. 30.
N. Th. H. Thomsen	42.
Tilemann-Müller	143.
J. H. Tönnies	70.
M. Tönsen	XXIII. 37.
Torquatus	6.
H. v. Treitschke	53.
Ad. Fr. Trendelenburg	XVII. 27.

	Seite.
A. Twesten	XXIV. 37. 42. 90.
Ad. Tribbechovius	67.
Universität unter dem Landesherrn	11.
Universitäts-Bibliothek	27. 28. 91—105.
— Custoden	97.
— Einnahme	21. 76. 83. 85. 92. 94. 95.
— ein Exemplar von den Druckern und Schriftstellern	93. 94.
— desgl. von den Verlegern	92.
— Geschenke	95. 97. 98.
Universitätsgebäude 1768	26.
— beabsichtigt	49.
Urlaub	50.
R. Usinger	52.
F. Valentiner	32. 81.
Varendorff	27.
Veranlassungsentwurf	22.
Verbindungen	61.
Verleger	93.
Verzeichnisse der Vorles.	86.
Visitation der Universität 1668, 1672, 1707	21—24.
Ad. Vöge	54. 101.
C. Völckers	54.
Fr. E. Vogt	X. XII. 24.
Ed. Volbehr	100.
H. Volbehr	100.
Vorlesungen	84.
— Privat-	84.
— Publ.	84. 86.
— zeitig zu absolviren	86.

	Seite.
J. C. Ch. Voss	54.
E. W. G. Wachsmuth	XXV. 37.
W. H. Waldschmidt	24. 65.
C. v. Warnstedt	104.
F. v. Warnstedt	110.
Wartburgfeier	37.
M. Wasmuth	9. 65. 67.
M. Watson	67.
A. Weber	26.
A. D. Weber	XVII.
Fr. Weber	XIX. 41.
G. H. Weber	32. 65. 105.
Wedderkopp	23.
K. G. J. Weinhold	48.
K. Ph. B. Weiss	53.
C. Th. Welcker	37.
E. J. von Westphalen	XII.
A. D. E. Weyer	47.
Chr. R. W. Wiedemann	41. 108.
K. J. Fr. W. Wieding	53.
K. G. J. Wieseler	53.
F. A. Wilda	99.
W. Ed. Wilda	48.
Friedrich Wilhelm I.	VIII.
Wilhelm I.	98.
N. C. Fr. Wittrock	98.
G. Chr. Wolf, Biblioth.	27. 95.
Zeichnenkunst	54.
Zeugniss der Reife	62. 63. 74. 75.
— ersetzt durch Conviktzeugniss	77.
Zimmermann	47.
Zipser	107.
F. Zirkel	53.
Zollfreiheit	19.

Verbesserungen und Zusätze.

S. 9 Z. 1 v. u.: D. G. Morhof statt J. G. Morhof. — S. 24 Z. 16. v. o.: nostras statt nortras. — S. 27 Z. 11 v. o: Trendelenburg statt Trandelenburg. — S. 32 Z. 11 v. o.: L. A. G. Schradet statt L. A. W. Schrader. — S. 47 Z. 8 v. o.: G. W. Nitzsch statt G. G. Nitzsch. — S. 47 Z. 6 v. u.: G. W. Nitzsch statt G. G. Nitzsch. — S. 56 Z. 9 v. o.: V. statt 3. — S. 59 Z. 18 v. o.: curato statt carato. — S. 69: Der Dekanatswechsel findet jetzt in der medicinischen und philosophischen Fakultät am 24. Juni statt, in den beiden andern Fakultäten am 1. Januar; die Function aller vier Dekane dauert ein Jahr. — S. 88 Z. 11 v. u.: oration statt ovation. — S. 97: Die Bibliothekskasse hat leider den Zinsgenuss des Fabriciusschen Fideicommisses, also jährlich 240 Thlr. verloren. Hoffentlich wird durch die Gnade Seiner Majestät Entschädigung gewährt werden. — S. 105 Z. 7 v. o.: XVI. statt XV. — S. 112 Z. 13 v. u.: XVII. statt XVI. — S. 118—120: halbjährliche Zeugnisse der Conviktoristen, Reden derselben an Festtagen oder im Semester werden schon lange nicht verlangt. Das testimonium idoneitatis ward nicht als Bedingung zur Prüfung der philosophischen Fakultät gefordert, wenn es auch regelmässig vorgelegt wurde. — S. 122 Z. 12 v. u.: Consistorii statt Consistorio.

Der Universitätsbuchbinder hat eine kleine der Universität gehörende Wohnung in der Nähe des alten Universitätsgebäudes nicht weit von der Wohnung für einen der beiden Pedellen. Der Buchbinder hat diese entlegene Wohnung vormiethet. Das Consistorium räumte 1824 (Stat. II 252) dem Bibliopegen gegen eine billige Taxe ein ausschliessliches Recht ein auf das Binden der akademischen Dissertationen, so weit die Exemplare für die Universität bestimmt sind.